Fairfield, Ohio

Ce livre est également disponible au format numérique

Mia Topić

Fairfield, Ohio

Traduit de l'anglais (Croatie) par Fabienne Gondrand

DELPIERRE

Titre original : *In the Town of Fairfield, Ohio*

ISBN : 978-2-37072-020-7

Éditions Delpierre
60-62, rue d'Hauteville, 75010 Paris
info@editionsdelpierre.com

Za moju mamu,
jer je odvojila vrijeme da mi pokaže ljepotu pisane riječi.

À ma mère, qui a pris le temps de m'apprendre
la beauté du mot écrit.

I

Les chambres

Quelque part dans la ville de Fairfield, dans l'Ohio, il y a une maison. Une maison comme une autre, petite sans être exiguë, ne datant pas d'hier mais avec une façade toute propre. Elle n'est pas particulièrement jolie, pourtant elle se démarque des autres demeures de cette rue étroite.

Quelque part dans la ville de Fairfield, dans l'Ohio, il y a une maison avec trois chambres.

L'une d'elles est petite, remplie de voitures en plastique et d'animaux en peluche, de casquettes de policier et d'insignes de shérif. Les murs bleu pâle de la chambre sont couverts de dessins aux Crayola. Il y a un petit placard et une lampe décorée de girafes, qui est allumée même au milieu de la nuit. Il y a un lit avec des draps bleu marine et des voitures de course sur les taies d'oreiller.

Mais, surtout, il y a un bambin potelé de deux ans et demi, aux boucles blondes et au nez en trompette, qui dort sous les draps bleu marine.

Il s'appelle Damian. Intelligent, drôle, et incroyablement gracieux pour un garçon de deux ans et demi, il pose trop de questions et mange trop de cookies. Affectueux, bavard et bruyant, il aime tout le monde.

Mais, plus que tout au monde, il aime celui dont la chambre est au bout du couloir.

Cette chambre est un peu plus grande. Les murs sont gris et s'accordent parfaitement avec le tapis moelleux qui recouvre le sol. La porte de la penderie est ouverte sur un costume noir, une chemise anthracite et une cravate noire accrochés à un cintre. Il y a une table recouverte de piles de livres bien ordonnées, de partitions et de Post-it jaunes rappelant de « prendre du lait » ou le « rendez-vous dentiste, mardi 15 h ».

Il y a également un lit, avec des draps crème et gris foncé, et plus de coussins qu'il n'en faut pour une seule personne.

Mais, surtout, il y a un garçon assoupi dans ce lit. Il a les cheveux châtain clair, la peau pâle, délicate et parfaite, et, s'il vous regardait dans les yeux, vous remarqueriez que les siens offrent un mélange saisissant de bleu clair, de gris tempétueux et de vert tendre.

Le garçon sort tout juste du lycée. Intelligent, narquois, sarcastique, gentil, chaleureux et ambitieux, il est déterminé et parfois autoritaire, sans jamais sombrer dans l'arrogance.

Il s'appelle Jamie et c'est le héros de Damian.

Si vous interrogiez les habitants de Fairfield à propos de Jamie, ils prendraient une mine hostile pour déblatérer sur l'aberration de son « choix de vie », la façon dont il faudrait le tabasser pour le remettre sur le « droit chemin », comment il allait finir en enfer à cause de ses péchés, et toutes sortes de variantes sur sa perversité.

Si vous interrogiez Damian, il vous répondrait que son grand frère est génial parce qu'il sait imiter plein de voix lorsqu'il lui lit une histoire le soir, qu'il sait faire des pancakes en forme de voiture, et que, pour les pancakes ronds, il ajoute un sourire avec du sirop de fraise parce que c'est celui que Damian préfère. Il vous dirait que Jamie est fort parce qu'il arrive à le porter pour faire l'hélicoptère et à le soulever sous les bras pour qu'il marche sur les murs, et même au plafond. À ses yeux, Jamie est vraiment très grand parce qu'il arrive à toucher l'étagère du haut dans le placard de la cuisine, pour lui donner des cookies quand personne ne regarde. En plus, il est courageux parce qu'il vérifie qu'il n'y a pas de monstre sous le lit et qu'il dort la lumière éteinte, parce qu'il n'a pas peur du noir.

Pour Damian, Jamie est parfait.

Et Damian n'a personne d'autre au monde.

Il y a une troisième chambre dans la maison. Juste au milieu du couloir, entre la chambre de Jamie et celle de Damian. C'est la plus grande des trois chambres. Les murs sont recouverts d'une couche discrète de peinture ocre, qui s'écaille dans les coins. Il y a une salle de bains attenante, mais pas de brosse à dents sur le lavabo. Pas de serviettes de bain, pas de chaussons mouillés, pas de traces de savon sur le rideau de douche.

La penderie fait presque la même taille que celle de Jamie et la porte est ouverte, comme dans sa chambre. Mais les vêtements ne sentent plus le propre et la plupart d'entre eux sont enfermés dans des housses. Les meubles sont recouverts de draps blancs et une fine couche de poussière tapisse le sol.

Il y a quelques mois encore, un couple dormait dans le lit aux draps couleur lavande et aux taies d'oreiller ornées de fleurs de tournesol. L'homme avait des yeux doux, couleur chocolat, et une calvitie au sommet du crâne. La femme le taquinait sur sa calvitie. Elle avait de longs cheveux bouclés et des yeux bleu-gris-vert espiègles. Comme les yeux de Jamie. Comme les cheveux de Damian.

L'homme s'appelait Phillip Maddison. Il était garagiste, il aimait le football américain et la nourriture grasse, les chemises à motif écossais et les casquettes de base-ball. C'était un homme simple, qui n'avait jamais fréquenté les bancs de l'université et qui ne s'était jamais considéré comme une personne cultivée.

Mais une chose était sûre : cet homme était le meilleur père au monde.

Jamie était le héros de Damian. Et le héros de Jamie était son père. Un homme un peu bourru, mais d'une bonté, d'une écoute et d'une ouverture d'esprit exceptionnelles. Lorsque, à l'âge de treize ans, Jamie lui annonça qu'il aimait les garçons, Phillip lui répondit : « Ton boulot, c'est d'être toi-même. Mon boulot, c'est de t'aimer. »

Ce soir-là, son épouse, Elizabeth, le serra fort dans ses bras et lui dit qu'elle l'aimait. Parce qu'elle savait. Et qu'elle avait prié pour ne pas s'être trompée au sujet de son mari. Mais ses craintes s'étaient avérées inutiles.

Elizabeth était généreuse et parfois un peu loufoque. Elle était également talentueuse, créative et insaisissable. Elle avait un sourire renversant et une voix magnifique. Elle adorait regarder des mauvais films et déguster la crème glacée à la fourchette. Elle aimait porter des foulards en plein été, et marcher pieds nus dans la maison, parce qu'elle trouvait que « pantoufles » était un vilain mot.

Mais, surtout, elle adorait sa famille.

Dans la ville de Fairfield, dans l'Ohio, il y a une maison.

Une maison avec une balançoire accrochée à un arbre du jardin, un jardin empli de fleurs colorées et un ballon bleu au milieu d'un massif de roses.

Une maison qui avait appartenu à une famille. Une famille adorable. Comme on en trouve dans les séries télé. Il y avait la maman excentrique aux talents artistiques et le père imposant au cœur tendre. Il y avait l'adolescent irritable, avec un sens inné de la mode et une forte personnalité. Et il y avait un bambin tout mignon qui ne tenait pas en place.

Il y avait Phillip, Elizabeth, Jamie et Damian Maddison.

Aujourd'hui, il ne reste que Jamie et Damian Maddison.

Phillip et Elizabeth ne sont plus là.

– Maintenant, ce sont des anges, pas vrai, Jamie ? s'enquit le cadet en serrant la main de son grand frère, les yeux pleins d'espoir.

Jamie baissa les yeux sur le garçonnet vêtu d'un petit costume, avec un nœud papillon autour du cou, et ne put se résoudre à lui dire qu'il ne croyait plus aux anges.

Il ne pouvait pas lui dire que les pelletées de terre qui recouvraient les deux cercueils en bois de chêne marquaient un point final.

Il ne pouvait pas lui dire qu'il ignorait s'ils allaient s'en sortir ou s'il réussirait à l'élever convenablement. Comme l'auraient fait ses parents.

Alors il sourit malgré ses larmes au petit garçon qui lui tenait la main.

– Oui, loupiot. Ce sont des anges, maintenant.

2

Trou du cul

– Damian, si tu ne te lèves pas dans les cinq prochaines minutes, je bazarde les pancakes-éléphants dans les toilettes! hurla Jamie en dénouant son tablier.

Il rangea la cuisine, mit la table et vérifia qu'il ne manquait rien dans le sac à dos Tortues Ninja.

C'était le premier jour d'école de Damian et Jamie voulait que tout se déroule parfaitement. Il voulait que Damian se fasse des amis, qu'il soit invité à jouer le week-end et qu'il partage son déjeuner avec quelqu'un. Il lui avait donc préparé un sandwich au beurre de cacahuètes coupé en deux, pour que Damian puisse en donner la moitié une fois qu'il se serait fait un copain.

Il voulait que son frère ait une expérience positive de l'école. Contrairement à ce qu'il avait connu.

L'image des couloirs du lycée de Fairfield lui revint en mémoire.

*

Des rangées de casiers peints en rouge. Ils renfermaient tous des photos, des dessins et autres souvenirs. L'intérieur de chacun d'eux, reflétant la personnalité de son propriétaire, était unique.

De l'extérieur, ils étaient tous identiques. Tous, sauf un. Cabossé, la serrure cassée, celui-ci était barré d'un mot en lettres majuscules noires: « PÉDÉ ».

Le casier de Jamie Maddison tout au long de ses quatre années de lycée.

*

Jamie secoua la tête pour chasser ces réflexions déprimantes. L'essentiel était que Damian ait une expérience normale et heureuse de l'école.

Jamie referma le sac à dos après y avoir rangé le sandwich et jeta un coup d'œil à l'horloge.

Dix minutes s'étaient écoulées depuis qu'il avait appelé Damian.

– DAMIAN ! s'époumona-t-il avant de tomber nez à nez avec un garçon de cinq ans, qui le dévisageait de ses grands yeux embués de sommeil.

– Je suis descendu. Tu n'es pas en colère ? murmura-t-il en enroulant ses petits bras autour des jambes de Jamie.

Il avait perdu ses bonnes joues de bébé en grandissant, et le sommet de sa tête atteignait désormais le nombril de son frère.

– Je ne suis pas en colère, loupiot. J'ai crié parce que je croyais que tu dormais encore, expliqua Jamie en serrant le garçonnet contre lui, tout en montrant les pancakes sur la table.

– Tu fais peur quand tu cries, fit remarquer Damian en attaquant son petit déjeuner.

Jamie ne put s'empêcher de sourire.

– La prochaine fois, il faudra te lever dès que je t'appelle. Et ne parle pas la bouche pleine. Tu vas t'étouffer. Ou pire… postillonner sur quelqu'un.

Damian enfourna trois pancakes en riant et les fit descendre avec son chocolat chaud. Il se leva et attrapa son sac à dos. Il était survolté par la rentrée des classes. Il allait retrouver des copains de la maternelle et il était absolument convaincu que son frère lui avait acheté le plus mieux bien des sacs à dos du monde. Avec des Tortues Ninja. Car rien ne valait les Tortues Ninja.

– C'est parti !

Jamie le dévisagea de la tête aux pieds et éclata de rire.

– Et si tu te brossais les dents et que tu enlevais ton pyjama, hein ? suggéra-t-il d'un air malicieux, avant de rire de plus belle en découvrant l'expression horrifiée de Damian.

Le garçonnet laissa tomber son sac à dos et se précipita à l'étage pour se préparer.

Un quart d'heure plus tard, Jamie le serrait dans ses bras tandis que le car scolaire d'un jaune étincelant se garait le long du trottoir et lui ouvrait sa porte.

Après un dernier signe de la main, Damian et son sac à dos super-puissant se mettaient en route. Jamie se rendit compte qu'il lui restait dix minutes avant de devoir partir au travail.

Il fonça dans sa chambre, enfila un jean *skinny* noir, une chemise gris foncé et un cardigan noir. Il finit de lacer ses bottes et d'enrouler une écharpe bleue autour de son cou à temps pour se mettre en route.

À une époque, tous ses vêtements étaient griffés. À cette période de l'année, il aurait porté une chemise Armani et l'écharpe aurait été de la maison McQueen.

Désormais, il ne pouvait plus se le permettre. Ses goûts étaient toujours aussi impeccables mais sa garde-robe était bon marché, sans l'ombre d'une étiquette de grande marque.

Mais cela ne le dérangeait pas. Parce que renoncer à l'écharpe McQueen qu'il avait vue en vitrine au centre commercial voulait dire que Damian pouvait avoir son cartable Tortues Ninja. Et l'expression sur le visage de son frère lorsqu'il le lui avait montré justifiait toutes les fripes qu'il possédait à présent.

D'ailleurs, fripes ou non, elles faisaient l'affaire et c'était tout ce qui importait réellement.

Il jeta un dernier coup d'œil à son reflet et ajusta la lanière de sa sacoche avant de se précipiter vers sa voiture.

Il tira la ceinture de sécurité en travers de son torse et prit une profonde inspiration pour se remettre du tourbillon matinal.

La voiture sentait encore le parfum de son père. Un mélange d'huile à moteur, de cigare (bien qu'il ne fumât pas) et d'après-rasage.

C'était réconfortant. Jamie adorait cette odeur.

Il sortit de l'allée et rejoignit bien vite les rues de sa ville natale.

Il n'avait pas vraiment vécu des jours heureux à Fairfield, mais il était lié à cet endroit qu'il avait appris à aimer au fil du temps.

Devant lui, le feu passa au rouge et il freina doucement pour s'arrêter derrière un pick-up.

Il fredonnait l'air de la chanson qui passait à la radio lorsque sa tête partit brusquement en avant, et il entendit un bruit de collision là l'arrière. Son cou craqua douloureusement. Le choc lui donna le tournis.

Il resta assis un instant, ankylosé et désorienté, jusqu'à ce que les voix et les cris des passants le ramènent à la réalité. Il détacha sa ceinture de sécurité et sortit précautionneusement de la voiture en frottant sa nuque endolorie.

Il n'eut pas même le temps de voir ce qui était arrivé à son véhicule qu'un homme de grande taille, habillé d'un complet admirablement ajusté, le plaquait contre sa voiture en hurlant comme un possédé.

– C'EST QUOI LE PROBLÈME, BORDEL? ON N'A PAS IDÉE DE FREINER COMME ÇA. MA BAGNOLE EST COMPLÈTEMENT FOUTUE, VOUS ALLEZ ME LE PAYER CHER. J'AI CRU QUE C'ÉTAIT UNE GONZESSE AU VOLANT ET, DE TOUTE ÉVIDENCE, J'AVAIS VU JUSTE. CES SALES PÉDÉS… ! vociférait-il à grand renfort de postillons, donnant un haut-le-cœur à Jamie.

La dernière insulte lui fit voir rouge. Il rassembla toutes ses forces pour repousser l'homme.

– Même si j'apprécie que des idiots ignares et inconscients me balancent des insultes stéréotypées d'une originalité renversante, je vous arrête tout de suite. J'ai freiné parce que le feu passait au rouge. Et vous avez embouti ma voiture parce que votre tête était de toute évidence tellement coincée au fond de votre cul que vous en avez oublié les règles de base de la circulation. La prochaine fois que vous décidez de hurler à la face de quelqu'un, vérifiez les faits. Maintenant, vous avez le choix. Je peux vous poursuivre en justice et vous paierez pour mon véhicule, ou vous pouvez me communiquer les coordonnées de votre assurance, afin de gérer la situation en personnes civilisées.

Jamie gratifia l'homme d'un sourire doucereux. Ce dernier passa une main furieuse dans ses boucles noires décoiffées malgré la couche de gel qui les recouvrait et scruta le visage de Jamie, à la recherche de la moindre trace de peur ou d'émotion pour le faire plier.

Mais Jamie était un battant. Il soutint fermement ce regard sans jamais se départir de son sourire.

Les badauds avaient eux aussi commencé à sourire et un « Bien envoyé, mon garçon » lui parvint d'un vieux monsieur qui tenait sa petite-fille par la main.

L'automobiliste dévisagea Jamie encore un instant avant de comprendre que la situation ne tournerait pas en sa faveur. Il sortit une carte de visite de sa poche et la lui tendit en prenant soin de ne pas toucher sa main. Jamie s'en aperçut, mais ne releva pas.

L'époque où ce genre de réaction le contrariait était révolue. Il était gay, ne s'en cachait pas et, en règle générale, les hommes l'évitaient soigneusement, par peur de Dieu savait quoi. Mais Jamie n'en avait plus rien à faire.

Il prit la carte et déchiffra l'inscription :

« Samuel Danes
Avocat »

Le nom lui était vaguement familier. Danes&Sons était un des plus gros cabinets de l'Ohio. L'intitulé était suivi d'un numéro de téléphone et d'une adresse e-mail.

– Contactez-moi pour régler ça, aboya Samuel avant de s'engouffrer dans sa voiture et de quitter les lieux.

La foule se dispersa et Jamie regagna son véhicule, bien content de constater que le moteur tournait toujours. Il se remit aussitôt en route.

– C'est vraiment pas mon jour ! déplora Jamie une fois arrivé à destination, en voyant que le parking était complet.

Il fit plusieurs fois le tour du pâté de maisons avant de repérer un emplacement libre. Il sortit de la voiture qu'il verrouilla soigneusement, puis contourna un grand bâtiment pour rejoindre son lieu de travail. Il était en retard et son patron allait le lui faire sentir jusqu'à la fin des temps. Merci la vie.

Après avoir terminé le lycée, quand il avait compris que New York ne serait malheureusement pas au programme, il avait commencé à travailler comme couturier dans une petite boutique. Finalement, c'était ce qui se rapprochait le plus de son rêve.

Il avait la possibilité de dessiner ses propres vêtements, dans lesquels les gens se sentaient bien. Il ne saluerait sans doute jamais le public venu voir des mannequins sous-alimentés défiler dans des créations Jamie Maddison mais, grâce à lui, les photos des bals de promo de ses clients étaient géniales, pour sa plus grande satisfaction.

Avec la grâce d'un vrai ninja (eh oui ! une référence aux Tortues Ninja. Satané Damian !), il se glissa dans une minuscule échoppe étouffante, déclenchant au passage une sonnette éminemment crispante. Un de ces quatre, il la ferait bouffer à quelqu'un.

– Tu es en retard ! lança une voix éraillée derrière un rideau.

Là se trouvait l'atelier, où la magie opérait. Le refuge de Jamie.

– Je sais ! hurla-t-il en déballant ses affaires.

– Ce que je veux dire par là, c'est : n'hésite pas à expliquer à ton patron pourquoi tu es à la bourre, renchérit la voix avec sarcasme.

– Parce qu'un crétin de la haute s'est encastré dans ma putain de caisse alors que j'étais arrêté au rouge, riposta Jamie avec agacement.

– Surveille ton langage, jeune homme. Est-ce que tu vas bien ?

Un homme assez âgé, de grande taille, plutôt rondelet et plein d'allant, surgit de derrière le rideau. Il avait des cheveux blancs coiffés, à l'aide de gel, en une coupe digne d'une bluette des années trente, des yeux d'un brun sombre saisissant, et il était sans doute le vieil homme le plus élégant au monde. Oh ! et si la moustache seyait à quelqu'un… c'était bien à lui.

Jamie avait perdu son père, mais il avait Maxwell Brewer III. (Jamie était persuadé que ce n'était pas son véritable patronyme, mais il avait décidé de le prendre pour argent comptant.)

Max était le fier propriétaire de la boutique de tailleur *Brewer* depuis plus de trente-cinq ans. Jamie n'avait jamais réussi à déterminer son âge exact. Il avait eu le culot de lui poser la question une seule fois, et son aîné l'avait fusillé du regard en affirmant qu'il avait arrêté le compteur à cinquante. Max avait donc dépassé la barre des cinquante ans.

À la mort de ses parents, Jamie avait cherché un boulot afin de prouver aux services sociaux qu'il pouvait s'occuper de Damian. La chance ne lui avait pas souri. Personne ne voulait d'un gamin de dix-neuf ans sans expérience ni recommandation. En dernier recours, il avait répondu à une annonce parue dans les journaux : un tailleur cherchait un assistant. Jamie avait pour unique expérience les vêtements qu'il se confectionnait, mais il était décidé à tenter le tout pour le tout.

À ce jour, il n'avait toujours pas la moindre idée de ce qui s'était passé pendant ce qui devait être l'entretien d'embauche le plus court et le plus bizarre de toute l'histoire.

Pour résumer, il était entré dans la boutique et avait dit bonjour. Le vieil homme l'avait examiné de pied en cap puis lui avait demandé s'il avait choisi sa tenue tout seul. Jamie avait répondu qu'il l'avait fabriquée tout seul, après quoi Max lui avait tendu la photo d'une robe en lui désignant l'étagère des tissus.

L'entrevue remontait à deux ans et, depuis, le propriétaire de la boutique était devenu comme un deuxième père pour Jamie… En plus farfelu et imprévisible… et avec une gueule grande comme son cœur. Jamie l'adorait.

– Oui, je vais bien, répondit-il en levant les yeux au ciel pendant qu'il sortait le nécessaire pour la séance d'essayage prévue à midi.

Il lui restait quelques modifications à apporter à une robe avant l'arrivée de la cliente.

– On ne lève pas les yeux au ciel, jeune homme ! Je fais attention à toi, c'est tout. Ta voiture est en miettes ? enchaîna Max d'un ton protecteur en suivant Jamie dans l'atelier.

– Pas vraiment, mais ça va coûter bonbon pour la réparer, dit-il en retirant la fine housse de plastique qui protégeait la robe, suspendue à un mannequin.

– C'était sa faute ?

– Si on part du principe que de foncer dans quelqu'un à un feu rouge est une « faute », alors oui, c'était sa faute, riposta Jamie, agacé.

– Et qui va payer tes réparations, monsieur Ronchon ?

– Il a plutôt intérêt à s'en charger, cette espèce de trou du cul ! grogna Jamie entre ses dents.

– Ce discours haineux s'explique-t-il parce qu'il a embouti ta voiture, ou s'est-il passé autre chose ? interrogea Max avec un sourire entendu.

Jamie avait la repartie cinglante et facile, mais il ne perdait jamais son calme sans raison.

– Il est possible qu'il m'ait traité de pédé, concéda-t-il à voix basse.

Max détestait les insultes sous toutes leurs formes. Il était fermement convaincu que chaque personne sur terre méritait de vivre la vie qu'elle souhaitait sans qu'on la violente, du moment que le mode de vie en question n'était pas dangereux pour autrui.

– Je retire ce que j'ai dit… Tu as le droit de dire des gros mots et de le traiter de trou du cul, plaisanta-t-il pour détendre l'atmosphère.

Mais Jamie n'avait pas envie de passer l'éponge ni de retrouver le sourire.

– Merci, Max.

Il aurait dû se douter que son patron n'allait pas le laisser se complaire dans la colère et le ressentiment.

– À ce propos, je croyais que les gays aimaient les trous du cul. Aurais-je mal lu la brochure ? poursuivit le vieil homme malicieusement en gratifiant Jamie d'un coup de coude.

Jamie se retourna, soufflé par cette grossièreté soudaine… Quand même, les adultes de plus de cinquante ans ne parlaient pas comme ça !

Il cligna bêtement des yeux avant d'éclater de rire, plus reconnaissant que jamais d'avoir Max dans sa vie. Il décida d'envoyer un e-mail à Trou du Cul après la séance d'essayage.

Finalement, cette journée n'était peut-être pas si mauvaise que ça.

*

Après avoir subi le déjeuner d'affaires les plus barbant du monde, Samuel Danes sortit en coup de vent dans le couloir aseptisé de son cabinet en hurlant des consignes à ses assistants. Il dépassa deux bureaux spacieux occupés par deux hommes séduisants : la partie « &Sons » de l'entreprise.

Diplômé de l'école de droit de Harvard à vingt-quatre ans, Samuel était devenu un avocat de renom dans un cabinet prestigieux, dirigé par un de ses mentors. Il avait excellé dans tous les dossiers qu'il avait traités, pour finalement se mettre à son compte à l'âge de trente ans, lorsque son fils aîné avait débarqué dans sa vie.

Cameron Danes, trente ans. Avocat. Très bel homme aux yeux bleus et aux cheveux noirs, à la langue bien pendue, connu pour son succès dans les affaires de violence domestique, gardes d'enfant et procédures de divorce en tous genres.

Cameron adorait particulièrement voir son père sortir de ses gonds. Il poussa la porte du bureau mitoyen et gratifia d'un clin d'œil le jeune homme installé derrière une délicate table en verre aux dimensions imposantes. Le second homme séduisant.

Logan Danes, vingt-sept ans. Un avocat aux yeux noisette et aux cheveux ondulés, enthousiaste et dynamique, spécialisé dans les affaires de discrimination toutes catégories confondues. Libertin, aussi. Mais nous reviendrons sur ce point ultérieurement.

Les deux frères étaient brillants et implacables. Le paternel, pour eux, c'était de l'histoire ancienne, et c'étaient eux qui faisaient tourner l'entreprise, dont ils possédaient la majorité des parts.

Affirmer que la relation de Samuel Danes avec ses fils était houleuse revenait à constater que la Grande Muraille de Chine était un tantinet longue.

L'idylle avait perduré jusqu'à ce que Logan fasse son coming out à l'âge de quinze ans. Samuel lui avait servi par le menu toutes les énormités qu'un parent merdique peut sortir à son enfant homo : du désaveu au camp de conversion, en passant par « tu brûleras en enfer parce que Dieu hait les pécheurs » et « mon collègue a une fille adorable, tu devrais sortir avec elle »... et ainsi de suite jusqu'à ce que Cameron s'emporte et lui mette son poing dans la figure.

Ils avaient maintenu une distance méfiante pendant des années. Finalement, Logan avait réussi à faire la fierté de son père en sortant parmi les meilleurs de sa promo à Yale, pour ensuite les rejoindre, lui et son frère, au sein du cabinet. Danes&Son était devenu Danes&Sons et, jour après jour, ils avaient pris l'habitude de travailler ensemble.

Bien vite pourtant, Cameron et Logan entreprirent d'accepter des dossiers pour lesquels Samuel n'avait ni le goût ni le temps, leur préférant les fraudes financières, détournements de fonds et autres, sans nécessairement défendre la partie innocente.

Logan et Cameron poursuivirent leur ascension et après un certain temps, leurs dossiers rapportant plus d'argent, ils unirent leurs forces et devinrent porteurs de la majorité des actions. Ils gardèrent pourtant le nom : il fallait bien laisser quelque chose au vieux.

– Il a encore ses règles, lança Cameron.

Il sauta sur le canapé en cuir marron foncé, installé dans l'angle opposé du bureau de Logan, où il étira ses longues jambes.

– « Encore » reviendrait à dire qu'il arrive qu'il n'ait pas ses règles. Nous savons toi et moi que c'est faux, objecta Logan en riant, avant de refermer son ordinateur et de se tourner vers son frère.

– À ton avis, quelle mouche l'a piqué cette fois-ci ? demanda Cameron d'un air amusé.

– Dieu seul le sait ! Peut-être qu'un pigeon a décoré sa veste, à moins que quelqu'un ait craché dans son café, auquel cas je veux bien épouser cette personne.

Cameron se plia en deux de rire.

– Oh, ce serait magique à voir !

– Bon, plus sérieusement… On sort, ce soir ?

Cameron s'approcha du canapé pour administrer une claque sur la jambe de Logan.

– Mais enfin, frérot, on est lundi !

– Et alors ? répondit Logan d'un ton moqueur.

– Et alors, personne ne sort le lundi.

– Moi, si.

– Très bien. Je n'ai rien à ajouter, Votre Honneur.

– Trou du cul.

– C'est de famille.

La voix stridente de leur père les fit sursauter.

– CAMERON ! LOGAN ! DANS MON BUREAU ! IMMÉDIATEMENT !

– Pour une fois, je crois que tu as raison, dit Logan.

– J'aimerais tellement qu'il utilise sa voix d'enterrement, de temps en temps, renchérit Cameron en sortant du bureau à la suite de son frère.

*

Jamie poussa un soupir d'agacement en découvrant l'écran de l'ordinateur que Max avait fini par installer dans l'atelier. Le jeune homme avait passé environ trois mois à vanter les mérites de l'e-mail pour remplacer les commandes par courrier, que son patron semblait tant affectionner.

Il s'agissait encore d'une des nombreuses excentricités de Max Brewer III. À l'âge de « passé la barre des cinquante ans », l'homosexualité de Jamie ne lui posait aucun problème, pas plus que le fait que ce dernier ait à peine l'âge légal pour élever un enfant tout seul. Le réchauffement climatique ne lui faisait pas peur, le clonage d'ADN non plus et Dieu sait quoi d'autre encore… mais se mettre à la page au rayon technologie était tout bonnement inenvisageable.

Il avait fallu des mois de persuasion pour qu'un ordinateur flambant neuf soit installé dans l'atelier. Jamie était aux anges. Jusqu'à ce qu'il l'allume et s'aperçoive que la connexion Internet était inexistante. La confrontation avec Max s'était soldée par : « Comment diable voulais-tu que je devine qu'il fallait commander des câbles et des bidules en plus ? », ce à quoi Jamie avait répondu de le laisser gérer la question.

Ayant promptement résolu l'incident informatique, le jeune homme regardait désormais d'un air furibond la réponse incroyablement grossière de Trou du Cul à son e-mail irréprochable.

À : s.danes@danes&sons.com
OBJET : Assurance
Mr Danes,
Je m'appelle Jamie Maddison. Nous avons fait une rencontre fâcheuse en début de journée. Je voulais vérifier auprès de vous quel moment vous arrangerait pour que nous passions en revue les questions d'assurance.

N'hésitez pas à me dire quand vous êtes disponible.
Cordialement,
Jamie Maddison

Pour être tout à fait honnête, la première mouture de son e-mail avait été un tantinet différente.

« Mr Danes » remplaçait à présent la formule « Soyons bien clairs, trou du cul » et « rencontre fâcheuse » se substituait à « vous étiez tellement occupé à vous comporter en trou du cul que vous avez emplafonné votre bagnole dans la mienne », pour finir par le « Cordialement » à la place de « Va chier, trou du cul ».

Mais Jamie était bien élevé et, à dire vrai, la répétition de « trou du cul » froissait son sens du style, raison pour laquelle il avait opté pour une version polie et sophistiquée.

Voilà pourquoi il perdit son calme à la réception de la réponse quelques minutes plus tard. Il était ravi de la recevoir si vite. Mais sa joie fut de courte durée lorsqu'il la parcourut.

DE : s.danes@danes&sons.com
OBJET : Re : Assurance
Demain, 16 heures, mon bureau.

Jamie abattit son poing sur le clavier et aboya des excuses à Max lorsque ce dernier lui hurla de traiter la machine du diable avec respect (pas pour l'appareil spécifiquement, mais pour l'argent qu'il avait coûté). Le jeune homme éteignit l'ordinateur et se releva en balançant une flopée de jurons au mur.

Mais quel TROU DU CUL !

3

L'art et la manière

Logan aimait que les choses soient faites d'une certaine manière : il appréciait la ponctualité, le dévouement, la précision et le sens des responsabilités. Mais, surtout, il adorait quand sa façon de faire clashait avec celle de son père.

Ainsi, lorsqu'il prit place à côté de Cameron dans un luxueux fauteuil pivotant en face de son père, feignant de s'intéresser à ce que ce dernier avait à leur annoncer, il savait qu'il était à une poignée de secondes du conflit, une fois encore.

Il leva les yeux au ciel en prêtant l'oreille au radotage du vieux.

– … donc, à mon avis…

– Nom d'un chien, j'en étais sûr ! s'exclama Logan d'un ton excédé.

– De quoi parles-tu ? siffla Samuel en le fusillant du regard.

– Je savais qu'on aurait droit à ton « avis », répliqua Logan.

Il se leva et fit pivoter le fauteuil, comme s'il disposait un bouclier entre eux.

– Et en quoi c'est un problème, fiston ? l'interrogea son père d'une voix doucereuse, qui laissa entrevoir à Logan que le mot « fiston » était en réalité une insulte, comme tout ce que l'homme lui adressait.

– Rien, mis à part le fait que je déteste systématiquement ton avis. Papa, tu as emplafonné la voiture de ce type par-derrière, à un feu rouge. Il n'y a pas d'avis à avoir sur la question. Tu vas te comporter en adulte, payer les réparations, et on n'en parlera plus. Honnêtement, ça ne nous concerne pas, Cameron et moi, affirma Logan en s'appuyant sur le fauteuil de son frère, qui acquiesça.

Samuel leur lança un regard furibond et se passa la main dans les cheveux. Ses fils avaient hérité de ses boucles mais, alors que Samuel les maintenait en place à grand renfort de gel, Cameron et Logan avaient choisi de les laisser libres en les apprivoisant en douceur, histoire d'avoir l'air soigné et professionnel.

Ils se démarquaient de leur père dans les moindres détails.

– Si tu n'as pas l'intention de te montrer utile, sors de ce bureau ! Et je peux vous garantir que je ne débourserai par un cent pour la voiture de cette tapette ! aboya Samuel.

Cameron et Logan se figèrent sur place.

Logan avait l'habitude, il connaissait bien l'opinion de son père concernant son orientation sexuelle, mais cela ne signifiait pas pour autant que ses insultes le laissaient de marbre. Il ressentait une vive blessure chaque fois que son père interrogeait Cameron sur ses relations, ou plus généralement sur le mariage et les enfants, tout en ignorant sciemment la vie et l'avenir de Logan. Il avait tenté une fois de présenter un amoureux à son père. Inutile de préciser que le pauvre garçon avait pris ses jambes à son cou au terme d'une seule conversation avec Samuel Danes.

Logan en avait souffert pendant un temps, avant de comprendre que son père ne l'accepterait jamais. Il avait alors décidé de sauter sur tout ce qui lui plaisait.

L'étalage de sa vie sexuelle et les piques acerbes qu'il adressait à son père étaient une source intarissable de satisfaction. En outre, Cameron s'en amusait énormément et Logan adorait faire sourire son grand frère.

Logan referma la main sur la poignée de la porte et, sans se retourner, énonça froidement :

– Je me demande vraiment comment tu as pu penser un seul instant que j'allais t'aider sur cette affaire. Nous autres, les tapettes, on se serre les coudes, tu sais…

Sur ce, il sortit du bureau, dont il referma délicatement la porte. Logan ne laissait jamais libre cours à sa colère devant son père. Il ne voulait pas lui donner la satisfaction de constater que ses paroles et ses actes le blessaient.

Cameron adopta une autre approche :

– J'ai changé d'avis. Je viendrai demain à midi pour l'entrevue.

– Eh bien, je suis ravi de voir qu'au moins un de mes fils a encore un peu de bon sens, conclut Samuel en lui souriant avec fierté.

– Ouais... Je me dis surtout que ce garçon s'attend sans doute à une conversation normale et qu'il viendra sans avocat. Il va falloir qu'il en prenne un et je suis libre en ce moment. Je te dis à demain, papa.

Cameron sourit et s'éclipsa du bureau à temps pour échapper au rugissement de son père, suivi de la désintégration d'un projectile contre le mur.

Son paternel était cinglé... Rien de bien nouveau sous le soleil.

*

– ... du coup, j'ai rendez-vous dans son bureau demain à 16 heures, ce qui veut dire que je ne pourrai sans doute pas récupérer Damian à l'école comme prévu. Tu pourrais y aller à ma place ? Je sais que c'est à la dernière minute, Becca, mais je t'en serai éternellement reconnaissant et je te revaudrai ça et...

– Jamie, mon chou, boucle-la ! Tu sais très bien que j'irai le chercher et qu'on va passer un super moment comme chaque fois. Mais pour l'amour de Dieu ! planque-moi cet ignoble DVD de tortues karatékas mutantes, parce que, si je dois me le farcir encore une fois... je ne réponds plus de rien !

Jamie, qui gardait un œil sur la cour d'école de Damian, éclata de rire au téléphone.

Il restait quelques minutes à peine avant la sonnerie et Jamie était garé sur le parking à l'emplacement convenu avec Damian.

Damian avait une peur bleue de ne pas trouver la voiture de Jamie en sortant de l'école, que son frère récupère un autre garçon au hasard et le ramène à la maison à sa place. Tous les raisonnements du monde n'avaient pas suffi à le convaincre que Jamie ne ferait jamais une chose pareille et, avant la rentrée des classes, ils s'étaient mis d'accord pour que Jamie l'attende garé quelques minutes en avance sur le troisième emplacement en partant de la gauche. Ils avaient même pensé à s'accorder sur une place de parking de secours, au cas où la première serait occupée.

Élever Damian n'était pas toujours une sinécure.

– OK, je cache le DVD des *Tortues Ninja* dès que je rentre. Merci, Becca ! s'exclama Jamie tandis que la sonnerie retentissait et qu'une flopée de gamins déboulait dans la cour.

– Pas de problème, mon Boo. On se voit demain. Je t'embrasse.

– Moi aussi.

Il raccrocha au moment où la portière arrière s'ouvrait sur un gamin survolté de cinq ans.

– Raph[1] ! hurla Damian en attachant sa ceinture. J'adore l'école : on a appris à compter jusqu'à cent, mais je suis allé que jusqu'à trente parce que j'ai oublié des chiffres, mais la maîtresse a dit que j'étais fort, et après on a déjeuné et j'ai le meilleur sac à dos, et il y a une fille qui a un cartable Hello Kitty rose et tout brillant partout, mais c'est même pas un brillant beau mais tout moche, et après…

– Ho là ! Respire, Leo[2], tu auras moins de mal à parler.

Jamie sourit et baissa le volume de la radio pour mieux l'entendre, tandis que son frère prenait une profonde inspiration et continuait de déblatérer comme si de rien n'était.

1. Raphael : nom de l'une des Tortues Ninja.
2. Leonardo : nom de l'une des Tortues Ninja.

À un moment donné, alors que son récit embrayait sur la bagarre pour le tapis de courses de voitures et les dominos, avec apparition de cow-boys, d'une dent cassée et de cheveux orange, Jamie, qui ne comprenait plus rien, finit par se demander où son frère avait traîné toute la journée.

Mais il avait la technique pour gérer la situation : elle consistait à hocher la tête, sourire et prier pour qu'il n'y ait pas de questions. Et ça marchait comme sur des roulettes !

– ... après on s'est assis et on a chanté une chanson pour dire au revoir et puis tu es venu me chercher.

– C'est génial, loupiot. Je suis content que tu te sois bien amusé. Écoute, c'est tata Rebecca qui viendra te prendre à l'école demain, d'accord ? expliqua Jamie en scrutant le reflet de son frère dans le rétroviseur.

Il l'aimait plus que tout et il était prêt à faire n'importe quoi pour le rendre heureux. Mais, dans des moments pareils, ses parents lui manquaient.

Il se souvenait de son premier jour d'école : son père était là, sur le même parking, à l'attendre, et avait lui aussi opiné du chef et souri en écoutant le récit de la journée de Jamie, ne lui prêtant sans doute qu'une oreille distraite.

Sa mère l'attendait sur le perron, habillée de sa robe verte préférée et d'un foulard blanc, comme à son habitude. Elle lui avait cuisiné son dîner favori, sans oublier la crème glacée maison. C'était un des meilleurs souvenirs de Jamie.

Par la suite, ses souvenirs d'école regorgeaient d'insultes, de bourrades et de bleus, et Jamie avait bien du mal à sourire en se les remémorant.

C'était Phillip qui aurait dû attendre Damian dans la voiture sur l'emplacement marqué à la craie rouge, Phillip encore qui était censé perdre le fil d'un récit sans queue ni tête, et Philip toujours qui était supposé ramener Damian à la maison pendant que Jamie aidait Elizabeth à mettre la table pour qu'ils dînent tous ensemble en écoutant Damian répéter la même histoire pour la cinquième fois, sans pour autant réussir à assembler les pièces du puzzle dans le bon ordre.

Pourtant, la réalité était tout autre et, mis à part Jamie, Damian n'avait personne. Cependant, tandis que le garçon bavassait, l'aîné se rendit compte que son petit frère était heureux avec lui.

Pour Damian, la situation était normale : Jamie le récupérait à l'école, lui préparait à dîner et le bordait dans son lit avant d'aller se coucher à son tour. Damian n'avait jamais connu autre chose. Un court instant, Jamie fut soulagé que son frère soit épargné par les mauvais souvenirs. À deux ans, on ne se souvient pas de grand-chose, et, dans le cas présent, c'était sans doute mieux ainsi. Il en résultait un gamin de cinq ans heureux et en pleine forme.

– Trop cool ! Rebecca peut faire Donatello[3] ? Parce qu'à mon avis il faut le trouver, lui et Mic… Micangelo… vite… parce qu'on gagnera pas la guerre tout seuls, renchérit Damian en se mordant la lèvre d'un air pensif.

Une fille ne pouvait pas être Tortue Ninja, mais Jamie n'avait pas tant d'amis que ça et ses copains de l'école et de la maternelle n'étaient pas très cool.

– C'est Michelangelo[4] et je ne crois pas que ce soit possible, loupiot. Elle travaille beaucoup et elle n'a pas le temps de défendre le monde. Il faut trouver quelqu'un qui a le temps de sauver la planète vingt-quatre heures sur vingt-quatre, précisa Jamie, riant sous cape en imaginant Rebecca en Lycra vert atroce avec un masque et des armes.

Elle détestait ce dessin animé et les séances de baby-sitting avec Damian finissaient parfois en véritables crises d'allergie quand, devenue blême, les yeux roulant dans leurs orbites, elle entendait les premières notes du générique.

---

3. Donatello : nom de l'une des Tortues Ninja.
4. Michelangelo : nom de l'une des Tortues Ninja.

– C'est ce que je me disais. En plus, c'est une fille. Jamie, je pense que tu devrais avoir un amoureux, comme ça il pourrait faire Donatello, et s'il a un ami ou un frère, on aura toutes les tortues et ça sera trop bien.

– Je vais voir ce qu'on peut faire, conclut Jamie avant d'éclater de rire.

Si seulement la vie pouvait être aussi évidente que dans la tête d'un garçonnet de cinq ans. Trouver un petit ami. Tomber amoureux. En faire une Tortue Ninja et sauver le monde. Simple comme bonjour.

Ils restèrent un moment silencieux à regarder défiler les rues, lorsqu'une mélodie entraînante monta soudain des baffles.

Jamie reconnut aussitôt la chanson et tenta de changer discrètement de station avant que Damian ne s'en rende compte, mais…

– JAMIE ! METS PLUS FORT, METS PLUS FORT ! hurla-t-il en sautant sur la banquette, chantant par-dessus la radio.

I threw a whish in the well
Don't ask me, I'll never tell
I looked to you as it fell
And now you're in my way

Jamie serra les poings sur le volant et leva les yeux au ciel, tandis que Damian braillait les paroles comme un possédé. Il était fan absolu de la chanson.

– JAMIE ! Allez, chante avec moi, s'il te plaît ! supplia Damian en lui adressant une moue implorante dans le rétroviseur.

Jamie poussa un soupir, sachant qu'il ne pouvait jamais rien lui refuser. Il augmenta le volume et ils se mirent à chanter à tue-tête sans prêter attention aux regards interloqués des passants.

Hey, I just met you
And this is crazy
But here's my number
So call me, maybe?[5]

À la fin de la chanson, ils étaient arrivés à destination et riaient à s'en décrocher la mâchoire. Jamie adorait ce genre de journée, parce qu'il pouvait faire semblant d'être un grand frère comme un autre, à faire le zouave avec son cadet en pensant à un avenir au cours duquel ses parents le soutiendraient.

Dans la demeure des Maddison, le dîner était un événement particulier.

Jamie impliquait Damian autant qu'il le pouvait dans la préparation des repas, comme sa mère l'avait fait avec lui. Il espérait que Damian prendrait un jour conscience que c'était pour Jamie une façon de passer le maximum de temps avec lui.

– Qu'est-ce qu'on mange ce soir, loupiot ?

Ils nouèrent un tablier autour de leur taille et Jamie lui bricola une toque de chef, dans laquelle Damian avait l'air un peu bête, mais ça lui plaisait ainsi.

– Euh... On peut faire une pizza ? La super bonne où on fait nous-mêmes la croûte ?

Jamie passa en revue le contenu du frigo. Rien ne manquait pour une pizza maison.

– Pas de problème. Tu veux couper le fromage ou faire la pâte ? demanda Jamie, qui savait pertinemment que Damian préférait mille fois se couvrir de farine plutôt que de découper du fromage.

– La pâte, s'il te plaît, répondit poliment Damian.

Jamie sourit fièrement. Malgré l'angoisse d'élever Damian tout seul, force était de constater que son frère était respectueux, poli et extrêmement bien élevé.

5. *Call Me Maybe*, de Carly Rae Jepsen.

– Tiens. Fais-toi plaisir, lança Jamie en déposant un ensemble d'ingrédients devant Damian, qui s'agenouilla sur le tabouret de bar à côté du plan de travail.

Le garçonnet s'enfonça dans la farine jusqu'aux coudes et Jamie fit la grimace en pensant à l'état de ses vêtements, mais le sourire qui illuminait le visage de Damian lui fit rapidement oublier ce détail.

Jamie avait le chic pour rendre Damian heureux.

C'est tout ce qui compte, pensa-t-il tandis qu'ils déposaient la pizza dans le four avant d'aller se débarbouiller pour le dîner.

La journée de mardi démarra exactement comme celle de lundi.

Jamie s'époumona pour que Damian sorte du lit, le garçon débarqua d'un air assoupi dans la cuisine, et son visage s'éclaira lorsqu'il découvrit ses pancakes en forme de sabres. Il enfila ses vêtements et chargea Jamie d'expliquer à Rebecca à quel endroit se garer, parce qu'elle le connaissait moins bien que Jamie, et que le risque qu'elle ramène un écolier au hasard était encore plus élevé, puis il embrassa Jamie sur la joue et sauta dans le car scolaire.

Jamie se mit sur son trente et un ce jour-là. Et si son pantalon épousait la forme de ses jambes de façon suggestive… c'était l'effet recherché. Il avait choisi un modèle rayé beige et brun, une chemise blanche impeccable et un gilet marron. Il égaya l'ensemble avec une écharpe beige pâle et une paire de bottes montantes marron foncé.

Il virevolta devant le miroir et, satisfait du résultat, se mit en route pour arriver au boulot à l'heure. Fort heureusement, sa voiture roulait encore malgré l'arrière tout cabossé.

Pendant plusieurs heures, il s'occupa à réparer des fermetures Éclair, à prendre des mesures, à faire essayer des pantalons à des hommes aux goûts douteux et réfractaires aux suggestions amicales. Il fit part à Max de son souhait de terminer plus tôt et obtint son accord après un sermon sur le sens des responsabilités et des priorités et, pour une raison inconnue, la pandémie de grippe de 1961.

Les histoires que racontait Max avaient toujours du sens, jusqu'à un certain point, passé lequel il devenait impossible de trouver le dénominateur commun entre les informations diverses et variées qu'il débitait. Aux yeux de Jamie, c'était la raison pour laquelle son patron s'entendait si bien avec Damian : ils parlaient la même langue.

À 15 h 45, il empoigna sa sacoche et quitta l'atelier, où il avait commencé à plancher sur une robe pour Mme Phillipport, une vieille dame au goût exquis. Elle avait pour habitude de solliciter son opinion et elle accueillait favorablement ses suggestions, en vertu de quoi sa garde-robe était époustouflante.

– Max, j'y vais ! cria-t-il en ouvrant la porte d'entrée.

– Ce sera retenu sur ta paie ! répliqua Max sur le même ton.

– Je t'embrasse ! riposta Jamie avant de regagner sa voiture au petit trot.

Le bâtiment gigantesque qui abritait Danes&Sons était une monstruosité de verre et de métal que Jamie détesta d'emblée.

Il se gara à l'extérieur, traversa la dalle en béton et poussa la lourde porte vitrée qui donnait sur un hall immense et impersonnel. Sa rage grandissait à chacun de ses pas.

Une blonde platine était assise à la réception. Il donna son nom et la raison de sa visite.

Elle se leva, dévoilant une jupe si courte qu'elle aurait pu faire office de ceinture, et un décolleté si profond qu'il lui arrivait au nombril. Jamie leva les yeux au ciel. Ce style vestimentaire porno de bas étage atteignait des abîmes de mauvais goût !

Elle l'accompagna jusqu'au bureau de Samuel Danes et, après avoir annoncé son arrivée au patron, regagna le hall en faisant claquer ses chaussures ornées de strass.

– Entrez. Je n'ai pas que ça à faire, ordonna une voix déplaisante dans le bureau.

Jamie poussa la porte et tomba nez à nez avec l'homme injustement séduisant qui lui faisait détester les avocats. Samuel avait beau avoir un certain âge, il gardait une prestance impressionnante.

– Papa… tiens-toi bien, trancha une autre voix à la fois douce et rassurante.

Jamie leva la tête et découvrit un jeune homme de grande taille aux yeux bleus et au sourire sortis tout droit d'une affiche de cinéma.

– Cameron Danes, ravi de vous rencontrer, dit-il en lui tendant la main.

Jamie se laissa éblouir par son sourire.

– Jamie Madison, répondit-il en lui serrant furtivement la main.

*

Cameron savait apprécier la beauté des gens, hommes ou femmes.

Pourtant, il manqua de défaillir lorsque Jamie Maddison franchit le seuil du bureau de son père. Ce garçon appartenait à une tout autre catégorie et Cameron sut aussitôt que Logan devait impérativement l'admirer de ses propres yeux. Non pas qu'il voulût que Logan n'en fasse qu'une bouchée comme avec ses autres conquêtes, mais parce qu'il souhaitait que son frère ait la chance de rencontrer l'homme le plus beau qu'il ait jamais vu.

En serrant la main de Jamie, il s'émerveilla de la douceur de sa peau et du son mélodieux de sa voix.

– Jamie, installez-vous, je reviens dans une minute. Papa, pas un seul mot avant mon retour.

Cameron traversa le couloir au pas de course, fit irruption dans le bureau de Logan, contourna la table, agrippa la main de son frère et le tira vers l'extérieur.

– Cameron, qu'est-ce que tu fous ? protesta le jeune homme.

– Logan, suis-moi dans le bureau de papa. Fais-moi confiance. Tu me remercieras plus tard.

Logan poussa un soupir et finit par abdiquer en se rendant à l'évidence : il n'était pas assez grand pour tenir tête à Cameron.

Ils firent une pause devant la porte de Samuel.

– Cam, je n'aiderai pas notre père à rouler ce type dans la farine, OK ?

– Moi non plus, Lo. Crois-moi, ce n'est vraiment pas mon objectif ! Allez, entre avec moi…

– D'accord, je te suis.

Cameron ouvrit la porte et s'effaça pour laisser passer Logan.

Il eut du mal à réprimer un petit sourire en découvrant l'expression de son frère lorsque ce dernier posa les yeux sur Jamie.

– Désolé, j'ai pensé qu'un regard impartial ne serait pas de trop. Jamie, voici Logan Danes, annonça Cameron poliment.

Il attendit une réaction de son frère, mais ce dernier restait figé sur place, bouche bée, les yeux écarquillés, obnubilé par le jeune homme.

Cameron dut se mordre la langue pour ne pas charrier son frère.

Logan avait un truc avec les hommes, un charisme naturel. Et ses yeux couleur miel ainsi que son sourire renversant faisaient craquer toute la gent masculine.

Mais de toute évidence Jamie le prenait de court, ce que Cameron pouvait parfaitement comprendre. C'était bien pour cela qu'il avait traîné Logan jusqu'ici.

Gêné par le silence, Cameron lui assena un coup de coude dans les côtes. Logan sursauta et détacha les yeux de ceux du jeune homme.

– Bonjour, Logan Danes, ravi de faire votre connaissance…

Il laissa traîner la fin de sa phrase et Cameron comprit que son frère reprenait le dessus et allait sortir le grand jeu.

Avant que Jamie ait pu saisir la main qui lui était tendue, Samuel, qui avait compris ce qui se jouait, décida de mettre son grain de sel. Il s'était peut-être retrouvé dans la situation désagréable de voir défiler sous son nez chaque conquête de son fils, mais il était absolument hors de question qu'il le laisse tomber sous le charme d'un cliché ambulant.

– Bien ! La plaisanterie a assez duré. Nous avons une affaire à traiter. Monsieur Maddison, vous imaginez sans doute que je vais payer les réparations de votre véhicule.

– Je n'imagine rien, monsieur. C'est la seule chose à faire étant donné que vous êtes en faute, riposta Jamie d'un ton aussi poli que possible.

Durant quelques secondes, la présence de Cameron et de Logan l'avait déstabilisé. Il n'avait jamais vu d'homme aussi beau que Cameron, jusqu'à ce que Logan fasse irruption dans la pièce. Jamie avait senti son estomac et sa gorge se nouer.

Jamie se targuait d'être éloquent, caustique et spirituel, mais Logan le laissait sans voix. Jamie détestait cette sensation et fut presque soulagé lorsque Samuel, en prenant la parole, les empêcha de se toucher.

– Je pense que c'est sujet à débat, jeune homme ! s'étrangla Samuel.

– Il n'y a rien à débattre.

Jamie se retenait d'en finir une bonne fois pour toutes en assenant une baffe au bonhomme. Le fait qu'on puisse être aussi impoli et méchant le dépassait totalement.

– Vous n'êtes pas exactement ce qu'il est convenu d'appeler un conducteur hors pair. Bien que cela soit parfaitement attendu de la part d'un...

– Désolé de vous couper, mais je ne suis pas venu pour me faire insulter. Je suis peut-être homosexuel, mais j'ai grandi dans un garage et je suis tout à fait capable de démonter et remonter un moteur de voiture en cinq minutes les yeux fermés, une main attachée dans le dos. J'estime que les dommages que vous avez provoqués s'élèvent à environ trois cents dollars. Si je n'ai pas l'argent dans les trois jours, je porterai plainte, assena Jamie en tendant une feuille de papier listant les détails techniques du véhicule et ses données personnelles, avant de se lever.

– Je ne vous paierai pas un cent ! vociféra Samuel en écrasant son poing sur la table.

– Oh que si ! répliqua Cameron depuis la fenêtre à laquelle il s'était adossé pendant que Jamie taillait son père en pièces.

Décidément, ce jeune homme lui plaisait beaucoup.

Furibond, Samuel se tourna vers son fils.

– Pardon ?! s'étrangla-t-il.

– Il a un dossier en béton. Aux yeux de la loi, tu es en faute. Et comme je suis son avocat, s'il accepte mon offre, je peux t'assurer qu'il gagnera sans l'ombre d'un doute si tu le traînes au tribunal. Réfléchis à ce que tu fais, lança Cameron d'une voix glaciale.

– Ils ont raison, papa. Tu n'as aucune chance de gagner, confirma Logan, qui faisait de son mieux pour rester impassible et éviter de dévorer le jeune homme des yeux.

Il n'avait jamais vu un être aussi parfait.

Ses cheveux châtains brillaient au soleil et jetaient des ombres sur sa peau diaphane. Logan n'avait jamais vu quelqu'un d'aussi pâle, mais d'une pâleur aristocratique, presque angélique.

Ses fines lèvres roses se retroussaient en un mince sourire nerveux et son adorable petit nez en trompette se fronçait joliment de colère chaque fois que Samuel prenait la parole.

Son corps était souple et, pour autant que Logan puisse en juger, il avait des jambes sans fin, minces et élégantes, parfaites pour s'enrouler autour de ses hanches tandis qu'il le plaquait contre le mur et…

– Très bien ! Je paierai pour cette foutue bagnole. Et maintenant, vous voulez bien sortir de mon bureau ? J'ai du travail.

La voix de Samuel fit sortir Logan de sa rêverie et il se réprimanda mentalement pour cet assaut d'images de peau parfaite et de voix angélique gémissant sous ses mains.

– Merci, je suis ravi de prendre congé de vous, monsieur, répliqua Jamie.

Il hocha poliment la tête à l'attention de Cameron et de Logan, et sortit du bureau.

Sa présence manqua instantanément à Logan. Qu'est-ce que ça voulait dire ? Il n'avait jamais réagi de la sorte. C'était trop tard, Logan était mordu.

Perdu dans ses pensées, il n'entendit rien de la prise de bec entre son père et Cameron. Lorsqu'il reprit ses esprits, Cameron le ramenait *manu militari* dans son bureau.

– Alors ?

– Alors quoi ?

– Oh ! arrête tes conneries, Logan. Je t'ai appelé parce que je savais qu'il allait mettre le feu à tes réflexes de *lover*.

– Il n'a mis le feu nulle part, Cameron.

– Ben voyons. Suis-je bête. Pourtant j'aurais juré que ta mâchoire traînait par terre.

– Écrase, Cam.

– Tu ne me la feras pas, frérot. Il te plaît et tu le sais très bien.

Logan le foudroya du regard. Mais comment nier l'évidence ? Sans oublier qu'après des années à lui servir de bras droit, Cameron avait développé un goût très sûr sur la question.

– OK, j'avoue. Bordel de merde ! Il est magnifique. J'ai carrément envie de piquer ses coordonnées dans le bureau de papa.

– Décidément, t'es lent à la détente, lâcha Cameron.

– Pourquoi ? demanda Logan d'un ton offensé.

– Je suis son avocat.

– Et… ?

– OK, « lent » n'est pas le bon mot. Disons plutôt débile.

Logan le dévisagea d'un air interloqué.

– J'AI SES COORDONNÉES, IMBÉCILE !

– Oh…, lâcha Logan avant de sourire béatement.

– C'est qui le meilleur frère du monde ?

– Camrndans ! grommela Logan, qui détestait ce jeu stupide qui durait depuis l'enfance.

– J'ai pas bien entendu !

– Cameron Danes, articula Logan.

– C'est ce que je pensais aussi. Donc, voici le topo : Jamie Maddison bosse comme créateur de mode-tailleur. Et, si je ne m'abuse, je connais quelqu'un dans cette pièce qui a besoin d'un costume pour le mariage de ses deux meilleurs amis.

Logan ouvrit des yeux grands comme des soucoupes et son visage se fendit d'un immense sourire.

– T'es vraiment le meilleur frère du monde !

– Un peu, mon neveu !

Cameron lui tendit une adresse griffonnée sur une feuille puis sortit du bureau.

Logan savait user de son charme. Et Jamie Maddison serait sa prochaine cible.

La chasse était ouverte.

4

Les projets

Le jour du sixième anniversaire de Jamie, Elizabeth le réveilla à 3 heures du matin. Profondément assoupi, il n'avait aucune intention de s'arracher à sa couette douillette.

– Jamie, poussin, allez, réveille-toi. Papa et maman ont une surprise pour toi, souffla Elizabeth en riant.

Depuis son plus jeune âge, ses expressions étaient irrésistibles. Le regard courroucé qu'il jetait à la perfection de ses grands yeux d'un bleu limpide, bien qu'adorable, faisait presque peur.

– Mais, maman, je dors, je veux pas me lever, murmura-t-il en enfouissant la tête dans son oreiller.

– Je te promets que tu vas adorer. Et comme c'est très loin, tu pourras dormir sur le chemin.

Elle tira légèrement sur son bras. Il s'extirpa à contrecœur de son lit pour gagner la salle de bains.

Il se plia à la routine matinale en somnambule, sans même chercher à savoir où ils allaient.

Il était tellement déstabilisé qu'il en avait oublié son anniversaire. Il grimpa dans la voiture et s'endormit instantanément.

Il remua vaguement lorsque des mains puissantes le soulevèrent. Il perçut l'agitation, des voix, des bips sonores. Mais il ignorait totalement où il se trouvait.

Il laissa couler un fin filet de bave sur l'épaule de Phillip, sans jamais se réveiller.

Il ne broncha pas pendant un drôle de discours de bienvenue, des consignes sur les issues de secours et les masques à oxygène. Il nota mentalement d'interroger ses parents à ce propos dès son réveil.

Une drôle de sensation dans le ventre le fit frissonner, puis le silence retomba autour de lui et il sombra dans un sommeil de plomb.

Après ça, il se souvient que ses parents le réveillèrent en douceur.

Leur visage irradiait de bonheur. Ils se tenaient devant l'endroit le plus féerique au monde.

Jamie poussa un immense cri de joie, oubliant momentanément l'attitude calme et sophistiquée qu'il était censé avoir pour se démarquer des autres garçons de son âge.

Mais c'était plus fort que lui.

C'était le plus beau des anniversaires.

C'était la plus belle des journées.

C'était la seule et unique fois que Jamie était allé à Disneyland.

Le bureau de Jamie comportait un tiroir secret dans lequel le jeune homme conservait ce qui lui tenait le plus à cœur : le foulard préféré de sa mère, les boutons de manchette portés par son père à leur mariage, la lettre d'admission de l'école de design de Parsons restée sans réponse – pour se souvenir qu'à un moment donné quelqu'un avait pensé qu'il valait quelque chose –, les dessins de Damian et un cadeau que son frère lui avait fait à la maternelle. Pour une raison inconnue, Damian avait pensé que Jamie apprécierait qu'il se mette à la couture et lui avait fabriqué un chapeau... sorte de masse informe en tissu bleu avec des boutons jaunes. Jamie avait réprimé un hurlement lorsqu'il s'était rendu compte que Damian avait utilisé une de ses chemises pour le confectionner. Mais l'enfant l'avait regardé de ses grands yeux candides et Jamie avait fini par porter l'horrible galurin pendant toute une semaine, le temps que Damian oublie son existence.

Tout au fond du tiroir, à côté des partitions de musique qu'Elizabeth adorait, Jamie conservait un bocal.

À une époque, le verre avait renfermé de la confiture, sans doute à la fraise, étant donné que Damian raffolait de tout ce qui était à ce parfum, mais Jamie l'avait nettoyé avant de coller le couvercle à la Super Glu. Il l'avait percé d'une fente et baptisé au marqueur : « Voyage à Disneyland de Damian ».

Le projet était d'emmener son frère au parc d'attractions, exactement comme ses parents l'avaient fait pour lui : en le réveillant le matin de ses six ans et en s'assurant qu'il se rendormait pendant tout le trajet.

Ils passeraient toute la journée à faire du grand huit et à se prendre en photo avec leurs personnages préférés.

Et comme il voulait des preuves de ce voyage, il lui faudrait un appareil photo.

Les billets d'avion, l'entrée du parc, les vêtements, la nourriture, l'appareil photo, la voiture de location une fois en Californie... Jamie n'avait pas les moyens pour tout ça.

Il avait donc nettoyé le bocal, lui avait apposé une étiquette et avait entrepris d'y épargner toute sa petite monnaie.

Deux jours après sa rencontre déplaisante avec Samuel Danes, trois cents dollars avaient rejoint les cent dollars qui s'y trouvaient déjà. Jamie sourit avec fierté.

Comme il avait pris le soin de l'expliquer à l'avocat, il pouvait réparer une voiture les yeux fermés. Ce n'était pas pour autant qu'il allait épargner ce gros crétin.

Il rangea le bocal à sa place et sortit du bureau pour se préparer.

Le jeudi, Max ouvrait la boutique plus tard. Il passait la matinée dans un refuge à apporter de la nourriture et des jouets à de jeunes chiens. Il s'y rendait religieusement depuis des années.

Le jeudi, Jamie n'était donc pas attendu avant 11 heures.

Ce jour-là, il franchit la porte d'entrée en arborant un grand sourire.

– Bonjour, Max !

– Salut, mon gars, répondit son patron en souriant depuis la machine à coudre dans l'atelier.

– Comment se portent les chiots cette semaine ? demanda Jamie, qui s'intéressait au sort des petits chenapans que Max aimait tant.

– En pleine forme. La plupart ont trouvé une maison. Il n'en reste plus beaucoup à caser. Tu devrais en prendre un pour Damian, tu sais !

– Max, j'ai à peine les moyens d'élever Damian, alors Damian et un chien, n'en parlons pas ! riposta Jamie en riant.

– Essaierais-tu de me dire que tu es sous-payé ? enchaîna Max d'un ton faussement offusqué.

– Parfaitement, espèce de vieux grippe-sou.

Jamie rit tellement fort qu'il manqua de tomber de sa chaise tandis que Max, une main sur le cœur, faisait mine de fondre en larmes.

La sonnette de la boutique les interrompit.

– Je te jure que je te ferai bouffer ce grelot le jour où tu t'y attendras le moins, plaisanta Jamie.

– Essaie voir, mon p'tit ! s'exclama Max en fuyant vers la tenture qui séparait l'atelier de l'échoppe.

Il échappa de justesse à la boîte de boutons que Jamie venait de lui balancer. Cette dernière s'ouvrit en touchant le sol, déversant son contenu dans toute la pièce.

Jamie avait agi sans trop réfléchir. Il poussa un soupir et s'agenouilla pour rassembler les boutons éparpillés.

*

Depuis qu'il avait posé les yeux sur le jeune tailleur, Logan n'avait pas cessé de penser à lui.

La perfection diaphane de sa peau annihilait la possibilité de trouver quiconque séduisant.

L'image de ses cheveux châtains soyeux lui donnait envie d'intenter un procès à tous ceux qui avaient l'impertinence de ne pas arborer les mêmes mèches parfaitement peignées.

Tous les autres hommes avaient des jambes trop courtes, des pantalons trop lâches et des lèvres pas assez roses.

Quant à ses yeux… Seigneur ! ses yeux habitaient tous les rêves de Logan depuis qu'il les avait croisés. Leur flamme d'un bleu profond, leur délicatesse d'un vert tendre et leur douceur d'un gris alangui lui faisaient perdre la tête, quarante-huit heures à peine après leur première rencontre.

Et si vous pensiez que Logan était content qu'une espèce de petite diva à peine majeure, à grande (et certes belle) gueule, le mette en retard sur ses dossiers et l'empêche d'emballer le premier beau gosse venu, vous aviez tort !

Logan détestait cet état. Cela faisait deux jours à peine et il était à deux doigts de tuer quelqu'un s'il ne revoyait pas Jamie tout de suite.

On parlait bien de Logan Danes, merde ! dont le projet d'avenir consistait à baiser tous les hommes qui le titillaient !

Eh oui, c'était bien ça le problème…

Jamie était gay. Et séduisant, de surcroît. Et Logan n'avait toujours pas eu l'occasion de le passer à la casserole.

Logan élabora donc un plan.

En ce jeudi matin, il descendit une rue marchande de Fairfield jusqu'à une petite porte.

Celle du tailleur Brewer.

Il poussa la porte et sourit en découvrant le tintement de la sonnette.

Prêt à ressentir la morsure du désir à la vue du jeune homme, il s'accouda au comptoir d'un air aussi détaché que possible.

Il entendit soudain un fracas suivi d'un juron amusé, puis le rideau s'ouvrit sur un vieil homme souriant.

Logan, pris au dépourvu, fronça les sourcils. Soit il s'était trompé de boutique, soit il était tellement en manque après cinq jours sans sexe qu'il avait inventé Jamie de toutes pièces.

– Puis-je vous aider, jeune homme ?

La voix polie, bien qu'un peu abrupte, sortit Logan de sa stupeur et il secoua la tête pour reprendre ses esprits.

– Oh… euh… Oui, bonjour… j'ai besoin d'un costume… pour un mariage, bafouilla-t-il.

Il était bien content que son frère ne soit pas témoin de son accès de faiblesse, lui qui était en temps normal d'une sophistication totale. Cameron ne s'en serait jamais remis.

– Vous êtes au bon endroit. Vous avez déjà des idées ? enchaîna Max en sortant le carnet où il notait les coordonnées des clients (au grand dam de Jamie, sachant qu'ils avaient désormais un ordinateur).

– Eh bien… Je n'y ai pas vraiment réfléchi. Habituellement, j'achète du prêt-à-porter, mais c'est le mariage de mon meilleur ami et je suis témoin, donc je voudrais quelque chose d'exceptionnel.

Ce qui en soi n'était pas un mensonge.

Après des années de combats, de pétitions, de démêlés devant les tribunaux, l'État de l'Ohio avait fini par légaliser le mariage pour tous. Et après plus de onze années ensemble, le meilleur couple du monde (selon la propre définition des intéressés), Luke et Tyler, allait se marier.

Logan était le témoin de Luke. Il était tellement fier de ses amis qu'il avait envie de le crier sur tous les toits.

Ainsi, lorsqu'il parvint à arracher son esprit du fantasme dans lequel les jambes de Jamie l'avaient entraîné, il se rendit compte qu'il lui fallait un costume impeccable pour se rendre au mariage accompagné d'un homme aux yeux bleus, au nez fin, aux longues jam… *Nom d'un chien, Logan, ressaisis-toi !*

– Un événement heureux, félicitations ! s'enthousiasma Max.

– Merci. On attend ça depuis des années, répondit joyeusement Logan.

– Dans ce cas, il vous faut quelque chose d'unique. Que pensez-vous d'une création originale ?

– Vous faites ça ?

Logan aimait les vêtements et l'idée de posséder un costume créé sur mesure le séduisait particulièrement. Sans oublier qu'il serait ravi, pour une fois, de ne pas avoir à raccourcir ses ourlets de pantalon.

– Pas moi personnellement, mais mon assistant est un créateur hors pair, précisa Max en tapotant son crayon sur les pages de son carnet.

– Ce serait fantastique. Il faut prendre rendez-vous ?

Logan était ravi. Cette journée s'annonçait radieuse.

– Voyons voir…, murmura Max en cherchant la bonne page dans son calepin. Il a un seul rendez-vous aujourd'hui, à 13 heures. Je pense qu'il peut vous voir tout de suite et vous en discuterez ensemble.

– Super, merci. C'est gênant si je ne sais vraiment pas ce que je veux ?

Max éclata de rire.

– Il va s'en donner à cœur joie. Il adore dessiner des vêtements quand les clients lui laissent les rênes. Ce qui n'arrive pas souvent. Ceux qui ont l'intelligence de le faire ne le regrettent jamais, insista Max en l'incitant à passer le rideau. Je vous en prie. Pour l'instant, il a quelques difficultés techniques, conclut-il avec un petit sourire amusé.

Logan le remercia et franchit la distance jusqu'au rideau.

Il écarta la tenture et pénétra dans l'atelier, où il tomba nez à nez avec le ravissant postérieur de Jamie Maddison, qui s'affairait à quatre pattes par terre.

Ben merde alors.

*

– … débile ! C'est du Jamie tout craché, ça. Tu sais très bien que jean blanc et poussière ne font pas bon ménage, et qu'est-ce que tu fais ? Tu balances contre le mur un pot plein de boutons gros comme des couilles de mouche. Vraiment, bravo ! rouspétait Jamie tout en ramassant les accessoires éparpillés.

Il tapota le sol du plat de la main pour vérifier qu'il n'en avait pas oublié un, effectua un mouvement circulaire et se figea sur place en découvrant une paire de chaussures en cuir noir brillant et, à sa plus grande surprise, des chevilles dénudées à la place des chaussettes auxquelles on aurait pu s'attendre chez une personne normale.

En levant les yeux, il découvrit avec horreur que l'ourlet du pantalon avait été relevé pour dégager volontairement les chevilles.

Plus haut encore, son regard épousa le contour d'une paire de cuisses musclées et des hanches minces soulignées par une fine ceinture.

Jamie se redressa et contempla le cardigan gris, la chemise blanche et le nœud papillon à carreaux noir et gris qui lui faisaient face.

Ce sens vestimentaire était parfaitement loufoque, mais Jamie trouva le résultat plutôt réussi sur la personne en question.

Il se releva de toute sa hauteur et retint son souffle en découvrant les lèvres généreuses retroussées en un sourire taquin, les adorables petites rides autour des yeux couleur miel et une paire de sourcils délicatement dessinés.

– Vous avez besoin d'un coup de main ?

Le timbre de voix velouté sortit Jamie de sa torpeur et il baissa les yeux en rougissant.

Le ventre de Logan se noua en voyant de petites touches de rose parsemer ses joues d'ange et ses dents mordiller le bord de sa lèvre.

Jamie secoua la tête et recouvra son calme après un court flottement.

Depuis ce fameux mardi, le bel avocat tourmentait ses pensées.

Le type avait l'air sympa, mais avec un père homophobe comme le sien, on ne pouvait sans doute pas faire plus hétéro que lui. Et il était hors de question que Jamie craque pour un hétéro.

Il prit le parti de riposter sèchement.

– Non, merci. J'ai tout ramassé. Et s'il en reste, on s'en rendra compte quand Max se fracturera la hanche en marchant dessus.

Logan éclata de rire, décidément sous le charme du jeune homme.

– Je devrais peut-être lui laisser ma carte pour qu'il vous intente un procès le moment venu, plaisanta-t-il dans l'espoir de susciter le sourire renversant de Jamie.

– Si ça peut vous faire plaisir. Mais vous ne pourrez pas prouver quoi que ce soit.

– Je suis plutôt doué dans mon rayon. Je saurai trouver une solution.

– Dans ce cas, je vous souhaite bonne chance.

Ils échangèrent un sourire mais, en leur for intérieur, leurs pensées étaient diamétralement opposées.

Logan se sentait étourdi par leur badinage. Il se disait que Jamie flirtait un peu lorsqu'il faisait papillonner ses interminables cils. Comme si leur teinte venue d'ailleurs ne suffisait pas, ses cils étaient d'une épaisseur et d'une longueur scandaleuses !

Jamie, pour sa part, se sentait perdu et nerveux. Il voulait que Logan s'en aille. Il ne l'aimait pas et ne voulait surtout pas que ça change. Une personnalité engageante en plus d'un physique avantageux ? C'en était trop ! Il décida de tirer au clair la raison de sa visite et de le laisser repartir.

– Et donc… que puis-je faire pour vous ? s'enquit-il de sa plus belle intonation professionnelle.

Une fois encore, l'esprit de Logan se laissa submerger par des images explicites.

Tu peux commencer par dénuder tes jambes et les enrouler autour de ma taille, si tu veux bien, pensa-t-il. Il se ressaisit avant d'énoncer sa réponse à voix haute. Quelque chose lui disait que Jamie apprécierait assez peu ce type d'approche.

– Votre patron vient de me dire que vous créez des vêtements, répliqua-t-il à la place en s'appuyant sur la table jonchée de croquis.

– C'est vrai, en effet. Il vous faut quelque chose ? rebondit Jamie, soudain intrigué par la tournure de la conversation.

Si tu pouvais te tourner et te pencher sur la table, merci.

– Il me faut un costume pour un mariage.

Jamie dévisagea Logan, sentant un nœud se serrer dans son ventre. Il allait se marier. Évidemment. Il était beau. Et, à coup sûr, sa future épouse était tout aussi sublime.

Mais comme il n'aimait pas Logan, son mariage ne lui faisait ni chaud ni froid.

– Félicitations ! lança-t-il d'une voix enjouée qui camoufla sa jalousie à la perfection.

Si ça, ça ne méritait pas un oscar…

– Merci. Donc, vous pouvez le faire ?

Logan, insouciant comme à son habitude, ne s'aperçut pas que Jamie, à la mention du mariage, s'était légèrement replié sur lui-même et avait perdu un tantinet de sa superbe.

– Bien sûr. Vous aviez déjà des idées ?

– En fait, non. Je viens tout juste d'apprendre que je pouvais avoir du sur-mesure et l'idée me plaît beaucoup. Il paraît que vous avez un talent d'exception. Je me disais que je pouvais vous laisser le champ libre pour me faire beau, poursuivit Logan avec un sourire poli en inclinant la tête pour contempler le jeune homme.

– Encore mieux ! s'enthousiasma Jamie, oubliant aussi sec que le jeune homme en face de lui était hétéro et sur le point de se marier.

Il l'avait rencontré deux jours plus tôt et n'avait absolument aucun sentiment pour lui.

– Asseyez-vous, on va se pencher sur la question. (Il l'invita à prendre place sur une chaise et s'installa en face de lui). Bien… vous voulez un smoking classique ou quelque chose de différent ? demanda-t-il en s'armant d'un papier et d'un crayon.

– Eh bien, j'ai toujours porté des costumes noirs ou gris. Des valeurs sûres. Mais si vous pensez que ce serait bien de changer, je suis tout ouïe.

– J'aime bien ajouter une touche de couleur qui sied à la personne. Dans votre cas, prune ou bordeaux irait bien.

Mais, d'un autre côté, il ne faut pas que votre costume jure avec la robe de la mariée, au risque de tomber dans le kitsch.

– La question ne se posera pas étant donné que ce n'est pas « une » mariée, précisa Logan.

– Comment ça… oh… d'accord… Dans ce cas, de quelle couleur est le costume du marié ? bafouilla Jamie.

Le sentiment de jalousie se renforçait. Non seulement Logan allait se marier, mais en plus il était gay. Ravi pour lui.

– Je ne leur ai pas vraiment posé la question. Je ne suis pas sûr qu'eux-mêmes aient déjà choisi.

– Eux ? releva Jamie.

C'était quoi son problème, bordel ? Il allait épouser combien de personnes, exactement ?

– Oui, eux… J'ai comme l'impression qu'on ne parle pas du tout de la même chose ! s'exclama soudain Logan en riant.

– J'en sais rien. Je crois que j'ai perdu le fil depuis un bon moment, avoua Jamie avec un sourire confus.

À côté de ça, les histoires de Damian étaient d'une logique inébranlable.

– Si on reprenait au début ?

– Bonne idée.

– Bien… Dans deux mois environ, mes deux meilleurs amis, Luke et Tyler, vont se marier. Je suis leur témoin, enfin celui de Luke, et je souhaite vraiment me mettre sur mon trente et un parce que c'est un événement exceptionnel pour nous tous. Ça fait près de onze ans qu'on attend qu'ils puissent se passer la bague au doigt, expliqua Logan en prenant soin de bien choisir ses mots.

– Je comprends beaucoup mieux maintenant ! s'exclama Jamie en riant.

Son cœur se serra imperceptiblement. Logan était donc bien hétéro. Au mieux, il n'était pas homophobe. *Mais merde, Jamie, qu'est-ce que ça peut bien faire ?*

– Nous en étions à la couleur. J'aime bien le bordeaux, enchaîna Logan.

– Je pense que cela vous irait bien. Et j'ai comme dans l'idée que vous ne savez pas de quelle couleur sera la robe de votre partenaire. Mais le bordeaux s'accorde plutôt bien avec la plupart des teintes. À moins que sa robe ne soit jaune, ce que je ne lui souhaite pas.

– Parfait. Sauf que les robes ne lui vont pas du tout, railla Logan.

– C'est pas très gentil de dire ça !

Était-il finalement aussi déplaisant que son père ?

– Pas vraiment, non. C'est pas facile de trouver un type qui porte bien la robe, si ? renchérit Logan en haussant un sourcil, attendant que Jamie se rende compte qu'il était gay et très attiré par lui.

– Quoi… oh ! Désolé, je suis parti du principe…

– Vous avez cru que j'étais hétéro après avoir rencontré mon père ?

Logan venait de comprendre le raisonnement de Jamie. Cette supposition était finalement assez logique, on ne pouvait pas lui en vouloir.

– Plus ou moins, je suis désolé, bredouilla Jamie.

Lui qui avait horreur qu'on présume quoi que ce soit à son sujet, il venait de faire exactement la même chose.

– Inutile d'être désolé. C'est un enfoiré, et je comprends que vous puissiez penser qu'un type comme lui ne peut pas avoir un fils gay. Mais c'est le cas. On n'oublie jamais de le lui rappeler, avec Cameron, histoire de le torturer.

Son rire était teinté d'amertume.

– Désolé, répéta Jamie.

Logan lui sourit avec chaleur. Décidément, ce Jamie était trop adorable.

– Et si vous cessiez de vous excuser et que vous vous occupiez de me faire beau ?

Il montra du doigt la feuille sur les genoux de Jamie, se retenant de toutes ses forces pour ne pas regarder son entrejambe.

– OK… Moi, je dirais bordeaux. Ça m'étonnerait que votre partenaire parte sur du jaune, donc on est bons.

– Super. Et ensuite ?

De toute façon, Jamie préférerait sans doute passer l'arme à gauche plutôt que de porter du jaune. Mais Logan refréna son impulsion de lui faire part de cette observation. Et, oui, il allait l'inviter au mariage de Luke et Tyler. Il craquait totalement pour Jamie.

– Ensuite je vais prendre vos mesures et choisir les tissus en fonction de vos préférences, mais… (Max l'interrompit en lui annonçant l'arrivée de Mme Davenport.) Mais pas aujourd'hui. Vous n'aurez qu'à m'envoyer un e-mail demain et on prendra rendez-vous ? proposa Jamie.

Il se releva et écarta la tenture pour laisser entrer une vieille dame très élégante. Elle l'embrassa sur la joue et le serra doucement dans ses bras. Logan se sentit bouillir de jalousie. Il voulait serrer ce corps parfait contre le sien et effleurer sa peau laiteuse du bout de ses lèvres.

– Bien sûr. On se reparle demain. Au revoir.

Sur ces mots, il quitta le petit atelier, qui se mit à résonner du rire cristallin de Jamie. Une vague de frissons parcourut tout son corps et sa poitrine se serra : il avait envie de se réveiller au son de ce rire.

Il contourna une étagère d'aiguilles et de boutons et s'approcha du comptoir. Max lui sourit avec un petit air entendu qui le troubla.

– Tout va bien ? s'enquit Max au moment où Logan posait la main sur la poignée de la porte.

– Oui. Je n'ai aucune idée de la tête qu'aura mon costume, mais comme lui a l'air de le savoir, je lui fais entièrement confiance, répondit Logan en lui faisant face.

– Sage décision. Il fait vraiment bien son travail.

– Encore merci. Et à bientôt, conclut Logan en ouvrant la porte.

Le sourire faussement pudique et la voix douce de Max le retinrent.

– Il est célibataire, vous savez.

Logan eut un mouvement de recul.

– Mais pourquoi…

– Histoire que vous le sachiez, précisa Max avec un hochement de tête avant de se remettre à plier des chemises.

Logan resta immobile, jusqu'à ce qu'un sourire béat illumine son visage. Il rejoignit sa voiture d'un petit pas léger.

Jamie était beau, sexy, timide et tellement attirant que Logan en avait le tournis. Il avait déjà ressenti du désir. Pour tous les hommes avec qui il avait couché. Mais avec Jamie, c'était une autre histoire : il voulait le voir souriant, heureux, détendu, en sécurité. Ce sentiment protecteur le perturbait.

Logan était un libertin, tout le monde le savait. Mais pour autant il n'avait jamais cessé de croire en l'amour et ne faisait pas partie de ceux qui couchaient par pur ressentiment et amertume. Il le faisait pour s'amuser.

Mais il avait décidé depuis longtemps que son cœur resterait ouvert à la possibilité de rencontrer la bonne personne, et qu'alors il accepterait de le lui offrir.

Lorsqu'il avait rencontré Jamie, il avait découvert un homme d'une grande beauté et l'avait désiré. Mais en discutant avec le jeune couturier à l'instant, il avait compris qu'il était bien plus qu'un simple corps appétissant.

Il était spécial.

Et il appartenait à Logan, même s'il était encore très loin de s'en douter.

5

Fairfield est tout petit...

– S'il te plaît...

Jamie s'agita dans le lit en sentant sa peau s'enflammer sous l'emprise délicate des doigts qui lui enserraient la taille.

– Qu'est-ce que tu veux, mon cœur?

Sa voix mélodieuse était rauque de désir. Chacun de ses mots soufflait un vent brûlant sur la peau nue de Jamie.

Jamie avait très envie de répondre. Mais sa toute dernière pensée cohérente lui échappa lorsque des mains puissantes encerclèrent sa taille pour le soulever comme une plume. Il traversa les airs et atterrit dans la douceur des draps, mais cette fois sans le dernier vêtement qui s'interposait entre lui et l'abandon le plus complet.

Il ne pouvait pas se permettre de tout lâcher. Il savait en son for intérieur qu'il devait protéger quelque chose. Mais cette bouche qui mordillait son cou, ces mains qui s'attardaient sur son torse et ces pouces qui caressaient ses tétons l'empêchaient d'étouffer les gémissements qui s'échappaient de ses lèvres tandis que cette voix suave et grave résonnait tout contre son oreille.

– Dis-moi ce que tu veux, Jamie.

Ses grognements sourds firent frémir Jamie, qui chercha en vain les mots pour répondre à son tortionnaire.

Il mourait d'envie de sentir ses mains, ses baisers, sa langue, mais il restait sans voix, incapable de rassembler ses pensées.

À bout de souffle, il enroula ses doigts dans la chevelure bouclée tandis que chaque nouvel assaut de ces lèvres le transperçait de désir.

– Logan ! souffla-t-il tandis que la réalité reprenait ses droits et que sa propre terreur l'extirpait de son rêve.

Il venait de faire un rêve érotique mettant en scène Logan Danes, un homme qu'il avait croisé deux fois dans sa vie et qu'il était amené à revoir à la boutique le lundi suivant. Parfait.

En sueur, Jamie, le nouveau détenteur du record du monde de l'érection nocturne, s'adossa à la tête de lit. Ce n'était pas exactement ce qu'il avait prévu pour son vendredi soir, ou plutôt, après vérification, son samedi matin, étant donné qu'il était déjà 6 heures. Il poussa un soupir, jugeant toute tentative pour retrouver le sommeil parfaitement inutile.

Sa décision de se lever et de prendre une douche avant le réveil de Damian n'avait rien à voir avec le fait qu'il voulait se tenir soigneusement à l'écart du moindre rêve mettant en scène Logan dans son plus simple appareil… ou Logan sous toutes ses formes, d'ailleurs.

La douche ne fut pas une partie de plaisir. Jamie n'avait jamais pris de douche froide.

Au lycée, le manque d'étudiants ouvertement gay lui avait fait prendre conscience que sa vie amoureuse n'évoluerait pas tant qu'il ne partirait pas à New York pour étudier à l'université. Pour Jamie, l'éventualité de trouver un garçon qui soit fier d'être avec lui, qui le serre contre lui au cinéma ou qui l'embrasse juste parce qu'il en avait envie, était une motivation supplémentaire. En vrai romantique, il croyait au coup de foudre et était persuadé que tout cela l'attendait à New York.

Lorsque ses rêves furent réduits à néant, il se rendit compte que l'amour n'était pas d'actualité. Sa seule priorité serait d'élever Damian, et il renonça à l'amour.

À l'âge de vingt et un ans, il s'aperçut que de rencontrer des homosexuels majeurs, carte d'identité à l'appui, était bien plus simple qu'au lycée.

Rebecca l'emmena dans un bar gay. Il passa la soirée à danser, flirter et bien s'amuser. Mais sans plus.

Jamie avait renoncé à l'amour. Mais il n'avait pas cessé d'y croire.

C'est pourquoi, à l'approche de son vingt-deuxième anniversaire, il n'avait connu ni premier baiser, ni premier amoureux, ni rien. Tout naturellement, son imagination débridée lui valait des érections nocturnes. Jusqu'ici, cela ne lui avait posé aucun problème. Il avait fantasmé sur des corps musclés d'hommes sans visage, purs produits de son imagination. Il avait discipliné son corps et son esprit à se détourner des hétéros qu'il connaissait et trouvait séduisants. Il n'avait pas le droit de les entraîner dans ce genre de situation. Même durant ses rêveries.

Cette nuit, pourtant, vraisemblablement pour la première fois, le corps qui lui faisait tourner la tête avait un visage. Ce n'était plus un corps lambda qui lui donnait du plaisir. C'était Logan.

Bien entendu, Jamie le trouvait attirant et le jeune avocat s'était montré agréable lors de leurs entrevues. Mais cela ne voulait rien dire. Logan était bien trop brillant et beau pour perdre son temps avec lui. Jamie avait intérêt à se remettre les idées en place, vite fait bien fait.

D'où la douche froide.

Bien au chaud dans ses vêtements d'intérieur, Jamie entra dans la cuisine pour le lancement du programme officiel du samedi, que Damian jugeait indispensable et dont lui-même raffolait :

8 heures – Damian se réveille et Jamie a préparé des pancakes de la forme qu'il a commandée la veille au soir.

9 heures – Après s'être débarbouillés, ils se pelotonnent dans le salon pour regarder la télé (« regarder la télé » voulant dire « regarder les *Tortues Ninja* »).

11 heures – Ils s'habillent et se rendent à pied au parc où Jamie bouquine pendant que Damian joue avec ses copains jusqu'à l'heure du déjeuner, pour lequel soit Jamie a préparé un pique-nique, soit il a réservé une table au petit *diner* délicieux qu'ils adorent tous les deux.

Ce samedi-là, ils prirent place dans le box du coin comme chaque fois qu'ils déjeunaient *Chez Lilly*.

– Il faut s'asseoir dos au mur, Jamie. Comme ça, les méchants ne pourront pas nous sauter dessus par surprise, préconisa Damian de son air sérieux.

Jamie s'exécuta. Après tout, il n'avait pas envie d'être pris en embuscade !

– OK, Leo, tu prends quoi ? demanda-t-il tandis que Damian dépliait fièrement le menu, bien qu'il ne sût pas encore lire.

Mais comme il connaissait les plats par cœur, il pouvait faire illusion.

– Des spaghettis ! Ceux qu'on aspire.

– Bien, des spaghettis aux boulettes de viande pour toi et une salade de poulet pour moi. Oh ! et de l'eau, s'il vous plaît, commanda Jamie à la serveuse.

Jamie ne l'avait encore jamais vue, mais elle était charmante, comme tout le personnel du restaurant.

Jamie était tombé sur ce petit *diner* avec son père au cours d'une promenade dominicale. L'énorme arc-en-ciel qui décorait la fenêtre l'avait irrésistiblement attiré.

Au fil des années, les couleurs étaient passées mais le drapeau était resté, pour le plus grand bonheur de Jamie.

Un jour, il avait interrogé la propriétaire du *diner*, Lilly, une femme d'une quarantaine d'années qui rappelait à Jamie sa tante adorée, sur la présence de cet arc-en-ciel. Elle lui avait expliqué qu'elle avait élevé son neveu après que sa sœur l'avait mis à la porte en raison de son homosexualité. Elle avait alors eu envie de créer un lieu sûr, une sorte de refuge où tout le monde serait le bienvenu. Ses clients savaient parfaitement qu'il fallait laisser leurs préjugés à la porte pour se régaler de ses desserts maison.

Jamie songeait que son neveu avait beaucoup de chance.

– Jamie, je peux avoir un jus de pomme ? demanda Damian avec ses yeux de Chat Potté.

– Uniquement si tu promets de ne pas le boire entièrement avant le repas, sinon tu n'auras plus faim.

– Je le jure solennement, bafouilla son frère.

– « Solennellement », loupiot. Je vais te chercher un jus de pomme. Tu ne bouges pas, d'accord ?

La citation approximative de Harry Potter l'amusait beaucoup. Il avait commencé à lui lire les romans et Damian était fan.

Il s'approcha du comptoir et rejoignit la file d'attente sans quitter son frère du regard.

Il eut donc tout le loisir de voir Damian engager la conversation avec les deux clients qui venaient de prendre place sur la banquette voisine. Ce gamin était décidément beaucoup trop avenant.

Il attrapa la bouteille de jus de pomme et regagna la table au pas de course. Contrairement à son frère, il ne faisait pas aveuglément confiance au premier venu.

Il atteignit la table au moment où Damian amorçait son interrogatoire :

– Vous êtes venus pour attaquer quelqu'un ?

– Euh… Non, on est venus déjeuner et retrouver des amis, répondit l'un d'eux.

Grand et mince, il arborait une magnifique frange blonde qui retombait sur ses yeux marron. Il avait des taches de rousseur sur le nez et un adorable sourire.

– Alors pourquoi vous vous asseyez aussi près ? On s'assied près comme ça quand on a des mauvaises intentions, poursuivit Damian sans se démonter.

– Nos intentions ne sont pas mauvaises, promis, le rassura l'autre homme.

Il était plus petit et trapu que le blond, mais ses traits étaient tout aussi réguliers. Il avait les yeux sombres, les cheveux bruns, et un sourire affable à faire fondre un glacier.

– Vous êtes là pour quoi, alors ? s'entêta Damian, bien décidé à fourrer son petit nez retroussé partout.

– Leo, tu as suffisamment embêté ces deux messieurs, interrompit Jamie en leur lançant un regard désolé.

Il déposa le jus de pomme devant Damian et reprit sa place.

– Leo ? Je croyais que tu t'appelais Damian ? objecta le jeune homme châtain.

– Les superhéros ne dévoilent jamais leur vraie identité, si ? répliqua Jamie.

Damian ouvrit des yeux grands comme des soucoupes, horrifié d'avoir oublié un précepte d'une telle importance.

– J'ai menti. Damian, c'est pas mon vrai nom, bredouilla-t-il.

– Oh, c'est quoi alors ? interrogea le blond.

– Je n'ai pas le droit de le dire, affirma Damian d'un air fiérot en cherchant l'approbation dans le regard de son frère.

Jamie lui sourit et articula un « bien joué » avant de lever les yeux à l'attention des deux clients qui riaient de bon cœur.

– Je suis désolé pour le dérangement. Il a tendance à parler aux gens qu'il ne connaît pas, quand bien même je lui dis qu'il devrait éviter.

Il adressa cette dernière observation à Damian d'un ton accusateur.

– Pas du tout, il ne nous a pas dérangés. On adore les enfants et votre fils est vraiment trop chou, protesta le blond en souriant à Damian.

– C'est pas mon père. C'est mon grand frère. Les garçons qui n'aiment pas embrasser les filles ne peuvent pas faire des bébés, expliqua Damian d'un ton péremptoire.

Les deux hommes éclatèrent de rire.

– OK, Damian, je te confisque ton DVD des *Tortues Ninja* pendant une semaine. On ne dit pas des choses pareilles à des inconnus, le réprimanda Jamie.

Il scruta le visage des deux hommes pour s'assurer qu'ils n'avaient rien contre le fait qu'il « n'aimait pas embrasser les filles ».

Le *diner* de Lilly était un refuge, certes, mais rien n'empêchait les deux gars de l'attendre dehors pour lui mettre une raclée.

Le plus petit des deux, sentant son malaise, se leva et rejoignit leur banquette, entraînant le blond à sa suite. Il se tourna vers Jamie et lui tendit la main :

– Moi, c'est Luke. Le blondinet, c'est mon fiancé, Tyler, énonça-t-il en attendant que Jamie se sente de nouveau en confiance.

Jamie avait tressailli en les voyant s'installer sur sa banquette, mais ses craintes s'évaporèrent lorsqu'il comprit qu'ils étaient en couple.

– Oh… Je m'appelle Jamie, et vous avez déjà rencontré Damian, bafouilla-t-il en échangeant une poignée de main ferme avec Luke.

– Ravi de te rencontrer, Jamie, enchaîna Tyler en glissant sa main à la place de celle de Luke.

– C'est quoi un fiancé ? demanda aussitôt Damian, déçu de ne plus être le centre d'attention.

– C'est la personne avec qui tu te maries, loupiot, expliqua Jamie.

Il avait l'étrange sentiment de connaître ce couple.

– Vous allez vous marier ? s'enquit Damian.

– Oui. Dans deux mois, répondit Luke en gratifiant Tyler d'un sourire tendre.

Jamie se sentit traversé par une vague de chaleur. La conversation coulait tellement de source qu'il avait l'impression de les connaître depuis des années. Bavards et pleins d'entrain, ils dégageaient une parfaite insouciance.

Jamie faillit s'étouffer lorsque Tyler entreprit d'expliquer à Damian qu'il préférait les Power Rangers aux Tortues Ninja. Ce dernier eut l'air consterné.

Ils devisaient depuis un bon quart d'heure lorsqu'on leur apporta leur déjeuner. Lilly, qui circulait souvent en salle pour saluer les habitués, se chargea elle-même du service.

Elle s'avança jusqu'à leur table et disposa les assiettes avec un énorme sourire.

– Luke, mon grand ! Ça fait un bail, s'exclama-t-elle tandis que le jeune homme se levait pour la serrer dans ses bras.

– Salut, tante Lilly ! Désolé, on est tellement occupés par l'organisation du mariage. Sincèrement, si j'avais su que c'était aussi crevant, j'aurais voté contre le mariage pour tous dans l'Ohio ! plaisanta-t-il.

Tyler lui administra un coup de poing et un « Dis donc ! » offusqué avant de prendre Lilly dans ses bras.

Jamie en resta stupéfait. Luke était le neveu de Lilly. Décidément, l'Ohio était tout petit !

– Jamie, mon garçon ! Je ne t'ai pas vu entrer. Tu aurais dû venir me dire bonjour ! enchaîna-t-elle avec un froncement de sourcils amusé à l'attention des deux frères.

– Je ne savais pas que vous étiez là. Comme je ne vous ai pas vue à l'entrée, j'ai cru que c'était votre jour de repos, s'excusa Jamie.

– Mais attendez, vous vous connaissez ? s'enquit Lilly.

– Non, on vient juste de se rencontrer, et Damian et Tyler sont déjà les meilleurs amis du monde ! À cinq ans, ça va vite, tu sais, observa Luke, qui reçut aussitôt un nouveau coup de coude de son fiancé.

– Boucle-la, Luke Carter !

– Doucement, les enfants. Je ne peux pas rester longtemps, mais passez dîner à la maison un de ces quatre, OK ? proposa Lilly à son neveu.

Elle prit congé de Jamie et Damian (qui était occupé à dessiner d'abominables Tortues Ninja dans son album de coloriages, et Jamie se jura de faire le nécessaire pour que son frère ne suive jamais de cours d'arts plastiques) d'un petit signe de la main.

Tyler et Luke étaient encore en train de se chamailler. Jamie sourit et demanda :

– Ça fait combien de temps que vous êtes ensemble, si la question n'est pas trop indiscrète ?

– Pas du tout. Nous allons nous marier le jour de notre onzième anniversaire.

Tyler sourit à son fiancé et déposa un baiser sur ses lèvres.

– Eh bien, c'est beaucoup ! Vous êtes drôlement jeunes pour une relation aussi longue, comment ça s'est passé ? s'enquit Jamie avec un regard admiratif.

Onze années d'amour et de tendresse et le sentiment de fonder un foyer avec quelqu'un. C'était ce que Jamie désirait au plus profond de son cœur.

– On a vingt-sept ans, on est ensemble depuis nos seize ans, commença Luke.

– Oui, et je me souviens de la première fois que je l'ai vu…, renchérit Tyler d'un air pensif.

– Tu ne vas pas lui infliger l'histoire de notre rencontre !

– Non, ça ne m'ennuie pas. J'aimerais bien savoir comment ça s'est passé. C'était le coup de foudre ? rebondit Jamie, curieux d'en apprendre plus sur ce couple parfait.

– Ha ! Ah ça, non ! J'avais envie de le trucider, cette espèce de petit connard, avec son sourire Ultra brite.

Luke partit d'un grand éclat de rire avant de concéder :

– Pour moi, oui, ça a été un coup de foudre.

Irrésistiblement attiré par les gros mots, Damian releva la tête et toisa le blond d'un air dubitatif.

– C'est quoi un connard ?

Jamie manqua de recracher sa gorgée d'eau et fusilla Tyler du regard, qui balaya le reproche d'un sourire.

– C'est un vilain mot qu'on utilise pour insulter quelqu'un et je ne veux pas que tu le répètes, OK ?

– Mais…

– Damian !

– Bon, d'accord.

Le garçonnet se replongea dans son dessin.

Tyler et Luke les observaient en silence, impressionnés par la réaction ferme de Jamie. D'une certaine manière, ils avaient l'air plus proches que de simples frères.

Satisfait par le comportement de Damian, Jamie se retourna vers le couple.

– Pourquoi tu détestais Luke ? demanda-t-il à Tyler.

– Il avait piqué le lit à côté de la fenêtre, railla le jeune homme.

– On partageait une chambre au pensionnat, expliqua Luke. Les choses n'étaient pas simples pour moi. Mes parents avaient mal pris l'annonce de mon homosexualité et j'étais parti à Riverside High. J'avais envie de me faire des potes, ou de rencontrer quelqu'un. Et Tyler y était. Il me haïssait alors que je le trouvais parfait. J'ignorais totalement qu'il était gay. Et, au départ, il ne savait pas pour moi non plus.

– Tout ce que je sais, c'est que cette espèce de nabot a choisi le meilleur plumard sans demander la permission. Pour me venger, j'ai commencé à squatter la salle de bains le matin. Il a riposté en déréglant mon réveil. J'ai planqué ses chaussures, il m'a enfermé dans ma chambre pendant deux jours… tu vois le topo.

– On se disputait constamment, on se faisait des sales coups…, ajouta Luke avec un sourire attendri.

– Et puis j'ai été pris dans le groupe de musique…, poursuivit Tyler.

– Riverside High a son propre orchestre, précisa Luke.

– Je sais, acquiesça Jamie en souriant.

– Oh, voilà qui m'intéresse ! s'exclama Tyler.

– Raconte-moi d'abord comment vous vous êtes mis ensemble, suggéra Jamie.

– J'ai donc intégré l'orchestre tout de suite. J'adore chanter, et c'était une occasion en or pour sortir de ma chambre et m'épargner cette espèce d'abruti. On a malgré tout survécu à la première année. La deuxième année commençait toujours par des auditions pour rejoindre le groupe, comme les anciens laissaient des places en partant. Luke est arrivé, tout timide et stressé, et, pour une raison que j'ignore, j'ai immédiatement eu envie de le protéger. Au final, j'ai appris qu'il avait peur de moi parce qu'il s'apprêtait à me chanter *The Only Exception.*

Tyler attira furtivement Luke contre lui et sourit en contemplant leurs doigts emmêlés.

– Je m'étais préparé à l'audition tout l'été. Je savais qu'il fallait que je surmonte ma peur si je voulais avoir la moindre chance avec lui. J'imagine que la chanson lui a bien plu, conclut Luke avec un sourire timide.

– C'était la plus belle interprétation que j'aie jamais vue, précisa Tyler en l'embrassant sur la tempe.

– Vous êtes tellement parfaits ensemble, s'extasia Jamie tandis qu'ils sortaient de leur bulle.

– Bien, fin de la séquence nostalgie. Comment tu connais Riverside ? demanda Tyler.

– J'y suis allé.

– Quoi ? s'exclama Luke.

– C'est là que j'ai terminé mon lycée. Les deux dernières années.

– Comment ça se fait ? s'enquit Tyler.

– Eh bien… les choses avaient un peu dérapé dans mon ancienne école, répondit Jamie évasivement en s'assurant du coin de l'œil que Damian n'écoutait pas.

– Oh ! Je vois. C'est moche. Tu n'étais pas au lycée en même temps que nous ? Tu m'as l'air plus jeune, demanda Luke pour éviter le sujet.

– J'ai vingt et un ans, donc non… je suis arrivé un peu après votre départ.

– Eh ben ! Le monde est petit, murmura Tyler en souriant.

En écoutant le récit de Jamie, Luke ne put s'empêcher de penser qu'il l'avait déjà entendu quelque part. L'histoire de Jamie et Damian lui était étrangement familière.

Il finit par se souvenir de ce que lui avait rapporté sa tante sur un de ses clients, qui avait beaucoup souffert. Son cœur se serra lorsqu'il se remémora les détails : le décès des parents et comment l'aîné s'était retrouvé seul à élever son petit frère. Luke voulut en avoir le cœur net.

– Jamie, je peux te poser une question ?

– Je t'en prie.

– Ton nom de famille, c'est Maddison ?

– Oui. Comment tu sais ça ?

– Ne m'en veux pas, mais ma tante m'a parlé de toi. Elle t'aimait bien et elle m'a raconté tout ce que tu as dû endurer, murmura Luke.

– Ce n'est pas grave. Je n'ai aucune raison de t'en vouloir, d'autant plus qu'elle m'a parlé de toi, elle aussi, lorsque je l'ai interrogée sur l'arc-en-ciel.

Tyler ne posa aucune question. Il connaissait suffisamment bien Luke pour savoir que le moment n'était pas venu d'interrompre la conversation.

Ils restèrent assis en silence à picorer le reste de leur nourriture et à écluser leur verre. Tyler aida Damian à colorier ses horribles ninjas tandis que Luke fredonnait la chanson qui passait à la radio. Le vibreur de son téléphone annonçant un SMS le fit sursauter.

– Logan et Cam vont arriver. Ils ont été retenus au bureau, annonça Luke avant de taper une réponse rapide.

Jamie ouvrit des yeux grands comme des soucoupes. Décidément, tout le monde connaissait tout le monde !

Puis, tout d'un coup, il percuta enfin. Luke et Tyler. Le témoin de Luke. Logan. Le Logan de son rêve érotique. Merde.

– On devrait se mettre en route, lança Jamie à Damian.

– Oh, pourquoi vous ne restez pas un peu ? Vous pourrez rencontrer nos amis.

Luke faillit mourir de rire en entendant l'intonation d'entremetteur dans la voix de Tyler. Ce dernier avait le chic pour marier les gens. Et même si ça en agaçait plus d'un, force était de constater qu'il avait un réel talent. Sa sœur Melanie avait épousé leur ami David après que Tyler se fut rendu compte qu'ils iraient parfaitement ensemble.

À l'université, il s'était lié d'amitié avec Jessica. Au bout de deux mois, il l'avait présentée à Ben, un ancien de Riverside, et le couple avait eu deux enfants à croquer.

Enfin, lorsqu'il avait décroché son premier poste comme professeur de musique, il avait rencontré Lyanna Cowel. Un mois plus tard, il avait fait irruption chez Cameron pour qu'il fasse la connaissance d'une de ses amies. Cameron avait eu le coup de foudre et les deux tourtereaux habitaient ensemble depuis plus d'un an.

Luke devait bien l'admettre, son amant avait du flair. Mais Jamie était trop parfait pour Logan. Il adorait son meilleur ami, de tout son cœur. Mais la réaction du jeune homme au récit de leur rencontre prouvait que Jamie était un grand romantique. Et Logan ne faisait pas dans le romantique.

– Je connais déjà Cameron et Logan, balbutia Jamie.

– Ah bon ? C'est génial ! s'enthousiasma Luke.

Au lieu de prendre Damian sous le bras et de partir, comme toute personne sensée, Jamie se mit à dessiner une voiture de course à colorier pour son frère, tout en expliquant dans le détail les événements des jours précédents.

Luke et Tyler s'amusèrent énormément du quiproquo entre « le » et « la » mariée.

Ils étaient encore en plein fou rire lorsque la porte du *diner* s'ouvrit sur Cameron et Logan, dont la beauté renversante fit tourner toutes les têtes.

Logan retira ses lunettes de soleil pour balayer la salle du regard. En posant les yeux à l'angle du restaurant, il se figea sur place.

Tyler et Luke partageaient une banquette avec l'homme le plus beau du monde : Jamie Maddison.

Cameron lui administra un coup de coude dans les côtes et fit mine de toussoter pour attirer son attention. Lui aussi avait repéré le centre d'intérêt de son frère.

– Avance, Lo. Comme ça, tu pourras baver aux premières loges.

– N'importe quoi !

– Ouais, eh bien, ferme la bouche, alors ! s'esclaffa Cameron avant de rejoindre la tablée.

Logan se précipita dans son sillage et s'arrêta net lorsque son regard croisa celui de Jamie.

– Salut, Jamie, murmura Logan, le souffle court.

– Bonjour, Logan. Cameron, répondit Jamie poliment.

Un lourd silence suivit, pendant lequel Jamie et Logan se dévorèrent des yeux tandis que Tyler, Luke et Cameron échangeaient des regards entendus. Loin de la réaction ravie et amusée de Tyler et Cameron, Luke eut soudain envie de protéger Jamie.

Logan était un type formidable, mais Jamie avait une sorte d'innocence dont Logan risquait de ne faire qu'une bouchée.

Et, meilleur ami ou pas, Luke n'allait pas aider Logan à détruire quelqu'un d'aussi fragile et délicat que Jamie.

Pour ça, Luke était prêt à s'attirer les foudres de Logan.

6

Ligne de fuite

Comme par magie, Logan se retrouva sur la banquette en face de Jamie. Il dévorait le jeune homme des yeux, bluffé par sa beauté qui semblait croître à chaque nouvelle rencontre. À ce train-là, Logan ne survivrait jamais à la prochaine fois, terrassé par sa peau cristalline, ses yeux tueurs et son sourire timide, à des années-lumière des mots qui sortait de ses lèvres pâles.

Le simple fait qu'il existât torturait Logan, moins d'une semaine après leur rencontre.

Malheureusement, le jeune homme aux yeux bleus ignorait savamment Logan, qui écoutait à moitié les explications de Tyler sur la façon dont le couple avait fait la connaissance de Jamie.

À la grande surprise de Logan, Jamie avait laissé un grande espace vide sur la banquette entre lui et le mur. Il était loin de se douter que Damian avait décidé de partir en mission, ce qui dans l'esprit du garçonnet impliquait de se glisser sous la table pour colorier à l'abri de tous (sauf de Jamie, qui était de mèche).

Luke parlait du mariage avec Cameron, le suppliant de ne pas embaucher des stripteaseuses pour leur enterrement de vie de garçon, tandis que Tyler bassinait Logan avec ses explications sans queue ni tête.

– En gros, ce que tu essaies de me dire depuis un quart d'heure, c'est que vous venez de rencontrer Jamie, c'est ça? interrompit Logan, qui connaissait le moulin à paroles qu'était Tyler.

– Oui, c'est ça !

– On vient déjeuner et voici qu'on se fait deux nouveaux amis ! renchérit Luke en souriant à Logan et Cameron.

– Comment ça, *deux* amis ? demanda Logan en scrutant alentour comme si quelqu'un allait se matérialiser comme par enchantement.

– Exactement, Logan. Un plus un, ça fait deux, railla Tyler en tombant nez à nez avec l'espace vide entre le mur et Jamie. Mais où est passé Damian ?

– Il est en planque. Il vous surveille, expliqua Jamie d'une voix forte pour signifier à Damian qu'il assurait ses arrières, tout en montrant le dessous de la table d'un geste discret de la main.

Luke et Tyler eurent un petit sourire. Ignorant le regard perplexe de Logan et de Cameron, ils se glissèrent sous la table en criant « À l'attaque ! », pour le plus grand bonheur de Damian qui hurla de joie et se jeta avec enthousiasme dans la bataille. La table se mit à trembler et Jamie dut retenir de justesse les verres posés près du bord.

Il secoua la tête d'un air amusé, surpris de découvrir la belle connivence entre Tyler, Luke et Damian. Il ne s'attendait pas à ce qu'ils s'amusent avec son frère mais, visiblement, les jeux d'un gamin de cinq ans les mettaient en joie.

Logan ne quittait plus Jamie du regard, fasciné par la douceur de son rire et de ses yeux. Comment pouvait-on être aussi beau ? Mais également drôle et adorable, avec ce savant mélange de mordant et de timidité qui donnait envie à Logan de le prendre dans ses bras et de le protéger envers et contre tout.

Les coups et les cris provenant de sous la table le tirèrent de sa rêverie. Il regarda du côté de Luke tandis que son ami enchaînait d'une voix essoufflée :

– Es-tu prêt à rencontrer l'incroyable Damian ?

– Euh… bien sûr…

Il se demandait qui pouvait bien être ce Damian et le rapport qu'il avait avec ses amis. Luke et Tyler aimaient faire les idiots, mais ils n'allaient pas jusqu'à s'asseoir sous la table du déjeuner.

Une mèche blonde fit son apparition, suivie par le reste du corps dégingandé de Tyler qui tenait à bout de bras une paire de gambettes affublées d'un bermuda noir et d'une paire de Vans à carreaux. Le plus surprenant était surtout que, de toute évidence, il s'agissait d'un enfant. Comme Tyler et Luke n'en avaient pas encore adopté et que Cameron n'était pas père, il ne restait qu'une solution : Jamie.

Son Jamie à lui, si beau, si sexy et si jeune, avait un enfant.

Luke extirpa de sous la table le reste du gamin, vêtu d'un tee-shirt blanc décoré avec un imprimé de gilet et une chaînette en guise de ceinture.

Le fils de Jamie était élégant. Ce qui n'était pas surprenant quand on savait que Jamie était toujours tiré à quatre épingles.

Luke se rassit et installa Damian entre lui et son fiancé.

– Damian, voici Logan, et Cameron, dit-il en montrant du doigt les deux hommes.

Damian les dévisagea attentivement pour s'assurer qu'ils n'étaient pas des ennemis de la planète Terre. Jamie rit sous cape et, se penchant vers Damian, le rassura :

– Ils sont gentils. Tu peux leur dire bonjour.

Le visage de Damian s'illumina. Il adorait rencontrer des gens et gratifia Logan d'un énorme sourire.

– Bonjour ! Je m'appelle Damian.

– Salut, Damian. Moi, c'est Logan. Ravi de faire ta connaissance.

Logan aimait beaucoup les enfants et Damian était charmant. Comme son papa. D'ailleurs, Damian lui ressemblait beaucoup, ce qui le rendait encore plus attachant.

– Salut, bonhomme, moi, c'est Cameron !

L'avocat tendit son poing à Damian, qui le percuta de sa petite main repliée. Il dévisagea Logan et Cameron :

– Pourquoi vous avez les mêmes cheveux ? demanda-t-il en montrant la tignasse bouclée de Logan, qui ressemblait comme deux gouttes d'eau à celle de Cameron.

– Parfois, les frères se ressemblent, expliqua Cameron.

– C'est ton frère ?

– Oui, mon petit frère, acquiesça-t-il en donnant une petite claque sur l'épaule de Logan.

L'expression ravie de Damian se transforma en un air de défi.

Car Damian avait une particularité : selon lui, son grand frère était le meilleur du monde entier. Il en était sûr. Aucun frère ne pouvait rivaliser avec Jamie.

Tout petit, il croyait être le seul à avoir le privilège d'avoir un grand frère. À la maternelle, il avait fait la connaissance d'Andrew Nicholson, et ils étaient devenus inséparables. Puis il avait rencontré Jason, le grand frère d'Andrew. En apprenant que d'autres personnes étaient susceptibles d'avoir un frère aîné, il avait eu un choc si grand qu'il avait passé l'après-midi à pleurer sur l'épaule de Jamie, jusqu'à ce que ce dernier lui explique que ça n'était pas juste si personne d'autre ne pouvait avoir de grand frère. Non seulement les enfants risquaient de s'ennuyer et d'avoir peur la nuit mais, en plus, ils ne pourraient jamais chiper des cookies avant le dîner. Damian avait acquiescé. Sans Jamie, il serait trop triste.

Damian tolérait peut-être l'existence d'autres grands frères, mais cela ne voulait en aucun cas dire qu'ils étaient mieux que Jamie. Jusqu'ici, personne ne lui était arrivé à la cheville.

Il se tourna vers Logan, prêt pour la grande joute verbale.

– Il te fait des pancakes ?

– Euh… parfois.

– En forme de quoi ? poursuivit Damian, sérieux comme un pape.

Il avait espéré une réponse négative, histoire d'engranger les premiers points rapidement. Ce Cameron n'était pas mauvais, après tout.

– De ronds.

– Il rajoute des yeux et une bouche ?

– Non, pas vraiment.

Damian sourit. Jamie 1, Cameron 0.

– Il t'a acheté un sac à dos Tortues Ninja ?

– Non.

Damian était tenté d'attribuer un nouveau point à Jamie, mais il savait que les Tortues Ninja n'étaient pas du goût de tout le monde.

– Pourquoi ?

– Parce que… je préférais les Power Rangers.

– Il t'a acheté un sac à dos Power Rangers ?

– Non plus.

Logan fit les gros yeux à Cameron.

Jamie 2, Cameron 0.

– Il te soulève pour que tu marches sur les murs ?

– Non, mais ça a l'air chouette.

Le sourire de Damian s'élargit. Jamie 3, Cameron 0.

– Il va te chercher à l'école ?

– Je ne vais plus à l'école, j'ai un travail, maintenant.

Damian s'interrompit, incertain de la marche à suivre. Quel genre de petit frère avait un travail au lieu d'aller à l'école ? Il réfléchit un instant puis reformula sa question :

– Il vient te chercher à la sortie du travail ?

– J'ai une voiture, donc il n'est pas obligé.

Damian le dévisagea, de moins en moins persuadé d'avoir affaire à un vrai petit frère. Comment expliquer sinon qu'il ait une voiture et un travail et qu'il fasse tout lui-même ? En plus, il ne savait pas comment sanctionner ça par des points. Mais il n'était pas un petit génie pour rien.

– C'est lui qui t'a acheté ta voiture ? s'enquit-il avec une pointe de fierté dans la voix.

– Non, je l'ai achetée tout seul.

Cameron était naze. Jamie 4, Cameron 0.

– Jamie est mieux comme grand frère, tu sais, conclut-il d'un air éminemment sérieux avant de replonger sous la table pour concocter ses missions de superhéros tout en reprenant son album coloriages.

La tablée éclata de rire.

– J'espère qu'il ne vous a pas blessés. Pendant longtemps, il a cru qu'il était le seul à avoir un grand frère. Maintenant, il a cette espèce de rivalité dans la tête. C'est d'ailleurs intéressant de constater que je finis toujours par gagner, même si la personne en face est géniale, expliqua Jamie en rougissant légèrement.

Tout le monde le rassura : Damian était vraiment irrésistible. Logan rit de bon cœur, soulagé que Damian soit son frère et non son fils. Non pas qu'un fils lui aurait ôté l'envie de sortir avec Jamie.

Mais parce qu'un fils signifiait qu'il y avait potentiellement un partenaire dans le tableau, et le désir partagé d'avoir une famille, ce qui le tourmentait plus qu'il n'aurait osé se l'avouer.

Jamie lui était destiné. Et si quelqu'un devait fonder une famille avec lui, c'était Logan… Vous avez dit flippant ?

– Ne t'inquiète pas, Jamie. Si tu fais tout ce dont il parle, je suis sûr que tu es un grand frère formidable, s'empressa de le rassurer Cameron, très impressionné par la force de leurs liens.

– Oui, on est très proches…

La sonnerie de son portable l'interrompit. Il s'excusa en se glissant hors de la banquette.

– Allô ?

– Salut, Boo… Vous êtes toujours en train de déjeuner ? s'enquit la voix enjouée de Rebecca à l'autre bout du fil.

– Oui, on est encore *Chez Lilly*. On ne va pas tarder à rentrer.

– Ça vous dirait de venir dîner chez moi ce soir ? Ça fait un bail qu'on s'est pas vus, et vous me manquez, toi et Damian, dit-elle d'un ton boudeur.

– Je devrais pouvoir te caser entre « j'ai rien de spécial à faire » et « j'ai rien à faire du tout », répondit-il d'un ton sarcastique.

– Vous voulez passer vers 7 heures ? On se fera livrer, comme ça, on aura le temps de papoter. Ça te tente ?

– À fond. Tu me manques aussi. À ce soir, Becca.

– Bisous, mon Boo.

Jamie rangea son téléphone et se pencha pour jeter un œil sous la table. Son frère s'était endormi, la joue contre la jambe de Tyler.

– Je crois que c'est le moment d'y aller, lança-t-il en montrant Damian, qui bavait allègrement sur le pantalon de Tyler.

Le cœur de Logan se serra. Leur entrevue avait été beaucoup trop courte.

Il réfléchit un instant et s'aperçut qu'il était le mieux placé pour extirper Damian de sous la table.

Lorsque Jamie se pencha pour attraper son frère, Logan le devança.

– Attends, laisse-moi faire. Je suis plus près, affirma-t-il en soulevant Damian, qu'il prit précautionneusement dans ses bras pour ne pas le réveiller.

– Merci, répondit Jamie en tendant les bras pour récupérer son frère.

– Je n'ai qu'à le porter jusqu'à la voiture, non ? Il risque de se réveiller si je le secoue trop.

Logan ignora les sourires moqueurs de Tyler et Cameron, ainsi que le regard accusateur de Luke, et se dirigea vers la sortie. Jamie rassembla les crayons, album de coloriages et figurines de Damian. Logan n'aurait jamais pensé qu'un enfant se promenait avec tout ce barda.

– Ma voiture est derrière. Le parking était bondé quand on est arrivés, glissa Jamie à Logan tandis qu'ils contournaient le *diner* pour retrouver son vieux pick-up.

Jamie le déverrouilla et ouvrit la portière arrière pour que Logan puisse déposer Damian sur son siège. Il sourit imperceptiblement en découvrant à quel point Logan était attentionné avec son frère, et son cœur fit un bond lorsque Logan repoussa la mèche de cheveux qui était tombée sur son visage après avoir bien attaché sa ceinture de sécurité.

Jamie rêvait d'élever Damian avec quelqu'un. Il voulait se prendre le bec sur la quantité de jus de pomme que l'enfant avait le droit de boire avant le repas et se quereller pour savoir qui le consolerait après un cauchemar. Il voulait pouvoir compter sur quelqu'un quand un imprévu l'empêchait d'être à l'heure à la sortie des classes, quelqu'un qui sache exactement où garer la voiture pour Damian.

Quelqu'un dont le visage s'illuminerait quand ils arriveraient à la maison, qui les serrerait dans ses bras pendant l'orage parce qu'ils en avaient peur tous les deux et que Jamie devait faire son bravache pour Damian. Il voulait quelqu'un qui les porterait et les mettrait au lit en murmurant des mots tendres et rassurants jusqu'à ce qu'ils trouvent le sommeil.

En regardant Logan caresser les cheveux de Damian avant de sortir de la voiture, il songea qu'un jour il pourrait avoir tout ça, lui aussi. Et cette pensée ne l'effraya pas autant que le besoin subit d'avoir tout ça avec Logan. Alors que, de toute évidence, ils ne vivaient pas sur la même planète.

Logan toussota pour sortir Jamie de sa torpeur.

– Ça va ?

Sa voix était si chaleureuse, et son regard si tendre, que Jamie sentit son ventre s'embraser et la fièvre assaillir ses joues. Il détourna les yeux du regard de braise de Logan.

– Désolé, j'étais dans la lune. Je n'ai pas très bien dormi la nuit dernière.

Évidemment, il n'avait pas bien dormi, étant donné tout ce que lui avait fait dans ses rêves le type qui se tenait désormais devant lui ! Des trucs vraiment pas catholiques. Et voilà qu'il le dévisageait après avoir fantasmé sur son corps nu et, même si ce n'était qu'un rêve, Jamie se souvenait parfaitement de sa peau mate, de ses abdominaux musclés et de ses fichues mains qui le rendaient fou. Il fallait qu'il s'en aille avant de supplier Logan de le prendre au beau milieu du parking en plein jour.

– Je t'en prie. Inutile de t'excuser.

Logan sentit le changement d'attitude chez Jamie. Il pouvait quasiment percevoir sa respiration et la rougeur sur ses joues lui donna envie de faire glisser ses doigts sur sa peau pour en sentir la chaleur.

Il serra les poings le long de son corps pour s'en empêcher. Il se sentait déjà assez flippant comme ça, à regarder fixement sa bouche et à se lécher les lèvres en contemplant ses jambes. Il fallait que ça cesse et qu'il prenne au moins la peine de l'inviter à un rendez-vous digne de ce nom.

– Bien, donc on se voit lundi pour les mesures et les échantillons de tissus, conclut Jamie en contournant la voiture pour se glisser derrière le volant.

Un silence gêné s'installa entre eux. Logan songea que le malaise du jeune homme était sans doute dû au fait qu'il percevait l'attirance évidente que Logan avait pour lui, alors que le tailleur ne le trouvait ni beau, ni séduisant et encore moins sexy.

Logan hocha bêtement la tête sans trop savoir comment le retenir. Il mourait d'envie qu'il reste. Lundi, il ne serait question que de son costume, et il n'aurait pas l'occasion de faire sa connaissance. Il fallait qu'il trouve une idée fulgurante s'il voulait sortir avec Jamie. Et Dieu sait qu'il en avait envie.

– Jamie ! s'exclama Logan, qui s'en voulut aussitôt d'autant cafouiller devant ce jeune homme.

Comment s'expliquer que Jamie lui donnait envie de se rouler en boule à son côté pour ne plus en bouger, lui qui trouvait habituellement que les hommes avec qui il avait couché mettaient toujours un temps interminable à prendre la porte ?

Jamie, à moitié installé au volant, se retourna. Il s'accouda à la portière et haussa un sourcil inquisiteur.

– Oui ?

– Il y a un bar, enfin pas vraiment un bar, plutôt un club, à quelques rues de mon bureau. Parfois, Luke, Tyler et moi y jouons, demain, par exemple… et je me demandais si… si peut-être tu aurais envie de venir me voir… je veux dire, de venir nous voir jouer ?

Vraiment, bravo, Logan ! Bravo pour la pire invitation de tous les temps.

*

Jamie, surpris, écarquilla les yeux. S'agissait-il d'un vrai rencard ou d'une simple invitation à les écouter jouer de la musique ? Mais après tout, peu importait. Demain était dimanche, et il n'avait pas de baby-sitter, n'aurait jamais le temps d'en trouver une et, quand bien même il en dégoterait une, il était hors de question qu'il sorte une veille d'école en laissant Damian tout seul avec la baby-sitter pour rentrer à pas d'heure.

Jamie le gratifia d'un large sourire. Logan se prit à espérer qu'un jour la présence du jeune homme à ses concerts serait une évidence et qu'il n'aurait même plus à le convier.

– Ça me ferait très plaisir, Logan, vraiment…

Son intonation venait de tuer tout espoir. Enfin, pas exactement tuer. Elle avait plutôt fracassé l'espoir à coups de marteau dans la figure, lui avait arraché les dents pour s'en faire un pendentif tout en s'amusant à jouer aux fléchettes avec ses yeux… avant de le tuer pour de bon. Cette intonation signifiait qu'un « mais » arrivait pour ruiner le début prometteur de la phrase.

– Mais… ? émit Logan avec un sourire qu'il savait forcé.

– C'est que… je n'ai pas de baby-sitter pour Damian, murmura Jamie.

Il n'avait pas honte d'élever Damian tout seul. Mais d'expérience – bien que la sienne fût courte – il se doutait bien que personne ne rêvait d'un petit ami de vingt et un ans livré clés en main avec un gamin de cinq ans s'apparentant à un fils. Logan n'avait aucune raison de faire exception.

– Vos parents ne sont pas là ce week-end ?

– Non, pas vraiment… En fait… on n'est que tous les deux. C'est comme ça depuis un peu plus de deux ans, répondit Jamie en jetant un regard tendre à son frère assoupi.

Logan se sentit tomber encore plus amoureux. Ses sentiments allaient bien au-delà du simple désir. Jamie était sublime, étonnant, drôle et malin, avec une pincée de timidité qui le faisait rougir sans crier gare, un zeste de culot qui lui permettait d'envoyer une bonne vanne de temps à autre, le tout saupoudré de la quantité idéale de bonté, de charme et d'amabilité, et voilà que par-dessus le marché il élevait seul un gosse de cinq ans parfaitement adorable. Plus Logan apprenait à le connaître, plus il le trouvait admirable.

– Oh ! je suis désolé. Je ne voulais pas manquer de tact, s'excusa Logan d'une voix douce, remarquant l'expression embuée dans les yeux magnifiques de Jamie.

– Non, ce n'est rien. On va bien, maintenant. Mais je ne pourrai vraiment pas demain. Il y a école lundi, tout ça..., expliqua Jamie, persuadé qu'il venait de griller sa seule chance avec Logan.

– Non, je comprends. Il y aura bien une autre occasion, répliqua-t-il en cachant sa déception.

– Bien, on se voit lundi, conclut Jamie avant d'attacher sa ceinture.

– À lundi.

Jamie ferma sa portière et quitta lentement le parking pour regagner la route. Logan le perdit des yeux au bout d'une minute.

Logan réprima un soupir dépité puis tourna les talons. De retour dans le restaurant, il se glissa à côté de Cameron, qui le gratifia d'un coup de coude jovial.

– Alors ?

– Alors quoi, Cameron ? répondit Logan sèchement.

– Tu l'as plaqué contre sa voiture et tu l'as embrassé ?

– Quoi ? Bien sûr que non. Je l'ai simplement aidé à porter Damian jusqu'à la voiture pour qu'il ne se réveille pas, affirma Logan, qui ne voulait rien dévoiler de ses sentiments à son frère.

– Ah ! Mais dis-moi, il s'était garé au Canada, alors ? Parce que tu as mis une plombe à aller jusqu'au parking, à déposer le gamin dans la voiture, à lui dire au revoir et à revenir.

Logan, le visage cramoisi, le fusilla du regard, ce qui lui valut un grand éclat de rire de la part de Cameron.

– Quoi qu'il en soit, vous faites un joli couple, coupa Tyler de sa voix d'entremetteur.

D'une certaine manière, Logan se sentit soulagé. Tous les couples élus par Tyler finissaient par se mettre ensemble pour couler des jours heureux.

– On n'est pas en couple, Tyler, corrigea-t-il. On n'est rien du tout.

Soulagé ou pas, il n'en restait pas moins sur la défensive.

– C'est peut-être mieux ainsi, fit remarquer Luke.

Logan, interloqué, se tourna vers lui.

– Et pourquoi donc ?

– Parce que c'est un type génial et je vois très bien ce qui te plaît chez lui. Mais c'est un vrai romantique et, si ce que ma tante m'a raconté à son sujet est vrai, il a eu une vie carrément merdique et il mérite quelqu'un qui prenne soin de lui.

– Et je n'en suis pas capable ?

– Non, Logan. Je ne pense pas.

Luke était d'une honnêteté à toute épreuve. C'était une des choses que Logan préférait chez son ami. Sa franchise. Si difficile que ce soit, Logan appréciait ce trait de caractère. Mais, à cet instant, la pilule avait du mal à passer. Il prit une profonde inspiration, prêt à se jeter dans la bagarre. Luke leva la main à temps pour le couper dans son élan.

– Écoute, Lo, tu es mon meilleur ami, je te trouve génial et tu le sais très bien. Mais regardons les choses en face. On ne peut pas dire que tu traites tes mecs avec délicatesse. Ce n'est tout simplement pas ton style. Et ça ne nous empêche pas de t'aimer. Mais je ne supporterai pas que tu profites de Jamie de la même manière. Pour un type de vingt et un ans, il a eu assez d'emmerdes comme ça et je suis désolé de te dire qu'il n'a vraiment pas besoin qu'on lui brise le cœur par-dessus le marché.

Luke termina sa tirade sous le regard courroucé de Tyler, tandis que Cameron s'agitait sur son siège d'un air inquiet. Mais seule la réaction de Logan l'intéressait.

– Et si j'ai envie de ça avec lui ? Et si j'ai envie de prendre soin de lui et de l'aimer, hein ? Tu y as pensé, Luke ? Je sais très bien que je viens tout juste de le rencontrer. Mais si j'avais envie qu'on soit ensemble ? murmura Logan avec une telle intensité que Luke le dévisagea d'un air stupéfait.

– Tu le dis toi-même, Logan, tu viens tout juste de le rencontrer. Tu ne peux pas savoir.

– Pourquoi, toi tu ne savais pas pour Tyler ?

La riposte de Logan intima le silence à Luke. Oui, il avait su pour Tyler. En l'espace de cinq minutes, à l'âge de seize ans, il avait immédiatement compris que personne d'autre ne serait mieux que Tyler. Si Logan ressentait la même chose pour Jamie, ça changeait tout.

– Il te plaît vraiment ? s'enquit Luke.

– Je sais que c'est complètement fou, mais je crois que je l'aime. Pitié, mettez-moi des claques pour me ramener à la réalité, j'ai l'impression d'être une vraie midinette !

Les trois jeunes hommes le dévisagèrent d'un air pantois. Logan, monsieur Je-saute-tout-ce-qui-bouge, était en train de tomber amoureux au bout d'une semaine. Jamie appartenait à une tout autre catégorie, mais tout de même...

– Alors, fonce ! lâcha Luke en souriant, tandis que Tyler fendait l'air d'un poing victorieux.

– Je lui ai proposé de venir nous voir jouer demain, mais il m'a répondu qu'il ne pouvait pas à cause de Damian, expliqua Logan d'un air rembruni.

– Peut-être une autre fois ? objecta Tyler avec optimisme.

– Oui, peut-être une autre fois, soupira Logan.

Il décrocha totalement du reste de la conversation jusqu'à ce qu'ils s'en aillent.

Depuis quelques jours, il détestait rentrer chez lui.

Il aurait préféré retrouver Jamie et Damian.

*

Jamie gara sa voiture devant l'immeuble de Rebecca après un après-midi de lessive, de ménage et autres réjouissances incontournables.

Damian lui avait prêté main-forte : il avait terrorisé la poussière avec son sabre.

Jamie détacha Damian, qui sortit en trombe de la voiture, s'engouffra dans le bâtiment et gravit l'escalier en courant jusqu'au premier étage où il appuya sur la sonnette de l'appartement numéro 2.

Un instant plus tard, Rebecca ouvrit la porte et Damian se jeta dans ses bras.

– Salut, toi. Comment va mon héros ? s'enquit Rebecca en riant avant de le conduire dans le salon.

– Bien. Aujourd'hui, on est allés au parc, et puis on a déjeuné et on s'est fait des nouveaux copains, et il y en a un qui veut embrasser Jamie, énuméra Damian.

Jamie manqua d'avaler sa salive de travers.

– Allons bon ! s'exclama Rebecca en éclatant de rire.

– N'importe quoi. Damian, qu'est-ce qu'on a dit sur le fait d'inventer des histoires sur la vie des gens ?

– Qu'il fallait pas. N'empêche que c'est vrai.

– Et comment tu sais ça, mon chou ? l'interrogea Rebecca d'un ton amusé.

– Parce qu'il l'a regardé comme ça, affirma Damian comme si c'était l'évidence même.

– Comme quoi ? demanda Jamie, qui aurait voulu mettre un terme à la conversation.

– Comme Aladin quand il regarde Jasmine. Sauf que Jasmine, c'est une fille, et pas toi. Mais tu m'as dit que c'était pas grave si un garçon avait envie d'embrasser un autre garçon, précisa Damian.

Rebecca éclata de rire. Jamie la fusilla du regard avant de confirmer que, oui, un garçon avait le droit d'avoir envie d'embrasser un autre garçon, mais que, non, aucun des garçons n'avait voulu l'embrasser aujourd'hui.

– Même pas vrai, insista Damian d'une voix qui laissait présager qu'il était prêt, contrairement à Jamie, à partir dans un match de « si-non, si-non ».

– OK, loupiot. Si tu allais jouer pendant que je discute avec tante Rebecca. On t'appelle dès que le dîner arrive, conclut Jamie en poussant son frère dans un coin du salon que Rebecca avait décoré pour sa naissance.

Rien n'avait changé. Seuls les jouets avaient évolué au fil des années. Rebecca adorait Damian, et était heureuse qu'il l'appelle « tante Rebecca ». Elle avait toujours rêvé d'une grande famille, avec plein de frères et sœurs, mais sa mère n'avait pas réussi à avoir d'autres enfants. À la place, Rebecca avait grandi en s'entourant d'amis, objectif grandement facilité par sa personnalité avenante et son caractère affectueux.

Jamie et Rebecca s'étaient rencontrés sur les bancs de l'école primaire, quand la fillette souriante et populaire avait été la seule à accepter de jouer avec le garçon fragile à la voix douce qui restait assis sur la balançoire pour ne pas salir ses vêtements. Elle faisait face avec lui lorsqu'il essuyait les railleries, le défendait quand on l'insultait en le bousculant et lui prêta main-forte lorsque sa vie s'écroula, les considérant Damian et lui comme sa famille.

– On peut commander une pizza? lança Damian de son coin.

Rebecca se tourna vers Jamie, qui hocha la tête. Il désirait, le temps d'une soirée, s'affranchir de son rôle de parent responsable. Du fast-food deux fois dans la même semaine, ça n'allait pas les tuer.

– Bien sûr, mon chou, répondit Rebecca.

Elle passa commande par téléphone puis s'installa sur le canapé à côté de Jamie.

– Donc… un certain garçon veut t'embrasser, lâcha-t-elle d'un ton taquin.

Jamie lui assena un coup de coussin en pleine tête.

– Oh ! je vais le trucider, ce gamin. Becca, personne n'a envie de m'embrasser, et, si par hasard quelqu'un en avait envie, ça ne serait certainement pas Logan !

Il plaqua aussitôt ses deux mains sur sa bouche. Il venait de révéler son nom, Rebecca allait s'en donner à cœur joie !

– Logan ? Mais qui est ce Logan et pourquoi je n'en entends parler que maintenant ?

– Personne… quelqu'un… que j'ai rencontré…

– Jamie !

– OK, d'accord ! Oh ! je te déteste. Tu te souviens du trou du cul qui a foncé dans ma voiture ?

– Oui.

– Eh bien il a deux fils absolument sublimes.

– Et l'un des deux s'appelle Logan ?

– Et l'un des deux s'appelle Logan.

– Et comment on est passés depuis lundi du père qui fonce dans ta voiture au fils qui veut t'embrasser ?

– Mais il ne veut pas m'embrasser, enfin ! Il est sympa, c'est tout.

– Mais alors pourquoi il te regarde comme Aladin ?

– Tu veux que je te parle de lui ou non ? menaça Jamie.

Rebecca fit aussitôt mine de verrouiller ses lèvres et de jeter la clé aux oubliettes.

– Bon, reprit le jeune homme. Il est passé à l'atelier, après notre première entrevue, et…

Pendant quinze minutes, Jamie s'épancha sur les moindres détails dont il se souvenait, des boucles chocolat aux bras musclés de Logan, en passant par sa haine ridicule des chaussettes et sa manie de porter des chaussures de ville pieds nus.

Rebecca l'écouta babiller et un sourire naquit sur ses lèvres : c'était ce qu'elle lui souhaitait depuis une éternité. Quelqu'un qui soit digne de lui. Quelqu'un qui lui fasse prendre conscience à quel point il était exceptionnel. Parce qu'il n'en avait pas la moindre idée. Et que ça la mettait en rogne.

– Eh ben ! Il a l'air top.

– Ouais. C'est bien pour ça qu'il ne se passera jamais rien.

– Jamie, ferme-la. Pourquoi faut-il toujours que tu te rabaisses ?

– Je ne me rabaisse pas, je suis réaliste. Nuance. Il a vingt-sept ans, il est avocat, il est incroyablement beau, il chante, ou il joue, un truc dans ce goût-là, et il m'a invité à le voir sur scène avec ses copains dans un bar demain soir et moi… je suis moi, souffla Jamie d'un ton exaspéré.

– OK, on va passer sous silence le fait que, tel que tu es, tu devrais faire craquer tous les gars de la planète. Tu veux bien revenir au moment où il t'a invité à sortir ?! s'écria-t-elle.

– Ce n'était pas vraiment une invitation, corrigea Jamie. Il a voulu être poli, et il m'a proposé de venir les voir jouer, minimisa-t-il tandis que Becca levait les yeux au ciel.

– Si tu veux. J'imagine que tu as décliné.

– Forcément. Le lendemain, il y a école et il faut que je m'occupe de Damian, et…

– Damian a une tata Becca tout à fait capable de l'inviter à dormir chez elle demain soir et de le déposer à l'école avant d'aller au travail. Excuse suivante ?

Il la regarda d'un air interloqué, soudain excité à l'idée de son dimanche soir, lorsqu'il s'aperçut que Logan ne lui avait même pas laissé l'adresse au cas où il trouve une baby-sitter. Il s'était contenté d'essuyer le refus pur et simple de Jamie. Il fit part de cette observation à Rebecca.

– Je ne veux pas qu'il me trouve collant, à me pointer comme ça…

– Jamie…

– On peut passer à autre chose, s'il te plaît ? Je ne suis carrément pas à la hauteur et ça ne sert à rien d'avoir de faux espoirs pour qu'au final on en souffre, Damian et moi, OK ? insista-t-il d'un air attristé.

Rebecca le serra dans ses bras, consciente de la difficulté de se protéger quand on n'était pas tout seul dans la balance.

– OK, mon Boo. Mais il faut que tu saches que tu es tout à fait à la hauteur. Les hommes qui attirent ton attention ont bien de la chance que tu daignes poser le regard sur eux.

Jamie finit par lui sourire et ils restèrent serrés l'un contre l'autre à regarder la télé, à jouer avec Damian et à manger des tonnes de pizza jusqu'à ce que l'enfant s'endorme au beau milieu du salon.

Jamie le porta à la voiture en se rappelant la force des mains hâlées qui avaient fait de même dans l'après-midi.

Il aurait tout donné pour que Logan soit de nouveau à son côté.

Mais il ne se faisait pas d'illusions.

Il rentra à la maison, enfila son pyjama à Damian et le borda dans son lit, sans oublier d'allumer sa lampe de chevet.

Épuisé, il se glissa sous la couette à minuit, sans prêter attention à la petite alerte rouge qui clignotait sur son ordinateur pour lui annoncer l'arrivée d'un e-mail.

L'e-mail qu'un certain avocat aux cheveux bouclés avait fini par envoyer après des heures de tergiversation.

Salut, Jamie,

Je ne veux pas t'effrayer, ni te coller, alors ne te sens pas obligé de répondre à ce message. Je voulais simplement te donner l'adresse du bar pour demain soir, au cas où tu trouves une baby-sitter. Zéro obligation pour toi. Mais ce sera plus facile pour moi de jouer en ayant l'espoir que tu viennes, plutôt que de savoir à l'avance que la réponse est non. Voici l'adresse. Et sinon je te verrai lundi matin.

Bonne soirée,

Logan

7

Révélations

Damian adorait le dimanche matin, le seul jour de la semaine où il se réveillait avant Jamie, parce que Jamie affirmait que de mettre son réveil un dimanche matin était un sacrilège, et il ne le faisait jamais.

Damian se réveillait sur le coup de 9 heures et continuait à somnoler pendant quelques minutes. Ensuite, il se brossait les dents et, toujours en pyjama, se rendait dans la chambre de son frère. Là, il soulevait la couette et se glissait à son côté pour le réveiller à grand renfort de chatouilles, avant de se pelotonner contre lui jusqu'à ce que l'un des deux ait trop les crocs pour rester au lit.

Ce dimanche matin ne dérogeait pas à la règle.

Épuisé par un samedi bien rempli, Damian dormit jusque vers 10 heures. Il ouvrit les yeux et s'étira. Comme à son habitude, il resta un instant blotti dans la chaleur de son lit. Puis la perspective de passer du temps avec Jamie sans avoir à se presser l'incita à sortir de sa torpeur et à se lever.

Il se dirigea d'un pas traînant vers la salle de bains à côté de sa chambre et fit sa toilette matinale le plus rapidement et le plus discrètement possible.

Il entrouvrit suffisamment la porte pour pouvoir se glisser dans la chambre de Jamie sans faire grincer les gonds.

Il souleva précautionneusement les draps, se hissa dans le lit et tendit les bras pour atteindre les côtes de Jamie, zone qu'il savait particulièrement sensible à ses chatouilles. Il s'apprêtait à attaquer son frère lorsque deux mains empoignèrent les siennes et le projetèrent sur les coussins molletonnés pour le clouer sur place.

– Je t'ai eu, espèce de petite tortue filoute !

Jamie éclata de rire en découvrant l'expression horrifiée de Damian et relâcha son emprise.

– C'est pas du juste, tu aurais dû dormir, bouda Damian tandis que Jamie lui administrait une chiquenaude sur le nez.

– À la guerre comme à la guerre, affirma Jamie d'un air solennel alors que Damian lui tirait la langue.

– D'accord. Je te laisse gagner cette semaine.

– Mais vous m'en voyez ravi, monsieur Damian Maddison, répondit Jamie, acceptant sa victoire avec classe.

– Je t'en prie. Il faut bien que je te laisse gagner de temps en temps, sinon tu vas être triste et tu voudras plus jouer, expliqua Damian avec un air aussi sérieux que fiérot.

– Alors, comme ça, tu me laisses gagner, hein ?

– Ben oui, c'est pas comme si tu étais plus fort que moi en chatouilles, non plus, assena Damian en souriant.

– Viens là, toi, lança Jamie en l'attirant contre lui pour le serrer dans ses bras.

Ils restèrent enlacés en silence pendant quelques instants, Damian roulé en boule tandis que Jamie fredonnait une chanson que sa mère lui chantait dans leurs moments de calme. Damian leva le menton pour regarder son frère.

– Jamie ?

– Oui, Leo ?

– Je crois que tante Rebecca a raison.

– À quel sujet ?

– C'est vrai que tu es trop génial. Et Logan a vraiment envie de t'embrasser. Je l'ai vu, affirma-t-il en se pelotonnant contre son frère.

– Je te remercie pour le compliment. Mais, Damian, tu ne devrais pas dire des choses pareilles sur Logan.

Jamie poussa un profond soupir. Il aurait tellement aimé avoir de nouveau cinq ans, l'âge auquel la décision de laisser passer quelqu'un en premier au toboggan valait une déclaration d'amour.

– Pourquoi ? protesta Damian en fronçant les sourcils.

Il ne comprenait pas pourquoi les adultes faisaient un plat d'un tout et d'un rien. Logan aimait Jamie et Jamie ferait bien d'aimer Logan lui aussi parce que ça marchait comme ça et pas autrement et ils feraient bien de s'embrasser et puis c'est tout.

– Parce que c'est un peu plus compliqué que d'avoir simplement envie d'embrasser quelqu'un, loupiot. Tu verras en grandissant : ce n'est pas parce que tu aimes bien quelqu'un que cette personne est faite pour toi, expliqua Jamie, avec l'étrange impression que cette conversation intervenait dix ans trop tôt.

– Mais tu l'aimes bien, Logan, non ?

– Oui, il est gentil et drôle, mais ça ne veut rien dire parce que je ne le connais pas si bien que ça.

Jamie était de plus en plus gêné par la tournure de la discussion. Était-il réellement en train de causer petit copain avec son frère de cinq ans ? Damian était beaucoup trop malin pour son âge.

– Dans ce cas, tu devrais lui poser des questions, objecta Damian d'une voix pleine de sagesse.

– Sur quoi par exemple ?

– Je sais pas. Sur plein de trucs. Ce qu'il aime manger, les films qu'il aime bien. Regarde, tu sais déjà qu'il aime bien les Power Rangers et c'est pas bien parce que toi tu préfères les Tortues Ninja, non ?

– Oui, je les adore.

Il les haïssait. Violemment.

– Alors, tu le feras ?

– On verra. Si je le revois et qu'on discute, je lui poserai peut-être des questions. Ça te va ?

Jamie s'esclaffa devant le hochement de tête survolté de Damian, sachant parfaitement qu'il désirait plus que tout au monde faire la connaissance de Logan. Et pas seulement en tant qu'ami.

Il voulait savoir de quel côté du lit il dormait, combien de sucres il prenait dans son café, s'il donnait de l'argent aux musiciens de rue et s'il tenait la porte du supermarché aux mamans avec vingt sacs et une poussette. Il se demandait si ses baisers étaient brutaux et expéditifs ou s'il prenait le temps de les savourer. Et prendrait-il le temps de savourer Jamie la toute première fois, et la deuxième, et la millionième ?

Il secoua la tête pour chasser l'image de ses lèvres.

Il est trop bien pour toi. Il est trop bien pour toi. Il est trop bien pour toi.

– Allez, p'tit déj. Qu'est-ce que ce sera ? demanda Jamie, qui connaissait parfaitement la réponse.

Le dimanche, c'était gaufres. Jamie préparait la pâte et Damian la versait dans le moule. Il adorait faire ça.

– Des gaufres !

Damian sortit bondit hors du lit et se mit à sautiller sur place en attendant son frère.

– Ah bon ! Ça alors, quelle surprise !

Il envoya Damian s'habiller et lui donna rendez-vous dans la cuisine dix minutes plus tard.

Sautant dans la douche, il laissa le jet d'eau bouillante le délasser pendant cinq minutes avant de se laver les cheveux et de sortir de la cabine embuée.

Il se brossa les dents et peigna ses cheveux vers l'arrière, les laissant sécher à l'air libre.

Il entra dans la cuisine habillé de ses vêtements d'intérieur, soit dans le cas présent un jean un peu moins serré que d'habitude et une chemise qu'il avait adorée douze mois auparavant mais qui était trop grande depuis qu'il avait perdu du poids. Il détestait être encore plus maigre qu'avant. Il détestait acheter des jeans encore plus petits et il détestait ses clavicules pointues.

Mais quand on prenait la tête d'une famille monoparentale à l'âge de dix-huit ans, le stress, l'angoisse et les responsabilités vous avalaient tout cru. Il en avait parfaitement conscience le jour où il avait répondu à l'assistante sociale d'aller se faire foutre après que cette dernière avait proposé de placer Damian en famille d'accueil. Elle disait qu'il était trop jeune pour se souvenir et qu'il pourrait avoir une vraie vie dans une nouvelle famille en oubliant complètement qui étaient ses parents, son frère, et la perte qu'ils avaient subie.

Jamie l'avait gratifiée d'un doigt d'honneur et avait fait un véritable scandale avant de se payer les services d'un avocat à l'aide des derniers dollars de la vente du garage de son père. Il s'était battu comme un diable pour garder son frère.

Il était content d'avoir agi ainsi. Même si cela exigeait beaucoup de sacrifices, il n'aurait laissé Damian pour rien au monde.

Mais parfois, pendant ses périodes d'insomnie, il se demandait si Damian ne serait pas plus heureux avec une vraie famille au complet. Une famille avec des parents, et peut-être d'autres frères et sœurs.

Une famille sans passé dramatique, avec des journées sans histoire et de vrais adultes. Il ne pensait pas à ça pour se défiler. Il voulait que son frère ait une vie meilleure, meilleure que celle qu'il lui offrait. Peu importait la quantité de commentaires de tous ceux qui le connaissaient, qui ne tarissaient pas d'éloges sur sa capacité à élever son frère, Jamie n'avait pas confiance en lui-même.

Mais ce dimanche-là, tandis que Damian décorait le sol de la cuisine de pâte à gaufres en bavassant sur l'arrivée d'Halloween dans un mois et demi et la nécessité de trouver des bons costumes parce que l'année d'avant il avait récolté plus de bonbons que d'habitude grâce au super costume pirate que Jamie lui avait confectionné (après s'être inspiré du pirate sexy campé par Johnny Depp, en se gardant bien de le préciser à Damian), Jamie se surprit à sourire, convaincu l'espace d'un instant que son petit frère était heureux avec lui.

– Cette année, je vais me déguiser en Tortue Ninja.

– Oh, sans blague ! Mais ça ne te gêne pas de sortir sans les autres tortues ? demanda Jamie en haussant un sourcil.

Le visage de Damian, occupé à verser la pâte dans le gaufrier, était plissé par l'effort de concentration. Il referma le moule et se tourna vers Jamie.

– Tu pourras faire Raphaël. Après, il faudra trouver quelqu'un pour faire Donatello et Mi-chel-an-ge-lo. On a le temps, le rassura-t-il.

– Très bien. On en reparlera, d'accord ? conclut Jamie, qui pour rien au monde ne se pavanerait dans la rue en Lycra vert.

L'amour fraternel avait ses limites. Et le Lycra en faisait partie.

La sonnerie du téléphone retentit comme Damian sortait la gaufre dorée du moule.

Jamie décrocha tout en gardant un œil sur Damian.

– Attention, c'est chaud. Allô ?

– Salut, Jamie, c'est Marty, répondit la fournisseuse en tissus de Brewer d'une voix enjouée.

Max s'approvisionnait habituellement chez un seul marchand mais, depuis que Jamie proposait ses créations, la boutique avait commencé à rentrer plus d'argent et Max avait embauché Marty comme acheteuse attitrée auprès de Jamie.

– Bonjour, Marty. Les nouvelles sont bonnes ?

– Carrément, mon chou ! Le cachemire et la soie que tu as commandés sont arrivés, et devine quoi ?

– Quoi ? répéta-t-il en calant le téléphone entre son oreille et son épaule pour aider Damian à verser la dernière goutte de pâte dans le moule à gaufre.

– Les couleurs sont à tomber par terre. Tu te souviens ? La dernière fois, elles étaient atroces. Eh bien, cette fois, elles sont magnifiques ! Je t'ai envoyé la palette par e-mail. Tu veux bien y jeter un œil et me renvoyer les codes de celles que tu choisis ?

À son ton excité, Jamie n'avait aucun problème à se la représenter agitant les mains à l'attention du personnel pour orchestrer la livraison de la marchandise.

Elle était d'un professionnalisme hors pair et Jamie adorait bosser avec elle.

– Je relève mes e-mails dès que j'ai fini mon petit déjeuner. Si je te réponds dans la journée, tu penses pouvoir m'avoir des échantillons de tissus pour demain matin ? s'enquit Jamie en sortant les assiettes, le sirop d'érable et la crème fraîche du frigo tandis que Damian apportait un plateau de gaufres.

– Je vais voir ce que je peux faire. Il y a une urgence ?

– Oh ! non, mais comme j'ai trois rendez-vous demain pour lesquels ces tissus vont servir, je me disais que ce serait pratique de les voir dans la foulée plutôt que de faire revenir le client, expliqua-t-il en piquant une gaufre avec sa fourchette pour la poser dans son assiette.

Damian avait déjà du Nutella jusqu'aux oreilles.

– Plus j'aurai la commande tôt, plus je pourrai être efficace. Alors avale ton petit déj ! On se voit demain ! lança-t-elle joyeusement, à tel point que Jamie se demanda s'il lui arrivait d'être de mauvais poil.

– À plus tard, Marty.

Il reposa le téléphone et avala une bouchée.

– Damian, un jour, tu seras un cuisinier sensationnel, dit Jamie avec gourmandise.

– C'est bon ? s'enquit Damian, le visage tartiné de chocolat.

– Délicieux, confirma Jamie, à la grande fierté de son frère.

Comme à leur habitude, ils avaient cuisiné pour tout un régiment.

– On aurait dû proposer à tante Rebecca de venir, fit Damian avec une moue déçue.

– On peut les mettre au chaud dans le four pendant que tu l'appelles, suggéra Jamie en débarrassant la table.

– Youpi ! Je l'appelle tout de suite.

Jamie installa son ordinateur sur le plan de travail pour examiner la palette de couleurs que Marty lui avait envoyée.

Le temps que l'engin démarre, il se prépara un autre café. Lorsqu'il s'assit devant l'écran, deux e-mails l'attendaient. Rien d'étonnant à cela, étant donné qu'il avait commencé à accepter les commandes en ligne. Le premier message était arrivé à 8 heures, en provenance de Marty. Il décida de jeter un œil à l'expéditeur du second. Le nom qui s'afficha lui donna une sensation de vertige.

Logan Danes.

Logan Danes lui avait envoyé un e-mail à... 23 h 53 la veille. Jamie se tordit les mains, puis fit glisser la petite flèche blanche de la souris sur la ligne dudit e-mail. Au moment de cliquer, ces doigts se crispèrent, comme paralysés.

Jamie était capable d'attribuer une raison parfaitement rationnelle à la présence de cet e-mail dans sa boîte : Logan confirmait ou annulait son rendez-vous à l'atelier du lendemain matin. Logan était un client de Jamie, et Jamie serait bien avisé de lire le fichu e-mail en cessant de se comporter comme un crétin.

Mais impossible.

Quand bien même il savait pertinemment que l'e-mail était à caractère professionnel, en faisant le choix de ne pas l'ouvrir, il laissait planer l'espoir qu'il contenait peut-être une invitation de Logan, voire un compliment et pourquoi pas une demande en mariage. Il avait le droit de rêver, non ?

Ne pas le lire permettait de fantasmer sur son contenu, et pencher plutôt vers l'option « Tu me coupes le souffle » que « Pourrait-on repousser le rendez-vous de lundi ? »

Jamie refusa de le lire.

Les mains tremblantes, il ouvrit le message de Marty et consulta la liste de couleurs, choisissant le bordeaux du costume de Logan, le bleu ciel du chemisier de Mme Davenport et quelques couleurs en plus qui lui plaisaient particulièrement. Parfois, les tissus et les teintes lui donnaient des idées. Et Marty avait raison, les coloris étaient superbes. Jamie aurait dû être aux anges, si ce n'était cet e-mail qui lui trottait dans la tête.

Il tergiversait de plus belle lorsque la sonnette retentit et que Damian se précipita au rez-de-chaussée pour accueillir Rebecca comme s'il ne l'avait pas vue depuis une éternité.

Elle entra dans la cuisine, Damian pendu à son cou.

– Salut, Boo !

Elle courba le buste en avant pour faire tourner Damian comme un collier géant.

– Salut. J'aime beaucoup ton nouvel accessoire ! plaisanta Jamie.

– Merci. C'est très chic, en cette saison, souligna-t-elle avec une fausse intonation snob.

– Tu vois, Damian, je suis chic ! s'exclama Damian en riant.

– Mais absolument, loupiot. En attendant, si tu laissais tante Rebecca souffler une minute ?

– D'accord, concéda-t-il en desserrant sa prise d'étranglement pour atterrir sur le sol.

– Tu ne voulais pas lui servir des gaufres ?

Damian se précipita dans la cuisine.

– Tout va bien, Jamie ? Je te trouve pâlot. (Il lui décocha un regard moqueur : la pâleur était son mode par défaut !) Bon d'accord, tu es plus pâle que d'habitude. Il s'est passé quelque chose ?

Elle s'approcha du plan de travail. L'ordinateur portable était allumé et l'e-mail que Jamie n'avait toujours pas ouvert clignotait. Il se contenta de le montrer du doigt. Elle se pencha sur l'écran et sourit jusqu'aux oreilles.

– Il t'a écrit un e-mail ! Mais… tu ne l'as pas lu ?

– Si je te réponds, tu vas encore me taper sur la tête.

– Non mais alors, franchement…

Jamie l'interrompit de son regard noir parfaitement étudié… Elle passait son temps à le taper pour un oui ou pour un non.

– Bon, d'accord. Je te promets de ne pas t'assommer.

– Je n'ai pas envie d'ouvrir cet e-mail et de voir qu'il est purement professionnel. Comme ça, je peux m'imaginer que… tu comprends… que peut-être…, bafouilla-t-il avant de piquer un fard.

– Il est intéressé par toi ?

– Oui… c'est ridicule, je sais bien… mais c'est agréable de faire semblant.

– Il te plaît vraiment, hein ? l'interrogea-t-elle en posant une main sur sa nuque.

– Oui, je crois, murmura Jamie en plantant les yeux dans le sol.

– Lis son e-mail, Jamie.

– Mais…

– Si c'est uniquement pro, tu le verras demain et tu pourras lui parler. Mais lis-le.

Jamie poussa un soupir et cliqua sur le message. Il écarquilla les yeux en parcourant son contenu. Son cœur se mit à battre la chamade en découvrant la signature.

Salut, Jamie,

Je ne veux pas t'effrayer, ni te coller, alors ne te sens pas obligé de répondre à ce message. Je voulais simplement te donner l'adresse du bar pour demain soir, au cas où tu trouves une baby-sitter. Zéro obligation pour toi. Mais ce sera plus facile pour moi de jouer en ayant l'espoir que tu viennes, plutôt que de savoir à l'avance que la réponse est non. Voici l'adresse. Et sinon je te verrai lundi matin.

Bonne soirée,

Logan

– Oh, Jamie, c'est génial ! s'exclama Rebecca, qui lisait par-dessus son épaule.

– Pourquoi génial ? coupa-t-il, n'osant pas garder espoir.

Logan avait eu pitié de lui qui ne sortait jamais à cause de Damian. Et puis il voulait faire venir du monde. Il l'avait invité pour ça, et c'était tout.

– Ne joue pas les imbéciles, toi ! le somma Rebecca, du ton qui précédait habituellement la claque sur la tête.

– Je ne fais pas l'imbécile. Il est gentil, c'est tout. Si ça se trouve, il veut juste un visage amical dans le public, se défendit-il.

Rebecca pouffa de rire.

– Et donc, comme il n'a pas d'amis, il invite le type qu'il a rencontré cinq jours plus tôt, rétorqua-t-elle en retournant son raisonnement contre lui.

– T'en sais rien ! protesta Jamie d'un ton puéril.

Et, cette fois-ci, il reçut la claque de rigueur sur la tête. Il avait bien fait de ne pas se coiffer.

– Tu vas aller à ce concert, ordonna-t-elle comme s'ils étaient encore au lycée.

Rien n'avait changé. Elle se campa face à lui, les mains sur les hanches, le sourcil relevé dans une attitude altière, le regard perçant, le mettant au défi de la contredire.

Il n'avait jamais réussi.

« Tu viens à cette soirée avec moi, Jamie ! »

« Tu vas aller parler à ce type que tu ne cesses pas de mater ! »

« Tu vas envoyer ton dossier à l'universté de Parsons ! »

– D'accord… en fait, non, je n'irai pas, lança-t-il dans une tentative désespérée.

– Ce n'était pas une suggestion, c'était un ordre. Je vais te chercher de quoi t'habiller et tu ne bouges pas jusqu'à ce que je revienne, c'est clair ?

– Becca, je ne crois pas…

– C'est clair ? trancha-t-elle d'une voix sans appel.

– Oui, souffla Jamie.

– Génial !

Rebecca laissa échapper un petit cri de joie et se précipita vers la chambre de Jamie.

– Je te déteste ! cria-t-il dans son sillage, à défaut de trouver une meilleure réplique.

– Mais oui, mais oui…, conclut-elle d'un ton dédaigneux en disparaissant, tandis que Damian revenait chargé de deux gaufres au Nutella.

– Elle est partie où ? s'enquit-il d'une voix déçue.

– Elle est allée me chercher des trucs sympas pour m'habiller, répondit Jamie d'un air absent.

– Oh… je vais lui porter son assiette, alors, décida l'enfant en se dirigeant vers l'escalier.

Jamie resta un instant abasourdi avant que la réponse de Damian ne prenne tout son sens. Il bondit de son tabouret et se rua vers les marches.

– DAMIAN ! NE T'APPROCHE PAS DE MES FRINGUES AVEC LE NUTELLA !

– Pourquoi je l'ai laissée me convaincre ? maugréa Jamie en coupant le moteur devant un club à la périphérie de Fairfield.

L'enseigne au néon bleu et gris éclairait le sol en béton et les deux videurs vêtus de noir qui faisaient le guet de part et d'autre de la porte. Un flot de personnes se laissait happer par les entrailles sombres du lieu, dont émanait une ligne de basse qui faisait vibrer le sol si fort que Jamie sentit les pulsations en posant le pied hors de sa voiture.

Il verrouilla la portière et s'appuya dessus, tenant de réfléchir à une échappatoire.

Il ne pouvait pas rentrer chez lui : Rebecca, qui avait quelques vêtements sur place, avait décidé d'y passer la nuit pour garder Damian.

Il était hors de question de tuer le temps sur le parking pendant la durée probable du concert et de rentrer en prétendant que le groupe de Logan était génial et qu'il avait passé un super moment. Rebecca était un détecteur de mensonges ambulant.

La seule solution était d'y aller.

« Sub Zero », annonçait l'enseigne. Jamie poussa un soupir et se traîna à contrecœur jusqu'à l'entrée, projetant la mise à mort lente et douloureuse de sa meilleure amie dans les plus brefs délais.

Vengeance et écartèlement étaient des sujets moins difficiles que la pensée de Logan sur scène, incarnant avec désinvolture tout ce que Jamie rêvait de trouver chez un homme.

Il présenta sa carte d'identité aux videurs et frissonna lorsque l'un d'eux posa un regard appréciateur sur son pantalon serré.

L'air frais du parking céda rapidement le pas à la chaleur abrutissante du bar, générée par les dizaines de corps qui tournoyaient et se touchaient au rythme sensuel d'une basse qui se déversait de la petite scène à l'autre bout de la salle.

Jamie eut l'impression qu'on perforait ses poumons pour en extraire jusqu'au dernier atome d'air.

La scène était une petite plate-forme rectangulaire tout juste assez grande pour accueillir les quatre musiciens. Tyler, à la basse, revêtu de cuir noir, et Luke, en jean, débardeur et borsalino noirs, avaient l'air de dieux du sexe. Était-ce vraiment juste, pensa Jamie en contemplant les futurs époux (les mains de Tyler glissaient sur le manche de sa guitare, celles de Luke dansaient sur les touches du clavier), qu'un couple soit aussi beau ?

Jamie s'aperçut qu'il ne connaissait pas le batteur, un grand gars aux cheveux et aux ongles noirs avec un piercing sur la lèvre.

Mais toute curiosité pour le batteur disparut à la vue de Logan.

Ses boucles défaites, légèrement mouillées par l'air moite, et ses yeux mi-clos firent perdre la tête à Jamie. Ainsi que, de toute évidence, sa dignité et son QI. La voix onctueuse lui donna la chair de poule et il ferma les yeux pour revivre l'atmosphère intime de son rêve, les paroles murmurées dans le creux de son cou, ses épaules, son torse, ses hanches et… *Bon sang, Jamie ! Ressaisis-toi !*

Il rouvrit les yeux à temps pour voir le barman hocher la tête à son attention et une armoire à glace s'asseoir à côté de lui et lui payer son cocktail tout juste commandé.

– Je ne pensais pas rencontrer le plus bel homme du monde ce soir, roucoula l'homme dans son oreille.

Jamie lui lança un regard effrayé, priant pour qu'il s'en aille et le laisse fantasmer sur Logan, qui ne se doutait toujours pas de sa présence.

– Euh… merci, bafouilla le jeune homme avant de reporter son attention sur la scène.

Qui avait autorisé Logan à porter un jean serré et un tee-shirt au col en V si plongeant que le gars du premier rang devait se rincer l'œil devant son nombril ?

Jamie suivit du regard la goutte de sueur solitaire qui se fraya un chemin depuis son front, glissa le long de sa joue et de sa mâchoire pour finir dans son cou. Il aurait voulu suivre la même trajectoire avec sa langue, ses lèvres et ses dents, et respirer cette peau jusqu'à ce que son goût et son odeur le submergent entièrement.

Quelque part, loin de la galaxie dans laquelle il se trouvait, il entendit le type à côté de lui poser une question, et il s'arracha à la contemplation de Logan qui susurrait une chanson au micro. Jamie ressentit quasiment une douleur physique à détourner le regard.

– Pardon, vous m'avez parlé ? demanda-t-il en risquant un coup d'œil.

Dans un univers parallèle, dans lequel Logan n'existerait pas, Jamie aurait pu trouver cet homme séduisant. Mais avec Logan occupé à subjuguer la foule depuis la scène à quelques pas de lui, le type ne lui faisait ni chaud ni froid.

– Je te demandais si tu avais envie de passer du bon temps. C'est dommage qu'un beau mec dans ton genre reste tout seul.

L'inconnu effleura la cuisse de Jamie, qui eut un petit sursaut avant de lui écarter la main.

– Je ne suis pas seul. Mes amis sont sur scène, et je suis venu les voir jouer, rétorqua Jamie sans même prendre la peine de le regarder.

Irrésistiblement attiré par le corps tendu de Logan, il ne savait plus où donner de la tête. Il avait envie de le toucher, de s'abandonner contre lui au rythme de la mélodie. Lorsque Logan se mit à danser, Jamie sentit son cerveau basculer en surrégime.

Suivant des yeux le regard de Jamie, l'homme comprit qu'il dévisageait Logan et eut un petit rire suffisant. Il connaissait bien ce dernier, et ce dont il était capable… Il en avait même profité l'espace d'une nuit. Il reporta son attention sur le jeune homme qu'il essayait d'attirer vers un coin sombre du club.

Son sourire s'épanouit tandis que la voix de Logan déferlait avec une sensualité ensorceleuse.

I know you've suffered,
But I don't want you to hide,
It's cold and loveless,
I won't let you be denied[6]

– Tu as l'air carrément subjugué par le petit mec qui chante, insista son voisin avec un sourire mauvais.

Jamie essayait de se concentrer sur ses paroles mais Logan réduisait en miettes ses dernières brides de lucidité en susurrant chaque nouveau couplet avec une sensualité décuplée.

– Quoi ? lâcha-t-il, sans rater une goutte de l'orgie musicale qui se déroulait sous ses yeux.

Soothing,
I'll make you feel pure
Trust me,
You can be sure

– Tu peux te rincer l'œil autant que tu veux, mais t'es pas le genre de Logan, affirma l'armoire à glace, satisfait de la raideur soudaine du corps de Jamie.

Le jeune homme se redressa et serra les dents, manquant de pulvériser l'élégant verre à pied entre ses mains.

La voix de Logan continuait à l'embraser en lui donnant l'étrange sensation de flotter hors de son corps.

I want to reconcile the violence in your heart
I want to recognize your beauty is not just a mask,
I want to exorcise the demons from your past,

---

6. *Undisclosed Desires*, Muse.

I want to satisfy the undisclosed desires in your heart

– De quoi tu parles ? siffla Jamie, pris de sueur froide au cœur de la fournaise.

– Je parle du fait que tu déshabilles Logan des yeux alors que je peux t'assurer que tu n'es pas du tout son style.

– Et qu'est-ce qui te fait dire ça ? riposta-t-il d'un ton qu'il voulait sec mais qui manquait de tranchant.

Ce commentaire le prenait de court : il savait d'ores et déjà qu'il n'avait aucune chance avec Logan.

– Tout le monde sait parfaitement ce qu'il cherche. Je te donne un indice. J'ai couché avec lui.

Gratifiant Jamie d'un clin d'œil, il se releva et se planta devant lui. Il déplia les bras, posa les mains sur le bar de part et d'autre de Jamie et le retint un instant prisonnier.

– Écoute un peu les paroles, lâcha-t-il avant de s'éloigner en emportant son petit sourire satisfait.

Jamie resta immobile. Les mots qui coulaient des lèvres de Logan lui semblèrent soudain plus importants que ses mains sur sa guitare.

You trick your lovers,
That you're wicked and divine,
You may be a sinner,
But your innocence is mine
Please me,
Show me how it's done.

Logan aurait pu déterminer avec précision le moment où son cœur manqua d'exploser dans sa poitrine. Il psalmodiait la chanson d'une voix grave tandis que ses yeux glissaient sur la salle bondée. Lorsque son regard s'arrêta à hauteur du bar, il faillit s'étrangler en reconnaissant le bleu limpide des yeux qui hantaient ses pensées.

Logan plongea son regard dans le sien et chanta le couplet qui suivait avec une telle ferveur qu'ils se mirent tous deux à frissonner.

Tease me
You are the one

Jamie déglutit, se rappelant que Logan se produisait sur scène et que lui faisait partie du public. Mais, bon sang ! il aurait tellement voulu que ces derniers mots lui soient destinés !

Il se mordit la lèvre en constatant que son pantalon lui semblait encore plus serré que d'habitude, tant l'intensité du regard de Logan faisait bouillir le sang dans ses artères, comme s'il le déshabillait depuis la scène.

I want to reconcile the violence in your heart
I want to recognize your beauty is not just a mask,
I want to exorcise the demons from your past,
I want to satisfy the undisclosed desires in your heart

Le besoin dévorant de s'élancer vers Jamie pour le tenir tout contre lui était en train de consumer Logan. Il les voyait bien, tous ces regards de convoitise, reluquer ses bottes montantes, son pantalon à rayures qui épousait la courbe de ses cuisses, sa chemise déboutonnée et sa cravate lâche épousant la pâleur de son cou. Logan le voulait pour lui seul.

Il fallait absolument que Jamie comprenne que les paroles de la chanson lui étaient destinées et qu'il le désirait sous tous ses aspects. Logan n'était pas stupide, il avait bien compris que Jamie était sur ses gardes et qu'il n'avait aucune raison de lui faire confiance, mais son attirance était telle qu'il était déterminé à tenter le tout pour le tout.

Please me,
Show me how it's done.

Jamie ne put réprimer un petit rire. Comme si quelqu'un pouvait encore apprendre quoi que ce soit à Logan ! Il s'en voulut aussitôt de le juger de la sorte : Logan s'était montré poli, agréable et drôle, et, s'il passait son temps libre à coucher avec des réincarnations d'Adonis, cela ne le regardait pas.

Mais Jamie ne pouvait s'empêcher d'avoir peur de ne pas être à la hauteur, ou pire, de se laisser séduire et que Logan ne fasse de lui qu'une bouchée. Il n'y survivrait pas.

En attendant, il se laissait dévorer par la jalousie en pensant à tous les hommes qui l'avaient eu, à qui Logan s'était donné, et les corps sur lesquels il avait répandu sa sueur. Jamie détestait tous ceux qui connaissaient le goût de ses lèvres et savaient comment lui donner du plaisir. Il haïssait tous ceux qui avaient vu son visage au moment de la jouissance et savaient s'il aimait se pelotonner dans les bras de son partenaire après l'amour, tel que Jamie s'imaginait volontiers le faire lui-même.

Les paroles de la chanson le rendaient légèrement nauséeux, mais il était incapable de détourner les yeux. Il ne pouvait se soustraire au besoin ravageur de les écouter et de le croire, ne fût-ce qu'un instant.

Trust me,
You are the one

Mais ça ne pourrait jamais être lui, c'était impossible. Logan, la cible de tous les regards, était l'incarnation de la perfection, alors que lui-même était d'une banalité sans nom.

Il était à des années-lumière de se douter que Logan, de l'autre côté du micro, songeait exactement l'inverse. Il voyait en Jamie la perfection même. En entamant pour la dernière fois le refrain, tremblant du besoin impérieux de sentir sa présence et d'exister à ses yeux, Logan entrevit l'avenir à son côté.

I want to reconcile the violence in your heart
I want to recognize your beauty is not just a mask,

I want to exorcise the demons from your past,
I want to satisfy the undisclosed desires in your heart

La chanson terminée, Jamie cligna des yeux, revenant du lieu imaginaire dans lequel il appartenait à Logan pour réintégrer l'espace exigu de la pièce obscure, tandis que les quatre musiciens quittaient la scène sous les applaudissements du public.

Il remua sur son siège, songeant à s'enfuir avant que quiconque ne remarque sa présence, lorsqu'une main brûlante se posa sur sa taille, un souffle chaud effleura son cou et des boucles caressèrent son oreille. Logan venait de surgir et murmurait par-dessus la voix du DJ qui annonçait le set suivant.

– Jamie, tu es venu ! Tu ne peux pas savoir à quel point je suis content de te voir.

Il recula imperceptiblement pour dévisager Jamie tandis que le nouveau groupe qui prenait place sur scène ménageait quelques minutes de calme relatif.

– Oui… ma meilleure amie s'est proposée pour garder Damian… Le concert était génial, bredouilla Jamie, qui luttait entre le désir de son corps de s'appuyer sur la main qui reposait à sa taille, et celui de sa tête qui lui intimait de prendre la fuite parce qu'il était trop malingre pour plaire à Logan.

– J'espérais que tu viendrais.

La voix douce de Logan, accompagnée d'une pression de la main sur sa taille, sauva Jamie de la timidité. Il leva les yeux vers lui, et, au mépris du bon sens, se laissa de nouveau aller à espérer.

– Pourquoi ? demanda-t-il dans un souffle, priant pour que son manque d'expérience ne fasse pas fuir Logan.

– Je préfère jouer pour quelqu'un…

Il s'interrompit, prêt à prononcer les mots « pour quelqu'un que j'aime », mais Jamie aurait pris ses jambes à son cou.

– Quelqu'un… ? le relança Jamie, qui ne savait plus où se mettre.

Son corps le suppliait de se jeter dans les bras de Logan et d'y rester jusqu'à la fin des temps.

– Quelqu'un qui m'inspire, répondit Logan en soutenant son regard avec intensité.

– Je… je t'inspire ? fit Jamie d'un air incrédule en baissant les yeux pour cacher son angoisse.

– La beauté est toujours une source d'inspiration, affirma Logan, au risque de sombrer dans la mièvrerie.

Pourtant, il pesait chacun de ses mots. La beauté absolue de Jamie lui donnait une force et une détermination prodigieuses.

Jamie, qui sentait son esprit s'effriter sous les murmures de Logan, dut lutter pour ne pas perdre pied.

Logan faisait tomber les murs beaucoup trop vite, et Jamie s'affolait à l'idée de lui accorder sa confiance.

Logan se pencha tout contre lui pour lui proposer à boire lorsque Jamie discerna l'ancien amant de ce dernier dans la foule. En un clin d'œil, il se replia dans sa carapace, la rougeur s'évapora de ses joues et le besoin d'être touché s'évanouit. Il se redressa d'un bond de sa chaise.

– Non, merci, je ferais mieux d'y aller.

– Quoi ? Attends, Jamie ! s'écria Logan en se précipitant à la suite du jeune homme dans la nuit fraîche.

Il aperçut Jamie qui déverrouillait la portière de sa voiture et rangeait son portefeuille et son portable entre les deux sièges.

– Jamie, qu'est-ce qui s'est passé ?

– Rien. Je dois rentrer, il se fait tard, insista-t-il en lui tournant le dos.

– Tu veux bien, s'il te plaît… te retourner ?

Visiblement, il n'était pas le seul à ressentir cette attirance entre eux, mais seul Jamie s'en défendait.

– Logan, tu m'as proposé de t'écouter jouer. C'est ce que j'ai fait. Tu étais absolument génial. Maintenant il est tard, et je dois rentrer, assena Jamie en prenant place derrière le volant.

– Jamie, tu sais très bien que ce n'est pas pour ça… (Le claquement de la portière l'interrompit, suivi du vrombissement du moteur et, en un clin d'œil, Jamie disparut.) que je t'ai demandé de venir, lâcha Logan dans le vide.

Il passa une main dans ses cheveux, se demandant quel faux pas il avait bien pu faire.

8

Confrontations

Logan, qui nageait en plein désarroi, regagna l'intérieur du bar et chercha un instant des yeux Tyler et Luke. Ils étaient installés dans un box, occupés à discuter avec leurs « fans », comme ils s'amusaient à appeler les gens qui avaient fait le déplacement.

Il sourit en les apercevant dans leur tenue branchée, serrés l'un contre l'autre comme si l'un d'eux risquait de s'envoler à tout instant.

Logan les enviait. Après tant d'années ensemble, ils continuaient à partager le même souffle, comme si un seul cœur assurait leur survie, jouissant d'un amour inconditionnel, dans une harmonie parfaite. Son désir de vivre la même chose le prit par surprise.

Comme tout le monde, il voulait trouver l'amour et vivre une belle histoire, mais il ne s'était jamais senti triste sans compagnon à son côté, ni incomplet à s'éveiller le matin dans un lit vide. Il vivait sa vie du mieux possible, s'amusait, et attendait l'arrivée de la bonne personne.

Et voilà qu'après l'avoir trouvée, sa complexité lui donnait des vertiges.

Il poussa un soupir en se laissant tomber sur la banquette à côté de Luke et Tyler, et se jeta au milieu de leur étreinte en posant les pieds sur les jambes de Luke et en agrippant Tyler par le cou. Logan se mit à se tortiller en ronronnant de contentement, ce qui provoqua l'hilarité générale.

– Où est passé Jamie ? Je voulais lui dire bonjour, s'enquit Tyler.

Logan se releva d'un bond et se rassit bien droit sur la banquette.

– Il est parti.

– Quoi ? s'écria Luke en se redressant si vite qu'il éjecta Tyler de ses genoux. Pourquoi ?

– Tu me crois si je te dis que je n'en ai pas la moindre idée ?

– Pas vraiment, répliqua Luke tandis que Tyler secouait catégoriquement la tête. Qu'est-ce que tu lui as fait ?

– Absolument rien. Je suis allé le saluer, il avait l'air normal et tout se passait bien. Et puis je lui ai dit que j'étais content qu'il soit venu, il m'a demandé pourquoi, alors je lui ai répondu que je le trouvais beau et qu'il m'inspirait. Il s'est raidi tout à coup et il est parti. J'ai essayé de le retenir mais, comme vous pouvez le constater, sans grand succès.

Logan s'adossa à la banquette d'un air boudeur. Il avait envie de parler avec Jamie, de lui confier qu'il ne cessait pas de penser à lui, de lui proposer de sortir avec lui, de lui demander d'être ensemble. Mais, tout ce qu'il arrivait à faire, c'était l'effrayer, sans comprendre pourquoi.

– Honnêtement, tu n'as rien fait de mal. Tu y es peut-être allé un peu fort, mais c'était un compliment, plutôt réussi d'ailleurs, si je puis me permettre. Je ne sais pas quoi te dire, conclut Luke en tournant un regard perplexe vers Tyler.

Ce dernier fronça les sourcils et réfléchit un long instant.

– Il a peut-être eu peur, tout simplement, finit-il par dire.

Il poussa un soupir en découvrant les mines déconfites qui accueillirent son affirmation.

– On ne sait pas grand-chose sur lui, reprit-il, mais soyons logiques. Entre la violence à l'école, la perte de ses parents et le fait d'élever un gamin tout seul, il a eu une vie plutôt merdique. Peut-être qu'il se protège.

Logan considéra cette possibilité un instant, avant que ses propres peurs ne reprennent le dessus.

– Et peut-être que je ne l'intéresse pas, lâcha-t-il d'une voix triste.

– C'est possible. Mais, vu la manière dont il te regarde, je pense que tu fais fausse route, contra Luke.

– Je devrais faire quoi, à ton avis ? embraya Logan avec un regain d'espoir.

– Tu le vois demain ?

– Oui. Et ?

– Je me disais que tu pourrais lui faire part de tes sentiments. Épargne-lui la version transie en lui disant que tu veux douze enfants et quatre chiens, mais tu pourrais l'inviter à déjeuner et être assez direct. Lui dire qu'il te plaît et que tu voudrais sortir avec lui pour voir s'il y a quelque chose entre vous deux. De ce que j'ai vu de lui, il est complexé. Peut-être que l'idée qu'il puisse te plaire ne lui a pas traversé l'esprit, avança Luke.

– Tu as raison. Je vais faire ça. Mieux vaut être fixé, de toute façon, convint Logan avec un mélange d'espoir et d'anxiété tel que Luke en eut la gorge serrée.

Il voulait sincèrement le bonheur de Logan. Et si Jamie devait y contribuer, il ferait tout en son pouvoir pour que ça fonctionne.

– Bien dit. Maintenant, rentre chez toi. Tu as besoin d'une bonne nuit de sommeil pour être frais et beau demain, conclut-il en le gratifiant d'une tape sur l'épaule.

– Comme s'il en avait besoin ! railla Tyler.

– Tu veux me vendre une nuit de rêve, Ty ? plaisanta Logan d'une voix de séducteur.

Luke resserra son étreinte autour de la taille de Tyler et tira la langue à Logan, avant de gratifier son fiancé d'un clin d'œil. Sans se concerter, ils se relevèrent d'un bond et se lancèrent dans une danse absurde, scandant « pas-touche pas-touche pas-touche » en cherchant chacun à attraper l'autre.

Logan éclata de rire et leva la main en signe de capitulation avant de fendre la foule à reculons en lançant un « Je ne les connais pas » à la cantonade.

– Mais, Lo, nous, on t'aime ! hurla Tyler en agitant les sourcils d'un air grivois.

– Je ne suis plus là ! rétorqua Logan avant de franchir la porte du club en souriant.

Le malaise laissé par Jamie planait encore, mais désormais Logan avait un plan d'attaque et, comme toujours dans ce cas, il se sentait mieux.

Jamie Maddison, prépare-toi à une cour en bonne et due forme, avec les compliments de Logan Danes.

*

Lorsque Jamie arriva chez lui, il faisait nuit noire. Le silence de plomb, symptomatique du cœur de la nuit, lorsque toutes les maisons alentour étaient éteintes, lui donna la chair de poule.

Il traversa le vestibule en prenant soin de ne pas perturber le profond sommeil qui enveloppait la maisonnée, et pénétra dans le salon.

Depuis que Rebecca était restée dormir la nuit qui avait suivi le décès de ses parents, Jamie avait pris l'habitude de lui laisser son lit et de dormir dans le salon. Il se laissa tomber sur les coussins molletonnés de son vieux canapé et posa une main sur ses yeux.

Cette soirée épuisante l'avait dérouté, et il souhaitait plus que tout sombrer dans le sommeil pour laisser son inconscient gérer la situation pendant que son corps reprenait des forces. Il voulait se résigner une bonne fois pour toutes à sa propre décision de garder Logan à distance. Il devait se faire une raison : l'avocat de ses rêves aimait ses amants bien balancés, musclés et virils, tout l'inverse de lui.

Mais il se connaissait bien. Il allait passer la nuit à se tourner et se retourner en ressassant les mêmes questions, pour se réveiller avec une tête de déterré. Décidément, quelle vie de merde !

Il s'apprêtait à se déshabiller lorsque la lampe de la table basse s'alluma sur le visage enjoué de sa meilleure amie.

– Je t'attendais, lâcha-t-elle d'une voix d'outre-tombe digne des pires bandes-annonces de cinéma d'action.

– Rebecca, nom de Dieu ! tu m'as foutu une de ces frousses ! articula Jamie dans un murmure étouffé et les yeux exorbités, une chaussure interposée entre eux dans une attitude défensive.

Elle le dévisagea et éclata de rire, ce qui lui valut un regard noir.

– Pose ta chaussure, tout va bien se passer ! Oh, si tu voyais ta… ta tête ! bafouilla-t-elle avant de partir dans un fou rire.

Affichant un mépris sophistiqué, Jamie enfila son pyjama avant de sortir une bouteille d'eau du frigo. Il se glissa sous la couverture et attendit patiemment que Rebecca se calme enfin.

– Tu veux bien me dire ce que tu fabriques ici… à 2 heures du matin ? s'enquit-il en consultant sa montre.

– Je t'attends, quelle question.

– Mais pourquoi tu te planques dans le noir ?

– Oh ! ça… pour rien. J'avais envie de surgir de l'obscurité et de dire ça. C'est tellement cool quand ils le font dans les films, dit-elle avec un petit rire.

– Je suis ravi de t'avoir permis d'exaucer ton rêve, répliqua-t-il malicieusement tandis qu'elle le gratifiait d'un clin d'œil.

– À ce propos… Je ne suis pas la seule à avoir réalisé mon fantasme, ce soir, renchérit-elle d'une voix amusée.

Il lui lança un coussin avant de plonger la tête dans la couverture en maugréant.

– Pitié, non, Becca. C'était la cata.

– Quoi ? Mais pourquoi ?

En un clin d'œil, elle fut à son côté et le prit dans ses bras.

– J'en sais rien. Je n'aurais jamais dû y aller, murmura-t-il contre son épaule.

– Raconte-moi ce qui s'est passé, dit-elle en s'écartant pour le regarder dans les yeux.

Il se redressa face à elle et lui raconta la soirée depuis l'instant où il avait quitté la maison.

Il lui fit part de ses angoisses sur le chemin, de son envie de faire demi-tour, du talent de Logan sur scène, plus sexy et sublime que jamais, puis il lui raconta l'épisode du client qui lui avait payé un verre, de ses avances malvenues qui lui avaient permis d'apprendre que Logan était très « ouvert », et que, d'après ce client, Jamie n'était pas son genre. Il coupa court aux protestations de Rebecca en lui décrivant comment Logan avait interprété cette chanson d'une sensualité renversante en le transperçant de son regard brûlant, comment ses mains posées sur lui l'avaient apaisé, même si elles l'avaient aussi intimidé, parce qu'il avait peur que Logan sente à quel point il était différent des hommes qu'il choisissait habituellement.

Il cacha de nouveau son visage en esquivant le geste compatissant de Rebecca. Puis il lui décrivit la voix de Logan affirmant que sa beauté était une source d'inspiration, comment il n'y avait vu qu'un mensonge et s'était enfui sans un mot.

Rebecca le dévisageait attentivement, sans comprendre ce qui le mettait dans cet état. De toute évidence, ce Logan s'intéressait à lui. Pour une raison inconnue, Jamie était soit aveugle, soit totalement inconscient.

– Jamie, mon chou, pourquoi es-tu parti ? demanda-t-elle d'une voix douce.

– Mais… Becca, il séduit les hommes pour s'amuser. Et si tu avais vu l'autre type, tu aurais vite compris ce qu'il voulait dire quand il affirmait que je n'étais pas son genre. Il était costaud… grand, fort et viril… Tout ce que je ne suis pas. Pourquoi m'embêter alors que je sais à l'avance que ça va mal se finir ?

Il posa la tête sur les genoux de son amie, et Rebecca lui caressa les cheveux d'un geste apaisant.

– Mon chou, un homme tel que toi est du goût de tout le monde, crois-moi. Et Logan… je ne suis pas dans sa tête, mais je ne pense que tu ne devrais pas le rejeter aussi facilement. Tu devrais peut-être lui laisser une chance et apprendre à le connaître, suggéra-t-elle.

– Mais tu sais bien que je ne peux pas me permettre de jeter mon dévolu sur le premier venu. J'ai la responsabilité d'un enfant de cinq ans. Je n'ai pas le droit d'être aussi insouciant, soupira-t-il, exaspéré.

Il était tard, Jamie était fatigué et la soirée avait eu raison de ses dernières forces.

– Ce n'est pas ce que je te demande de faire. Mais ce n'est pas juste d'utiliser Damian comme excuse pour repousser les gens. Je comprends parfaitement qu'il passe en premier et qu'il te demande beaucoup de temps, mais lorsqu'un homme t'aimera vraiment, Jamie, il le comprendra. Il aura envie d'être là pour toi et pour Damian, avec toi et avec Damian. Et si cet homme, c'était Logan ? Ce serait dommage de ne pas lui laisser sa chance, non ?

Elle avait raison, comme à son habitude. Si Logan était l'homme qu'il lui fallait, il n'en voudrait pas à Jamie d'annuler leur rendez-vous si Damian tombait malade, et il serait là pour lui apporter un bol de soupe et le mettre au lit. Si Logan était la bonne personne, il n'hésiterait pas à récupérer Damian à la sortie de l'école, ou à préparer le dîner si c'était Jamie qui s'en chargeait.

Jamie avait une image très précise en tête. Les journées passées au parc, les soirées pelotonnés sous la couette devant un film, Damian entre eux, les histoires pour s'endormir que Logan terminerait à l'endroit où Jamie s'était assoupi.

Il en avait une image si précise qu'elle le terrifiait.

– Tu ne veux pas lui laisser une chance, Jamie ? insista Rebecca.

– Il me fait peur, répliqua-t-il d'une voix à peine perceptible.

– Pourquoi ?

– Je l'ai rencontré il y a une semaine à peine, et je m'imagine déjà me réveiller à côté de lui tous les matins. Je l'imagine sans problème récupérer le courrier dans notre boîte aux lettres, parce qu'on vit ensemble. J'imagine les fêtes d'anniversaire et les vacances d'été et les bisbilles pour décider ce qu'on va manger. Je me vois très bien l'aimer et ça me terrifie, lâcha-t-il tandis que deux sillons de larmes échappaient à son contrôle.

Rebecca le serra contre elle et murmura des mots apaisants jusqu'à ce qu'il recouvre son calme. Il avait les yeux mi-clos, l'air exténué, et elle se souvint qu'il se levait tôt le lendemain.

– Il passe à la boutique demain ?

– Oui. Qu'est-ce que je vais faire, Becca ? Je ne pourrai pas le regarder en face, dit-il en se prenant la tête dans les mains.

– Laisse-lui une chance, Jamie, dit-elle d'un ton ferme.

– Mais…

Elle l'interrompit en posant un doigt sur ses lèvres.

– Tu arrives à vous imaginer tous les deux ?

– Oui, mais…

– Et si c'était la même chose pour lui ?

Il ne répondit rien. Rebecca resta près de lui quelques instants encore, pour s'assurer qu'il n'allait pas protester une nouvelle fois, puis se leva pour regagner la porte.

– Bonne nuit, Boo. J'amènerai Damian à l'école, pour te permettre de dormir un peu plus. Fais de beaux rêves.

– Toi aussi, marmonna Jamie avant que le sommeil n'emporte ses inquiétudes.

« Et si c'était la même chose pour lui ? »

*

Logan appela le bureau le lendemain matin pour prévenir Cameron de son absence. Son frère poussa un petit sifflement admiratif et se mit à rire, jusqu'à ce que Logan lui raconte les événements de la veille et le comportement déroutant de Jamie.

– Logan, il est jeune et déjà écrasé par les responsabilités, raisonna Cameron. Je ne crois pas qu'il ait déjà connu de situation semblable. Laisse-le s'habituer à l'idée que quelqu'un a envie d'être avec lui. Et avec Damian.

Cameron espérait lui faire comprendre que Jamie n'était pas un jeune homme de vingt et un ans comme les autres que Logan pouvait traiter comme une passade.

– Tu crois qu'il hésite à cause de Damian ? demanda Logan, découvrant soudain la question sous un tout nouveau jour.

– J'en suis sûr. Réfléchis : il faudra que Jamie présente son amoureux à Damian, qui risque de s'attacher à lui. Si l'amoureux en question le quitte, il leur fera du mal à tous les deux. Et de ce que j'ai perçu de Jamie, il accepterait de souffrir, mais il ferait tout ce qui est en son pouvoir pour protéger Damian.

Logan se demanda un court instant depuis quand son frère était spécialiste de la petite enfance, puis il se souvint qu'il vivait avec une jeune bibliothécaire qui travaillait dans le primaire, et qui avait dû lui déteindre dessus.

Logan pressa le téléphone contre son oreille et écrasa son front contre la table de sa cuisine. Comment pouvait-il être aussi stupide ? Pour Jamie, Damian passerait toujours en premier, c'était évident. Le gosse avait beau être son frère, Jamie jouait un véritable rôle de père dans sa vie. Il devenait donc parfaitement logique qu'il reste sur ses gardes et qu'il tienne les hommes à distance pour éviter toute souffrance inutile à Damian comme à lui-même.

Mais Logan désirait Jamie. Tout chez lui le séduisait et l'intéressait. Damian y compris.

– Cam… j'ai envie d'être là pour eux deux. Aussi longtemps qu'il voudra de moi, souffla-t-il en priant pour que son frère le comprenne.

Il voulait faire partie de la famille recomposée de Jamie et de Damian, les protéger, les rendre heureux et les aimer.

– Alors dis-le lui. Fais-lui comprendre que tu es sérieux. Pour lui, mais aussi pour son frère. Damian est tout pour Jamie et, si tu n'es pas prêt à l'accepter, ne lui donne pas de faux espoirs. Il mérite mieux que ça.

– Il mérite ce qu'il y a de meilleur, Cam. Il est fabuleux, renchérit Logan en poussant un soupir.

– Alors donne-lui les moyens d'accepter que tu lui offres ce qu'il y a de meilleur, conclut Cameron, un rien moqueur.

Mais Logan savait bien que son frère était de tout cœur avec lui. Preuve en était son implication dans cette conversation. Cameron détestait tous les types avec qui Logan était sorti (traduction : avec qui il avait couché). Le seul fait qu'il traîne son frère de force pour rencontrer Jamie, qu'il lui donne ses coordonnées pour le contacter et qu'il prenne le temps de lui prodiguer des conseils pour l'approcher garantissait son entière foi en cette histoire, qui pour une fois était digne de son frère.

– Je ferai de mon mieux, Cam, promis, ajouta Logan d'une voix reconnaissante.

Un long silence éloquent s'installa à l'autre bout de la ligne, jusqu'à ce que Cameron reprenne la parole.

– C'est du sérieux. Il te plaît vraiment.

– Oui, Cam. Je n'ai jamais connu quelqu'un qui représente autant pour moi. Alors que je viens tout juste de le rencontrer, répondit-il avec franchise.

– Je suis heureux pour toi, frérot. Et je sais que ça devrait être l'inverse, que je devrais menacer Jamie de tous les maux du monde s'il te faisait du tort, mais, Logan, si tu lui fais du mal, ça ne sera vraiment, mais alors vraiment, pas beau à voir.

– Je ne lui ferai aucun mal, Cameron. Je veux juste son bonheur, affirma Logan d'une toute petite voix en priant pour que Jamie lui en laisse la possibilité.

– Alors file t'en occuper.

– D'accord. Merci de protéger mes arrières.

– T'inquiète. Fonce le chercher, lança Cameron en riant.

– Je vais essayer. À plus, Cam.

Il s'apprêtait à raccrocher, le doigt sur le bouton rouge de son téléphone, lorsqu'il entendit Cameron hurler à l'autre bout du fil :

– Et appelle pour donner des détails, don Juan !

– À PLUS, CAMERON !

*

La matinée de Jamie fut mouvementée, c'est le moins qu'on puisse dire.

Il n'avait pas l'habitude de se réveiller dans une maison vide et la tranquillité qui l'accueillit au réveil eut une curieuse tendance à le ralentir. Le bavardage de Damian et le petit déjeuner-pancakes lui manquaient, même s'il apprécia ces quelques heures de répit.

Il se doucha rapidement et se coiffa avec application. Après tout, c'était aujourd'hui qu'il voyait Logan.

Il choisit ses vêtements avec le même soin qu'il y mettait chaque matin : un jean serré de couleur rouge, un pull noir échancré et ses bottes montantes à lacets. Il s'enroula une écharpe noire autour du cou et se mit en route pour arriver au travail à une heure décente.

En arrivant, il trouva à Max un petit air satisfait.

– Bonjour, mon petit. Bonne soirée ? demanda-t-il.

Jamie s'immobilisa. Qui avait bien pu lui vendre la mèche ?

– Qui t'a dit quoi ? dit-il en haussant un sourcil.

– J'ai appelé chez toi hier soir pour prévenir que Mme Davenport annulait ce matin et qu'il te restait juste le rendez-vous avec l'avocat chic, et Rebecca m'a fait part d'une information des plus intéressantes : que tu étais de sortie avec l'avocat, expliqua Max non sans une pointe de fierté.

Jamie retint une grimace. Il était grand temps qu'il s'entoure de gens qui ne fourraient pas leur nez partout ! Et la trouille qu'il avait à l'idée que Logan était en route ne fit que croître lorsqu'il s'aperçut qu'il n'avait rien d'autre à faire ce matin-là que de prendre part à cette conversation parfaitement embarrassante.

– Va falloir que je me trouve d'autres amis, et un nouveau patron, avec l'option sourdine, lâcha Jamie en accrochant son sac et son manteau derrière la porte.

– En attendant, tu es coincé avec ceux que tu as, je t'invite donc à passer à confesse.

Sachant que toute résistance était futile, Jamie poussa un soupir et capitula. Il lui donna toutefois la version édulcorée : il était allé écouter le groupe de Logan sur scène, ils avaient un peu discuté, il était rentré chez lui, ils étaient amis, et basta.

Le vieil homme lui lança un regard lourd de soupçons. Jamie s'éloigna sans un mot pour trouver de quoi tuer les deux heures qui le séparaient de l'arrivée de Logan.

Max attendit qu'il soit hors de portée avant de grommeler :

– À mon époque, on ne déshabillait pas mentalement ses « amis ».

Trente minutes avant l'heure d'arrivée prévue de Logan, Jamie faisait les cent pas. Depuis qu'il avait franchi le seuil de la boutique, il avait réarrangé tout son matériel de dessin, plié les échantillons que Marty lui avait livrés à l'ouverture du magasin (elle devait avoir un sixième sens en béton, parce qu'elle s'était pointée au moment où il retournait la pancarte « ouvert »), disposé des magazines de mode sur les étagères, lavé les vitres et proposé à Max d'aller vérifier que son vélo était bien attaché.

À ce stade, le vieil homme l'avait agrippé et assis de force à côté de son bureau, et lui avait mis un crayon entre les mains en lui intimant l'ordre de ne plus bouger.

Comme à son habitude, il s'était immergé dans ses croquis au point d'en oublier le monde alentour. Il plancha sur son canevas jusqu'à obtenir l'ébauche assez prometteuse d'un costume de couleur bordeaux.

C'est ainsi que Logan le surprit en arrivant.

Il pénétra dans l'atelier sur l'invitation de Max et manqua de défaillir à la vue de sa nuque couleur crème et de ses jambes séduisantes dans leur enveloppe rouge. Il sentit la fureur bouillir dans ses veines en imaginant le nombre de regards avides qui avaient glissé sur ce corps sublime qui lui appartenait, avant de se reprocher son attitude de psychopathe.

Il parcourut rapidement l'espace qui les séparait et jeta un œil par-dessus l'épaule de Jamie avant de sourire en découvrant que le modèle du croquis de Jamie avait les cheveux bouclés. Il était heureux de constater que l'homme qui lui occupait l'esprit pensait également à lui.

– Tu avais vu juste, le bordeaux me va bien.

Jamie bondit de sa chaise en poussant un cri et se heurta la hanche contre l'angle d'un placard. Logan regretta aussitôt de l'avoir fait sursauter.

Il détestait l'idée que sa peau diaphane ait une contusion à cause de lui.

– Logan ! Salut. Tu m'as fait peur, haleta Jamie en se frottant la hanche, ce dont Logan se serait volontiers chargé.

– Je suis désolé, ça n'était pas mon intention. Max m'a dit d'entrer, dit-il doucement pour rassurer Jamie.

Il avait beau trouver cela charmant, Logan aurait bien aimé que sa présence rende Jamie moins nerveux.

– Ce n'est pas grave. J'étais juste en train de faire un croquis, dit-il en essayant maladroitement de cacher le dessin de Logan.

– C'est drôlement réussi. C'est pour moi, non ? interrogea Logan d'une voix taquine.

– Euh… Oui, celui-ci est pour toi, confirma Jamie en ressortant le dessin que Logan avait entraperçu en arrivant.

– J'adore !

Max avait eu raison. Rien qu'à l'état de croquis, le résultat était remarquable.

– Je n'ai pas encore fini, protesta Jamie avec un petit sourire qui combla Logan plus que de raison.

Logan partait du principe que parler boutique le mettrait plus en confiance qu'une discussion aux accents plus personnels avec un homme transi d'amour rencontré sept jours plus tôt.

– C'est déjà magnifique, ça se voit. On prend mes mesures ? lança Logan en prenant une pose ridicule, jambes écartées, les bras vers le ciel.

Jamie l'observa d'un air amusé et sentit la tension de la veille quitter lentement son corps.

– Oui, on va prendre tes mesures. Mais tu peux te tenir normalement. Je te dirai s'il faut que tu bouges.

Il s'empara du mètre ruban dans le tiroir de son bureau tandis que Logan se réjouissait du ton moins las, et de nouveau plus piquant, de Jamie.

Ce dernier s'approcha avec prudence, comme s'il s'attendait à voir bondir Logan, et déroula le ruban le long de son corps.

Logan fit de son mieux pour garder son calme tandis que les bras fins de Jamie l'entouraient pour mesurer son torse, réprimant de justesse un soupir lorsque ses doigts fragiles effleurèrent ses fesses en descendant le long de ses jambes.

Il était persuadé qu'il allait encore une fois se couvrir de ridicule devant le jeune tailleur.

Mais il se tint coi et, en un clin d'œil, les mesures furent notées et le ruban rejoignit le petit carnet griffonné de chiffres dans le tiroir.

Tout le temps qu'avait duré leur proximité, Jamie avait retenu sa respiration pour éviter d'inspirer le parfum étourdissant de Logan. Être si près de lui était suffisamment difficile. Plus il passait du temps en sa compagnie, sans revenir sur l'épisode de la veille, plus il sentait ses nerfs se détendre. Logan avait dû se rendre compte que Jamie ne l'attirait pas tant que ça et, si douloureux que ce soit, c'était sans doute plus simple ainsi.

– Et voilà. Le patron devrait être prêt dans un jour ou deux, et je t'enverrai la version finale par e-mail pour que tu la valides. Après, je te préviendrai pour les essais, OK ?

Tout s'était passé trop vite et Jamie était d'un professionnalisme frustrant, pour le plus grand désespoir de Logan, qui mourait d'envie de le prendre dans ses bras pour le supplier de lui laisser une chance.

Lorsque Jamie lui tourna le dos pour remettre de l'ordre sur son bureau tout en s'adressant à Max à travers la lourde tenture, Logan comprit qu'il devait prendre congé. Il fallait agir, et tout de suite.

– Très bien, c'est parfait. Écoute, Jamie, je voulais te proposer de dîner avec moi après le travail, lança-t-il avec autant d'assurance qu'il put en rassembler, déterminé à parler à Jamie et à raviver toute lueur d'espoir.

Les épaules de Jamie se raidirent aussitôt la question sortie de sa bouche, mais Logan était bien décidé à ne pas le laisser fuir.

– Euh… il faudra que j'aille chercher Damian, répondit Jamie le cœur serré.

Il mourait d'envie de dîner avec Logan mais, une fois n'est pas coutume, sa peur le paralysait sur place. Fort heureusement, il avait une excuse valable.

– Oh ! très bien. Alors un autre jour ? insista Logan, bien déterminé à tenir bon.

– Logan, je ne sais pas si je vais pouvoir…

– Tu peux prendre le reste de la matinée et aller déjeuner, Jamie, il n'y a aucun rendez-vous cet après-midi, intervint Max en gratifiant Logan d'un clin d'œil, et mettant par la même occasion un terme à la piètre tentative de Jamie de décliner l'invitation.

Que ces cinquante et quelques années et plus soient maudites s'il laissait Jamie passer à côté d'une rencontre si prometteuse et d'un jeune homme qui le regardait avec des étoiles dans les yeux !

Logan sourit au vieil homme. Jamie avait effectivement besoin d'un coup de pouce pour accepter son invitation et, s'il ne prenait pas les choses en main, ce dernier finirait toujours par trouver une bonne excuse. Logan s'approcha de lui et lui prit la main.

– Génial. Je connais un super petit restaurant à deux pas d'ici, poursuivit-il en entrelaçant ses doigts avec ceux de Jamie et en le tirant vers la porte.

– Je… je ne peux pas, protesta Jamie en rougissant furieusement.

– Si tu n'y vas pas, je te licencie ! menaça Max en le chassant d'un geste vers la porte.

Jamie poussa un soupir en se laissant entraîner vers la rue animée par l'homme qu'il désirait et redoutait le plus.

Logan attendit un instant que Jamie ait enfilé son manteau avant de serrer de nouveau ses doigts entre les siens avec douceur. Il désirait lui ôter tout sentiment de peur.

Ils remontèrent plusieurs pâtés de maisons en silence, Logan serrant la main de Jamie et ce dernier résistant à l'envie de se pelotonner contre lui pour lui subtiliser un peu de force et de chaleur.

– J'espère que tu n'es pas venu juste pour sauver ton job, dit Logan en lui souriant.

Ils venaient de s'installer au fond d'un adorable petit restaurant dont Jamie ignorait complètement l'existence.

Le décor, dans les tons brun et beige, était mis en relief par quelques détails d'un vert profond, donnant l'impression d'être chez quelqu'un. Jamie se décontracta imperceptiblement. Un déjeuner n'allait pas le tuer et peut-être que Logan voulait qu'ils soient amis, dans ce cas c'était parfait, non ?

– Ça, et la perspective de déjeuner à l'œil, bien sûr.

Jamie s'en remettait à son ton sarcastique pour maintenir Logan à une distance amicale, à la différence près qu'il sentait désormais l'attirance du jeune avocat.

– Mais dites-moi, monsieur Maddison, je n'ai jamais précisé que j'allais payer.

– L'addition est comprise dans l'invitation, c'est une évidence, riposta Jamie en le gratifiant d'un clin d'œil qui le laissa aux prises avec les monstres ailés qui tourmentaient son estomac.

Des papillons dans le ventre, mon cul ! songea Logan en priant pour que son cœur tienne le coup. Il savait que Jamie se protégeait en campant son personnage bravache et aguicheur, mais ne pouvait s'empêcher d'admirer ce pan de sa personnalité.

– J'aime à penser que je suis un homme moderne. Ce n'est pas parce que j'ai lancé l'invitation que je suis censé payer, poursuivit Logan en souriant.

– Donc, si je comprends bien, au lieu de nous chamailler pour savoir qui va payer, comme le font habituellement les gens qui déjeunent ensemble, on se bat pour ne pas payer, souligna Jamie.

Il se rendit compte que son sourire ne procédait plus d'un mécanisme de défense, mais venait simplement répondre à celui, rayonnant, que lui avait adressé Logan.

– Exactement. Je savais bien qu'il y avait quelque chose entre nous, lança Logan joyeusement.

Le sourire de Jamie s'évanouit aussitôt et il recula sur son siège comme s'il essayait de mettre le plus de distance possible entre eux.

– Logan…

Logan sentit sa gorge se serrer en découvrant la tristesse dans son regard et le léger tremblement qui accompagnait sa voix.

Il avait l'air tellement fragile que Logan eut envie de le prendre dans ses bras pour le rassurer mais, pour l'heure, il lui fallait dire ce qu'il avait sur le cœur.

– Jamie, je t'en prie, écoute-moi, implora-t-il. Je sais qu'on vient tout juste de se rencontrer, mais tu me plais beaucoup. J'espérais pouvoir transformer ce déjeuner en espèce de rendez-vous galant, et, avant que tu poses la question, oui, habituellement c'est moi qui paie, dans ces cas-là, conclut-il d'une traite en espérant que son trait d'humour le détendrait.

Jamie le dévisageait d'un air incrédule.

– Mais… je ne suis même pas…, balbutia-t-il en se rappelant l'inconnu du bar.

– Même pas quoi ? s'enquit Logan avec douceur.

« Pas intéressé » ? Logan pria pour que la réponse soit tout autre.

– Je… je croyais que je n'étais pas ton genre, lâcha Jamie dans un murmure à peine perceptible.

Logan écarquilla les yeux d'un air atterré. Depuis quand le plus bel homme au monde n'était pas son genre ? Ça sortait d'où, cette histoire ?

– Mais, Jamie, comment as-tu pu penser une chose pareille ? Tu es unique, affirma-t-il avec force.

Jamie se contenta de balayer négligemment le compliment. Logan détestait qu'il ait une si piètre opinion de lui-même.

– C'est faux. C'est un client du bar qui m'a dit ça et il avait l'air de te connaître, alors…, lâcha-t-il en haussant les épaules et en détournant le regard.

– Quel client ? Attends, c'est pour ça que tu es parti précipitamment hier soir ?

– Peut-être… j'ai pensé… je ne sais pas, bredouilla Jamie.

Il ne savait plus quoi dire. Il avait peur de dévoiler ses sentiments à Logan, et pourtant ce dernier avait l'air sincèrement bouleversé de ce qu'on avait pu lui raconter.

– Il t'a dit quoi ? insista Logan.

La serveuse interrompit leur conversation en déposant les boissons sur la table. Elle prit leur commande, Logan dictant la sienne d'un air absent, et repartit aussitôt.

– Au départ, je crois qu'il me draguait, commença Jamie. Et puis… il a vu que je te regardais… et il m'a dit que je ferais mieux d'oublier parce que tu aimais un style d'hommes différents et…

La phrase resta en suspens dans les airs, Jamie rechignant à dire explicitement à Logan qu'il avait bien compris qu'il couchait à droite et à gauche.

Le cœur de Logan se gonfla de joie en apprenant que Jamie l'avait dévoré des yeux sur scène, mais pour qui se prenait l'autre espèce de connard ? Il ne savait absolument rien des goûts de Logan. De toute évidence, Jamie ne lui disait pas tout.

– Et… ?

– Je n'ai pas vraiment envie de le répéter, se défendit Jamie.

– Je ne t'obligerai pas à le répéter, mais j'aimerais savoir ce qu'il a dit qui t'a fait penser que tu ne m'intéresserais pas. Parce que c'est absurde, lâcha Logan d'un air détaché.

Jamie, le visage écarlate, le dévisagea attentivement en se tortillant sur sa chaise.

– Il a affirmé que tu aimais les hommes comme lui… parce que toi et lui… enfin, tu sais, et que tu aimais les hommes comme lui.

D'un mouvement des bras, il dessina une silhouette d'une grande envergure, avec l'atroce impression que les mots « aucune expérience » clignotaient sur son front.

Logan étouffa un hoquet de surprise et agrippa les accoudoirs de sa chaise. Il savait parfaitement ce que Jamie voulait dire : il avait dû coucher avec ce type, qui devait correspondre aux critères d'une aventure sans lendemain. Il n'avait jamais autant détesté son style de vie.

– Jamie, je…, commença-t-il, mais le jeune homme l'interrompit en levant la main.

– Logan, tu n'as pas à te justifier, dit-il sincèrement.

C'était la vie de Logan et ses choix lui appartenaient.

– Je sais, mais je veux juste que tu saches qu'il a menti. Même si j'ai couché avec lui, ça ne veut absolument pas dire qu'il représente mon type d'hommes. Ce n'est pas par hasard si je suis assis au restaurant avec toi. J'admets que j'ai parfois fait des choix discutables, mais j'ai toujours su que le jour où je rencontrerais l'homme avec qui j'avais envie de partager ma vie, je ferais de mon mieux pour prendre soin de lui. Et quand je t'ai vu… je n'avais jamais vu quelqu'un d'aussi beau, honnêtement. Et puis je t'ai parlé, j'ai découvert que tu étais adorable, drôle et intelligent. Quand je t'ai vu avec Damian, je me suis rendu compte à quel point tu étais attentionné, responsable et dévoué. Jamie… tu es exceptionnel et… je voudrais avoir la chance de te le prouver, dit-il avec un regard si intense que Jamie sentit son cœur gonfler de désir.

– Logan… je ne sais pas… Tu me plais aussi, je ne vais pas le nier, mais… Ma vie n'est vraiment pas simple, avec mon boulot, Damian et tout ça. Je ne peux pas me permettre de m'amuser avec quelqu'un comme ça, affirma-t-il en levant les yeux vers Logan pour la première fois depuis le début de la conversation.

– Ce n'est pas ce que je te propose. Bon sang ! tu vas me trouver flippant, mais j'ai l'intuition qu'on est faits pour être ensemble. Je veux être là, pour toi et pour Damian. Je veux que tu puisses te reposer sur moi, que tu sois en sécurité, et heureux. Je sais que tu ne me feras pas confiance d'emblée, et je suis prêt à prendre les choses aussi lentement que tu le voudras, du moment que tu donnes une chance à tout ça, à nous.

Il baissa les yeux et contempla son assiette, surpris de la trouver là sans savoir quand elle était arrivée sur la table.

– D'accord…, lâcha enfin Jamie.

Il eut aussitôt l'impression que son corps se mettait à fredonner de joie et de gratitude. Il savait bien qu'il finirait par céder. De toute façon, son sort avait été scellé dès que Logan avait prononcé le prénom de Damian.

– D'accord ? répéta Logan.

Son cœur battait à tout rompre et il se mit à sautiller sur sa chaise dans une attitude enfantine qui fit rire Jamie.

– Oui… mais… lentement, OK ? insista-t-il en mordillant nerveusement sa lèvre inférieure, comme s'il n'en revenait pas lui-même d'avoir donné son accord.

– À ton rythme, c'est promis, le rassura Logan avec un large sourire.

Jamie hocha la tête et empoigna sa fourchette pour attaquer son déjeuner. Logan, à l'instant le plus heureux des hommes, n'osa plus poser de questions avant la fin du repas.

Pendant la demi-heure qui suivit, ils parlèrent de tout et de rien, jusqu'à ce que Jamie doive aller récupérer Damian à l'école. La serveuse apporta l'addition, que Logan régla parce que, oui, c'était en quelque sorte un rendez-vous galant.

Ils regagnèrent main dans la main la voiture de Jamie, qui avait du mal à maîtriser sa respiration.

Ils échangèrent leurs numéros de téléphone, et Logan l'embrassa délicatement sur la joue en promettant de l'appeler.

Jamie resta planté devant sa voiture, la peau frissonnant encore du baiser de Logan tandis que son cœur battait la chamade, plein de désir, d'espoir, et de ce qui ressemblait à de l'amour… Peut-être. Comment savoir, sans point de référence ?

Il se secoua pour sortir de sa langueur et prit place au volant. Il quitta le parking en se concentrant attentivement sur sa conduite.

Il traversait lentement les rues de Fairfield en se demandant dans quel pétrin il était allé se fourrer lorsque son téléphone sonna.

9

La ronde des textos

À : Jamie (14 h 05)
Je vérifie juste que tu m'as pas donné un faux numéro pour te débarrasser de moi ;)

À : Jamie (14 h 34)
Jamie ?

À : Jamie (14 h 45)
Oh non, tu m'as vraiment refilé un faux numéro :(

À : Logan (14 h 53)
Logan… j'étais au volant.

À : Jamie (14 h 55)
Ah… parfait… Comme ça, je passe vraiment pour un psychopathe !

À : Jamie (15 h 08)
Mais mon côté flippant fait tout mon charme…

À : Logan (15 h 11)
Pardon, pardon… je sortais les courses de la voiture.

À : Logan (15 h 11)
Je ne sais pas si « charme » est le bon mot, mais…

À : Jamie (15 h 13)
C'est pas très sympa.

À : Logan (15 h 15)
Désolé.

À : Jamie (15 h 17)
Tu serais pas un peu hautain, là ?

À : Logan (15 h 23)
Quoi ? Mais non.

À : Jamie (15 h 23)
Vos messages dégoulinent de dédain, môssieur.

À : Logan (15 h 25)
Je ne vois pas du tout de quoi tu parles. Il y a zéro arrogance chez moi.

À : Jamie (15 h 25)
Menteur.

À : Logan (15 h 27)
Donc, en plus d'être hautain, je suis un menteur ? Merci. Ça me touche.

À : Jamie (15 h 30)
Ouais, mais regarde les choses du bon côté.

À : Logan (15 h 32)
Parce qu'il y a un bon côté ?

À : Jamie (15 h 34)
Évidemment.

À : Logan (15 h 35)
OK… éclaire ma lanterne. Quel est le bon côté ?

À : Jamie (15 h 37)
Tu es un menteur arrogant d'une rare beauté.

À : Logan (15 h 42)
Logan… je croyais qu'on y allait doucement.

À : Jamie (15 h 45)
Il n'y a aucun mal à faire des compliments.

À : Jamie (15 h 48)
Mais si ça te met mal à l'aise, tu me dis, et j'arrête tout de suite.

À : Logan (15 h 50)
Non… je ne suis pas habitué, c'est tout.

À : Jamie (15 h 52)
Alors je ferai de mon mieux pour t'y habituer. Tu le mérites.

À : Logan (15 h 56)
Je vais préparer le goûter de Damian.

À : Jamie (15 h 58)
Je peux t'écrire un peu plus tard ?

À : Logan (16 h 00)
Oui, avec plaisir.

À : Jamie (16 h 02)
Super. Embrasse-le pour moi. À plus tard.

À : Logan (16 h 03)
Bye, Logan.

Mardi

À : Jamie (7 h 22)
Bonjour, mon beau !

À : Logan (7 h 15)
Bonjour, Logan.

À : Logan (7 h 28)
Il te fallait quelque chose ?

À : Jamie (7 h 30)
Non… Je voulais juste te dire bonjour avant de partir au bureau :)

À : Logan (7 h 32)
Oh ! c'est gentil. Faut que je file moi aussi.

À : Jamie (7 h 34)
À plus tard.

À : Jamie (13 h 03)
Je suis génial !

À : Logan (13 h 06)
Euh…

À : Jamie (13 h 08)
J'avoue que je m'attendais à une réaction plus enthousiaste.

À : Logan (13 h 11)
Désolé… je n'ai pas une grande expérience des gens qui découvrent leur génie.

À : Jamie (13 h 13)
Tu aurais pu faire semblant :(

À : Logan (13 h 17)
Oh… euh… tu veux qu'on recommence ?

À : Jamie (13 h 20)
S'il te plaît.

À : Logan (13 h 22)
OK, je vais m'appliquer.

À : Logan (13 h 30)
Logan ?

À : Jamie (13 h 32)
Je laisse passer un peu de temps pour ménager l'effet de surprise !

À : Jamie (13 h 34)
Ah d'accord. Bon, quand tu veux.

À : Jamie (13 h 50)
Je suis génial !

À : Logan (13 h 53)
Vraiment ? Qu'est-ce qui t'a fait prendre conscience de ce fait exceptionnel ? Sans doute un événement/une

idée/une décision hors du commun que j'ai hâte de connaître.

À : Jamie (13 h 56)
Beaucoup mieux.

À : Logan (14 h 00)
Merci, en cas de besoin, je ne bouge pas de la semaine.

À : Jamie (14 h 02)
J'espérais que tu resterais un peu plus longtemps que ça ;)

À : Logan (14 h 04)
Bref ! Tu me parles de ta découverte de génie, oui ou non ?

À : Jamie (14 h 07)
Oh, ça… bon… eh bien, j'ai aidé Cameron à résoudre une affaire particulièrement corsée (avec une idée géniale, si je puis me permettre), mais comme il n'a pas fait preuve de suffisamment d'admiration, j'ai décidé de la quérir ailleurs. Tu as bien réagi.

À : Logan (14 h 08)
Tu m'en vois ravi.

À : Jamie (14 h 09)
Encore une fois, tu es méchant :(

À : Logan (14 h 11)
:P Je vais chercher Damian à l'école. À+ ?

À : Jamie (14 h 13)
À+, mon beau.

À : Jamie (20 h 34)
Bon, je devrais être content, ça me fait une excuse pour t'écrire : Luke et Tyler ont des ennuis.

À : Logan (20 h 37)
Oh non ! Qu'est-ce qui se passe ?

À : Jamie (20 h 40)
Du calme, ça n'est pas une question de vie ou de mort.

À : Logan (20 h 42)
Logan… accouche ! Qu'est-ce qui s'est passé ?

À : Jamie (20 h 44)
Leur tailleur a foiré les costumes. Ils sont atroces.

À : Logan (20 h 46)
JE CROYAIS QUE ÇA N'ÉTAIT PAS UNE QUESTION DE VIE OU DE MORT !

À : Jamie (20 h 48)
Euuuuh…

À : Logan (20 h 50)
DONNE-MOI LEURS NUMÉROS ! MAIS QUELLE INCOMPÉTENCE ! CERTAINES PERSONNES DEVRAIENT ÊTRE INTERDITES DE TRAVAIL. JE VAIS M'OCCUPER DE LEURS COSTUMES. DONNE-MOI LEURS NUMÉROS.

À : Jamie (20 h 52)
Mais… mais… et mon costume à moi ? Il va se sentir abandonné et trahi et insignifiant…

À : Logan (20 h 55)
J'attends les numéros, Logan !

À : Jamie (20 h 56)
OK, OK, je te les envoie…

À : Logan (21 h 57)
Je pense qu'on va pouvoir survivre à ce cataclysme.

À : Jamie (22 h 00)
Comment ça ?

À : Logan (22 h 02)
Ils passent à la boutique vendredi pour que je prenne leurs mesures et je vais m'en occuper. Ils m'ont envoyé un e-mail avec la photo des costumes (enfin si on peut appeler ces abominations des « costumes »). J'ai frôlé la syncope.

À : Jamie (22 h 35)
C'est ça qui t'a occupé pendant une heure ? Tu as failli me manquer.

À : Logan (22 h 37)
Ha ha ha ! non… j'ai d'abord mis Damian au lit, et puis je leur ai parlé une vingtaine de minutes. Ils sont super.

À : Jamie (22 h 39)
Je croyais que c'était moi ton préféré :(

À : Logan (22 h 41)
Je n'ai pas encore tranché (j'aime les marguerites, le chocolat noir et les foulards :P)

À : Jamie (22 h 43)
Essaierais-tu de me faire acheter ton affection, Jamie ?

À : Logan (22 h 45)
Je croyais cette question clarifiée depuis que j'avais décroché mon déj gratos :P

À : Jamie (22 h 47)
Je vois. Bon, le déj en question était plutôt agréable. Je m'occupe des pots-de-vin ;)

À : Logan (22 h 50)
À la bonne heure. Bon, il faudrait que je dorme. Je commence tôt demain. Bonne nuit, Logan.

À : Jamie (22 h 52)
Bonne nuit, mon beau !

À : Logan (22 h 57)
Logan, je peux te poser une question ?

À : Jamie (22 h 59)
Tout ce que tu veux.

À : Logan (23 h 02)
Pourquoi tu m'appelles comme ça ?

À : Jamie (23 h 04)
Mon beau ?

À : Logan (23 h 05)
Oui.

À : Jamie (23 h 06)
Parce que tu es beau.

À : Logan (23 h 08)
Je ne trouve pas… mais merci quand même.

À : Jamie (23 h 10)
Et si tu me croyais sur parole ? N'oublie pas que je suis âgé et sage, hein :)

À : Logan (23 h 12)
Mouais. OK… Bonne nuit !

À : Jamie (23 h 14)
Fais de beaux rêves, mon beau.

À : Logan (23 h 15)
Toi aussi, Logan.

Mercredi

À : Jamie (08 h 20)
Bonjour, mon beau !

À : Logan (08 h 22)
M'en parle pas.

À : Jamie (08 h 23)
Ça ne va pas ?

À : Logan (08 h 25)
On peut passer directement à demain ? Aujourd'hui est tout pourri.

À : Jamie (08 h 27)
Tu veux m'en parler ? Enfin... m'expliquer par écrit ?

À : Logan (08 h 31)
Beurk... Je me suis réveillé à la bourre, Damian a raté le bus scolaire, il a fallu que je le dépose et j'étais en retard à l'atelier, Max a oublié de commander les boutons pour ton costume, et, cerise sur le gâteau, le tissu en soie que j'allais utiliser pour les costumes de Luke et Tyler est en rupture de stock...

À : Jamie (08 h 33)
Effectivement, c'est tout pourri. Mais tu sais quel est le comble pour un couturier ?

À : Jamie (08 h 35)
De perdre le fil !

À : Logan (08 h 37)
Logan, tu viens de me faire une blague de couturier ?

À : Jamie (08 h 39)
Tout à fait.

À : Logan (08 h 40)
J'arrive pas à y croire.

À : Jamie (08 h 42)
C'était pour te remonter le moral.

À : Logan (08 h 44)
Je sais, et je t'en remercie. Mais une blague de couturier ?

À : Jamie (08 h 47)
Que veux-tu, mes voies sont impénétrables.

À : Logan (08 h 49)
Je croyais que c'était celles du Seigneur.

À : Jamie (08 h 51)
Exactement :P

À : Logan (08 h 53)
Ça a marché, un peu. Merci.

À : Jamie (08 h 57)
Je t'en prie, mon beau.

À : Logan (08 h 57)
Il faut que je m'y remette. J'ai un milliard de trucs à faire.

À : Jamie (08 h 59)
Tu es libre en fin d'après-midi ?

À : Logan (09 h 02)
Malheureusement, non. Damian va à une fête d'anniversaire vendredi et je lui ai promis de m'occuper des cadeaux.

À : Jamie (09 h 04)
Oh, OK. Je voulais te proposer un dîner, mais amuse-toi bien avec le ninja.

À : Logan (09 h 07)
HA ! Il va adorer que tu l'appelles comme ça ;)

À : Jamie (09 h 10)
Tu vas lui dire ?

À : Logan (09 h 14)
Oui.

Si ça ne t'ennuie pas… mais je ne suis pas obligé… si ça te pose un problème ou quoi que ce soit…

À : Jamie (09 h 18)
Tu es mignon quand tu bafouilles (même par texto). Tu peux tout à fait le lui dire. Tu sais qu'il compte autant que toi pour moi.

À : Logan (09 h 20)
Je te raconterai. Il faut vraiment que je file. Je vais essayer de sauver les meubles.

À : Jamie (09 h 23)
Bonne chance… ça va s'arranger.

À : Logan (09 h 25)
J'espère. Bye !

À : Logan (13 h 23)
Merci.

À : Jamie (13 h 25)
Pour quoi ?

À : Logan (13 h 28)
Oh… désolé… j'ai cru… c'est délicat… On recommence.

À : Logan (13 h 29)
Salut, Logan.

À : Jamie (13 h 32)
Salut, Jamie.

À : Logan (13 h 34)
Qu'est-ce que tu fais de beau ?

À : Jamie (13 h 37)
J'attends de voir si le mec sublime à qui j'ai fait livrer des marguerites les a bien reçues.

À : Logan (13 h 40)
C'était bien toi ? J'ai vraiment cru passer pour un imbécile. C'est toi le méchant, pas moi.

À : Jamie (13 h 42)
Pardon… J'étais en train de t'imaginer rougir, et c'est tellement adorable que je n'ai pas pu m'empêcher.

À : Logan (13 h 44)
Depuis quand rougir, c'est adorable ?

À : Jamie (13 h 46)
À toi de me le dire. Ça marche uniquement quand c'est toi qui le fais.

À : Logan (13 h 48)
J'y réfléchis dès que j'ai une minute.

À : Jamie (13 h 50)
Je me porte volontaire pour te faire rougir, si ça peut t'aider à réfléchir.

À : Logan (13 h 52)
Trop aimable. Il faut que je file chercher des tissus avant la sortie de l'école. Merci pour aujourd'hui.

À : Jamie (13 h 54)
Je t'en prie, mon beau.

Jeudi

À : Logan (08 h 13)
Bonjour ! Tu crois que tu pourrais passer à la boutique avec Luke demain ? J'aimerais que tu voies le croquis final et le tissu.

À : Jamie (08 h 15)
Humm… si tu acceptes un déjeuner dans la foulée, je pourrais me laisser persuader.

À : Logan (08 h 17)
Je dépose Damian chez son copain vers 16 h. C'est pas trop tard pour toi ?

À : Jamie (08 h 20)
Je te vois deux fois le même jour, je ne vais pas me plaindre.

À : Logan (08 h 22)
OK pour le déj en tête à tête.

À : Logan (08 h 23)
Enfin, quand je dis tête à tête…

À : Logan (08 h 25)
OK pour le déjeuner-goûter-dîner, je veux dire.

À : Jamie (08 h 27)
Un tête à tête, ça me plaît bien.

À : Logan (08 h 29)
D'accord… alors très bien.

À : Jamie (08 h 31)
Malheureusement, j'ai un RDV (le 1er d'une longue liste aujourd'hui – horreur & damnation). Je peux t'écrire plus tard ?

À : Logan (08 h 34)
Avec plaisir, oui.

À : Jamie (22 h 23)
Tu es encore debout ?

À : Logan (22 h 34)
Oui... la soirée a été difficile.

À : Jamie (22 h 37)
Ah, mince ! Que s'est-il passé ?

À : Logan (22 h 40)
Damian a fait un cauchemar. Il a aperçu des bouts d'un film d'horreur pendant que je préparais le dîner. Ça l'a fait flipper.

À : Jamie (22 h 42)
Pauvre petit gars. Question bête : je peux faire quelque chose ?

À : Logan (22 h 44)
C'est pas bête, c'est gentil. Tu peux me garder éveillé suffisamment longtemps pour que je termine le croquis du costume de Luke. Ça ne serait vraiment pas pro si je n'avais rien quand il passe à la boutique demain.

À : Jamie (22 h 47)
Pourquoi c'est seulement Luke qui passe ? Tu ne fais pas le costume de Tyler ?

À : Logan (22 h 50)
Mais je ne vais pas les laisser voir leurs costumes respectifs avant la cérémonie, quand même !

À : Jamie (22 h 52)
À en juger le ton de ton texto, je pencherais en faveur du non.

À : Jamie (23 h 03)
Jamie ?

À : Logan (23 h 05)
Pardon. Me suis endormi. Journée épuisante.

À : Jamie (23 h 07)
Va dormir, Jamie. Luke ne se formalisera pas pour un croquis inachevé. Mais il se formalisera si je lui botte les fesses parce que tu es fatigué à cause de lui.

À : Logan (23 h 10)
D'acc.

À : Jamie (23 h 13)
Fais de beaux rêves, mon beau. À demain. Je t'embrasse.

10

Vertige des sens

Le vendredi matin, Jamie se réveilla tout endolori. Il ouvrit péniblement un œil en entendant son réveil et tressaillit en sentant une pointe fichée dans sa hanche et un objet en plastique encastré dans son cou.

Il s'étira pour se sortir de sa torpeur.

Plongeant la main sous les draps, il extirpa un crayon à papier planté si profondément dans sa peau qu'il avait dû griffonner sur ses os. L'hématome virant au bleu, vert et violet qu'il s'était fait en heurtant la table à l'arrivée de Logan n'arrangeait pas la situation.

Grimaçant de douleur, il baissa l'élastique de son pyjama pour inspecter les dégâts. Le bleu était désormais agrémenté d'une marque de la forme du crayon et d'une vilaine griffure, qui lui faisait un mal de chien.

Il remit son pyjama en poussant un soupir et entreprit d'extraire le téléphone portable de sous son cou.

Il inspecta sa nuque du bout des doigts et constata que le téléphone avait laissé la trace des touches et de sa forme sur sa peau.

Dépité, il jeta un œil fatigué sur sa chambre et s'aperçut que le croquis du costume de Luke ainsi qu'un classeur contenant ses dessins jonchaient le sol.

Se maudissant d'avoir dormi comme une masse, il souleva son téléphone pour consulter l'heure et tomba sur le dernier texto de Logan.

Son estomac se mit à tourbillonner en redécouvrant le « mon beau » auquel Logan tenait tant, et il fit glisser son pouce sur la surface froide de l'écran, caressant le mot qui le faisait se sentir à ce point spécial.

Il se remémora la conversation à bâtons rompus qu'il avait eue avec Rebecca depuis qu'il avait dit « D'accord » à Logan.

– J'ai déjeuné avec Logan, aujourd'hui, lâcha Jamie, tandis que son amie s'affairait dans la cuisine pour le dîner.

– QUOI ?

Elle sursauta, pivota sur les talons et le gratifia d'un regard éberlué qui le fit frémir.

– On s'est retrouvés après le boulot…, commença-t-il, mais elle l'interrompit d'un cri suraigu qui fit trembler les vitres.

– Raconte !

Elle éteignit le four et s'assit en face de lui, abandonnant les prémices de leur dîner au profit de l'histoire du bel avocat.

– Il n'y a pas grand-chose à dire… On a discuté, il m'a demandé de lui laisser sa chance et…

Elle l'interrompit d'une claque sur l'arrière de la tête, comme elle faisait au lycée pour lui signifier qu'il était stupide, habitude qu'il détestait tout particulièrement.

– Et tu as répondu non, bougre d'imbécile, je parie ! Après tout ce qu'on s'est dit, et après toutes tes jérémiades sur le fait que tu voulais quelqu'un qui t'aime pour ce que tu étais et tutti quanti, voilà que tu tombes sur un mec génial que tu envoies bouler avant même qu'il ait la chance de faire ses preuves. J'arrive pas à croire…

– J'ai dit oui.

– Quoi ?

– J'ai dit oui… à Logan, répéta-t-il en glissant son petit doigt dans un accroc dans l'accoudoir du canapé, que Damian avait déchiré

avec sa voiture ambulance environ une heure après la livraison du meuble flambant neuf dans le salon de Rebecca.

– Boo, c'est génial ! Oh, je suis tellement fière de toi, mon chou ! s'écria-t-elle sans remarquer qu'il se tenait les épaules courbées, le menton sur la poitrine.

– Tu crois ? murmura-t-il tout en continuant à triturer le canapé.

– Quoi donc ?

– Que c'est vraiment génial ?

– Et pourquoi pas ? Jamie, tu lui plais. Et il n'y a rien de mal à vouloir quelqu'un et à lui faire une place dans ta vie. Quelqu'un en dehors de Max et moi, affirma-t-elle d'une voix forte qui lui fit relever la tête.

– Et s'il s'en va ? Et si je tombe vraiment amoureux de lui et qu'il s'en va ? Et s'il me ment ? interrogea-t-il d'une voix tremblante.

– Pourquoi voudrais-tu qu'il fasse ça ?

– J'en sais rien. Par jeu, par défi, par pitié… Comment veux-tu que je sache… Ce ne serait pas la première fois qu'on se paierait ma tête, soupira-t-il.

Rebecca se sentit perdre patience. Elle savait Jamie complexé et sur ses gardes, mais elle n'allait pas le laisser fuir Logan parce qu'il avait peur.

– D'accord, écoute-moi bien. Je crois que tu as besoin qu'on te secoue un peu, mon chou. On n'est pas dans un film pour ados, Jamie. Je sais que tu as connu des trucs difficiles au lycée, mais Logan est un adulte avec un vrai boulot et une vraie vie, et il a mieux à faire que de monter des canulars. Il a l'air de vraiment bien t'aimer. Et même si je ne peux pas t'assurer que vous resterez ensemble jusqu'au jour de votre mort, je peux te certifier que, si tu laisses passer cette chance, tu le regretteras amèrement. Rien de ce que tu me racontes ne donne l'impression qu'il se paie ta tête. Et tu n'es pas obligé de te précipiter dans cette histoire. Tu l'as dit toi-même, il faut y aller mollo. Mais y aller tout de même. Laisse-le faire ta connaissance. Et apprends à le connaître avant de pousser cette relation plus loin, dit-elle d'une voix ferme tout en lui tenant le visage entre ses mains.

– Tu crois qu'il est sérieux ? s'enquit-il, dépité d'être réduit à cet état d'insécurité totale.

– Oui, Boo, il est sérieux, affirma-t-elle en riant avant de l'embrasser sur le front et de le gratifier d'un coup d'épaule.

Jamie sourit en s'extirpant de la chaleur de son lit, contemplant les draps pour la millième fois en espérant y voir une tignasse bouclée. Logan lui fichait une peur bleue, c'était indéniable.

Mais Rebecca avait raison.

S'il repoussait Logan, il ne saurait jamais ce qu'il y avait réellement entre eux. Et lui qui s'était toujours targué d'être courageux, le moment était venu de mettre son courage à l'épreuve en lui laissant sa chance. S'il en jugeait par la semaine qui venait de s'écouler, Logan lui convenait à la perfection. Grâce à lui, il se sentait désiré et spécial, sans oublier que Logan le faisait rire.

Il se prépara à la hâte puis se glissa dans la chambre de Damian et s'assit au bord du lit. Il repoussa les boucles emmêlées de sommeil de son frère et déposa un baiser sur sa joue.

– Debout, Leo. Il y a école, dit-il d'une voix chantante avant de sourire en découvrant le froncement de sourcils de Damian qui se retourna sous la couette.

– Non… je dors, marmonna l'enfant.

– Je sais bien, mais plus vite tu te lèveras pour aller à l'école, plus vite le temps passera, et ce sera rapidement la fête d'anniversaire, objecta-t-il en comptant sur ses doigts les cinq secondes qui séparaient Damian de la prise de conscience.

5… 4… 3… 2… 1… et…

– Jamie ! La fête d'anniversaire ! On va être en retard !

Damian bondit hors de son lit pour foncer se brosser les dents, tentant désespérément de tout faire en même temps, mais parvenant seulement à créer une pagaille infernale.

– Du calme, Leo. Il faut d'abord aller à l'école, temporisa Jamie en s'appuyant contre le chambranle de la porte de la salle de bains.

Les mains de Damian, qui s'agitaient dans tous les sens, retombèrent mollement le long de son corps. Sa brosse à dents pendait entre ses lèvres et ses grands yeux s'emplirent de larmes.

– Oh…, s'étrangla-t-il.

– Eh oui. D'abord l'école, ensuite la fête. Allez, dépêche-toi, le petit déjeuner sera prêt dans quinze minutes. Tu veux des pancakes comment ? demanda-t-il en riant devant sa mine déconfite.

– Euh… tigres !

– Je ne sais pas faire les tigres, loupiot. On a les éléphants, les voitures de course, les smileys, les cœurs, les fleurs et les pancakes sans rien.

– Mais… je veux des tigres, insista Damian tristement.

Un jour, il faudrait que Damian cesse de faire sa petite tête de cocker. Jamie ne savait pas lui résister.

Il tourna les talons dans un soupir et gagna la cuisine, se remémorant la toute première fois qu'il avait fait des pancakes à Damian après la mort de leurs parents.

C'était le lendemain des obsèques. Jamie avait passé la nuit à pleurer sur le canapé, loin des visages curieux qui voulaient se mêler de sa vie privée sous couvert de lui donner un coup de main.

Il ne voulait rien avoir à faire avec ces gens-là. Ils n'avaient jamais levé le petit doigt quand Jamie se faisait brutaliser devant leurs yeux, et ils n'allaient certainement pas lui faire croire qu'ils allaient être là pour lui maintenant qu'il avait tout perdu.

Tout, sauf le petit garçon qui refusait de dormir, de manger, de jouer, et d'être séparé de son grand frère plus de cinq minutes, de peur qu'il disparaisse comme ses parents. Il était beaucoup trop petit pour comprendre ce qui se passait, mais il sentait bien que quelque chose n'allait pas.

Jamie avait tout essayé : il lui avait proposé des cookies, du chocolat et de la pizza, mais Damian s'était contenté de secouer la tête tristement, ses grands yeux emplis de larmes et sa petite main étreignant celle de Jamie.

Il avait fait une dernière tentative avec des pancakes : son frère avait reniflé, levé les yeux et prononcé un mot : « Mickey ».

Jamie avait aussitôt compris et s'était à son tour mis à pleurer en préparant des pancakes en forme de Mickey comme le faisait sa mère quasiment tous les matins.

Damian avait avalé son petit déjeuner, les larmes cédant la place à un joyeux babil, trop petit pour s'apercevoir que son frère était au bord de l'épuisement. Jamie enviait la capacité de Damian à regarder des dessins animés et à être heureux, alors que tout en lui se brisait.

Les pancakes en forme de Mickey avaient rendu le sourire à son petit frère, c'était le principal, et Jamie avait passé les deux années suivantes à perfectionner sa technique.

Les pancakes de ce matin-là ne ressemblaient en rien à des tigres. Au mieux, on aurait dit des éléphants sans trompe ni grandes oreilles. Mais le pouvoir de suggestion aidant, et Jamie fanfaronnant sur les pancakes en forme de tigres, Damian fut absolument ravi du résultat.

Les enfants sont tellement simples, parfois, songea Jamie en observant Damian dévorer ses pancakes-tigres à grand renfort de « graou ! ».

– Jamie, tu as emballé le cadeau ? s'enquit Damian en déposant son assiette dans l'évier comme il le lui avait appris.

– Oh non ! J'ai complètement oublié ! s'écria Jamie en se donnant une claque mélodramatique sur le front.

Damian s'immobilisa, yeux écarquillés, bouche bée et mains tremblantes.

– Mais… mais… tu m'avais promis.

Jamie l'observa encore quelques instants mais, quand les larmes commencèrent à lui monter aux yeux, il perdit toute envie de taquiner davantage son petit frère.

– Je plaisante, Leo. Je l'ai emballé dans le joli papier avec les ballons que tu as choisi hier, et je le prendrai avec moi quand je viendrai te chercher à la sortie de l'école.

– Pourquoi je peux pas le prendre avec moi maintenant ? gémit Damian en tendant son sac à Jamie pour qu'il vérifie qu'il était paré pour la journée.

– Parce qu'on offre les cadeaux à la fête. C'est la règle, répondit Jamie d'un ton ferme.

– Mais si tout le monde apporte son cadeau à l'école ? insista Damian en jetant un œil pour s'assurer que son sandwich était bien fait, avec trois tranches de pain au lieu de deux, pour qu'il ait non pas une, mais deux couches de Nutella ou de beurre de cacahuètes.

– Je te promets que ce ne sera pas le cas. Mais, si tu veux, on va faire comme ça : exceptionnellement, je t'accompagne à l'école et on prend le cadeau avec nous. Si tout le monde a apporté son cadeau, tu seras paré, et sinon je le garderai précieusement jusqu'à la fête, d'accord ? proposa-t-il en s'agenouillant devant l'enfant pour ajuster les revers de son élégant blazer bleu.

Le visage de Damian s'illumina et il se jeta au cou de Jamie.

– T'es le meilleur, Raph.

Finalement, aucun des écoliers ne s'était muni de son cadeau, et Damian accepta que Jamie garde le sien jusqu'à la fête.

Une fois dans la cour, il bondit joyeusement pour rejoindre ses camarades de classe après s'être époumoné d'un « Salut, Raph ! » qui fit sourire son frère.

Jamie se remit en route pour la boutique et monta le volume de la radio pour se changer les idées : depuis deux semaines, hormis tout ce qu'il avait à faire pour Damian, Logan venait envahir la moindre de ses pensées.

Le rendez-vous qu'ils avaient fixé plus tard dans la journée lui nouait le ventre et l'exaltait d'un mélange étrange d'envie et de peur paralysante.

Il avait ressassé le sujet avec Rebecca qui l'avait rassuré : il faisait le bon choix.

Reste que Logan, à le hanter sans relâche, lui faisait encore peur. L'image de ses boucles délicates lui donna la chair de poule et l'envie de connaître le goût de ses lèvres le fit frissonner.

Jamie serra les mains sur le volant et se força à penser à ses croquis pour éviter de s'écraser contre le premier poteau venu.

Au feu rouge suivant, il pianotait en rythme lorsqu'un groupe d'adolescents traversa la route devant lui.

Son regard fut soudain attiré par le sac que portait l'une des jeunes filles : un sac à main tout simple, à pois, surmonté d'un nœud noir et arborant le symbole du yin et du yang.

Il songea aussitôt aux propositions qu'il avait élaborées pour Luke et Tyler et se mit à sourire tandis qu'une idée germait dans son cerveau.

Une fois garé dans le parking, il verrouilla sa voiture tout en appelant le numéro de Luke, impatient d'avoir l'opinion du couple.

*

Les rayons du soleil matinal qui traversaient timidement les stores baissés de la chambre jetaient des ombres dansantes sur le corps pâle couvert de taches de rousseurs et totalement nu, qui était allongé sur le lit. Les reins cambrés et les yeux fermés, l'homme se mordait les lèvres tout en poussant des grognements sourds, tandis que la tête brune qui allait et venait entre ses jambes lui faisait perdre toute pensée cohérente.

– Oh… oh oui, je t'en prie… continue… j'y suis presque… LUKE ! hurla Tyler.

Les doigts emmêlés dans les boucles de son fiancé, ses jambes lui enserraient la tête tandis que ce dernier le prenait en bouche sans lui laisser une seconde de répit.

Tyler retomba sur le lit, laissant s'estomper les vagues successives de son orgasme, tandis que Luke le léchait avec délicatesse. Le jeune homme remonta le long de son corps en couvrant sa peau de baisers tendres, avant d'attirer Tyler, amorphe, dans ses bras.

– Bonjour, mon amour.

Il dégagea son front pâle sous les mèches blondes et y déposa un baiser. Il sourit lorsque Tyler se pelotonna contre lui en ronronnant de plaisir, les yeux encore embués de sommeil.

– Bonjour, murmura-t-il, et Luke attendit patiemment qu'il reprenne ses esprits après ce réveil en fanfare.

Ce rituel durait depuis des années : c'était à celui qui peaufinait à la perfection l'art d'exciter et de contenter l'autre tôt le matin aussi longtemps que possible sans le réveiller. Jusqu'ici, Tyler perdait lamentablement, tout simplement parce que Luke était un lève-tôt, contrairement à Tyler qui mettait des heures à se réveiller, preuve qu'il avait enfoui son nez dans le cou de Luke et somnolait sur son pyjama.

– Oh… Luke, je suis le pire des fiancés ! s'exclama soudain Tyler en se redressant d'un bond, agitant les bras d'un air désespéré sous le regard amusé de Luke.

– Pourquoi donc ? demanda celui-ci en riant.

– Parce que je devrais te rendre la faveur, tu ne penses pas ?

Luke se mit à frissonner en voyant le regard de Tyler s'assombrir de désir, et sa main effleurer sa jambe en direction de ses hanches.

– Voilà qui est très tentant, mais ce n'est pas nécessaire, intervint Luke en agrippant la main de Tyler et en l'attirant dans ses bras.

– Pourquoi ? s'enquit Tyler d'un air inquiet.

Il ne doutait pas un instant de l'amour de Luke, ils se connaissaient depuis des années et n'avaient jamais connu d'autres corps, mais il détestait l'idée que Luke puisse un jour se lasser de lui.

Sentant son malaise, Luke posa un baiser sur ses lèvres et l'attira tout contre lui jusqu'à ce qu'ils ne soient plus qu'une forme indéterminée sous les draps.

– Parce que, même après toutes ces années, ton orgasme est le spectacle le plus sexy qu'il m'ait été donné de voir et c'est plus qu'il ne m'en faut pour me faire décoller, murmura-t-il contre ses lèvres.

– Je t'aime, souffla Tyler, rassuré.

– Je t'aime, répondit Luke en lui volant un nouveau baiser.

– Et moi je vous adore tous les deux, mais habillez-vous sinon vous allez recevoir une fessée ! hurla Logan à travers la porte.

Luke et Tyler éclatèrent de rire et se mirent en quête de leurs caleçons avant que Logan ne mette sa menace à exécution. Ils venaient d'enfiler leurs sous-vêtements lorsque Logan fit irruption dans la chambre.

– Je savais bien qu'on serait à la bourre. Vous et votre satanée passion ! Vous n'en avez pas marre, à la fin ? soupira Logan en se laissant tomber dans un vieux fauteuil miteux que Tyler insistait pour garder mais que Luke détestait.

– Comment veux-tu te lasser d'une telle beauté ? plaisanta Luke en enroulant ses bras autour de la taille de Tyler et en posant le menton sur son épaule.

– Tu n'as qu'à me le prêter un moment, je te dirai ça, les taquina Logan.

Tyler sauta sur les genoux de Logan en riant. Logan fit mine de profiter de la situation, Tyler d'apprécier plus que de mesure et les trois amis éclatèrent de rire.

– OK. Tu gardes le blondinet, moi je prends Jamie. Avec des yeux et des jambes pareilles, je vous oublierai en un rien de temps, s'exclama Luke.

Il se dirigea vers la porte de la chambre, le visage barré d'un fin sourire, attendant la réaction de Tyler. Il posait la main sur la poignée lorsqu'un grand corps mince atterrit sur son dos et enroula ses jambes autour de sa taille.

– Et mes yeux, tu les aimes, mes yeux, Luke ? Et mes jambes ? Tu vas pas m'abandonner, hein, dis ? pleurnicha Tyler avec une moue.

Luke tourna la tête pour embrasser son adorable fiancé jaloux.

– Tu as les plus beaux yeux du monde, les plus belles jambes de l'univers et je ne t'abandonnerai jamais, déclara-t-il avec ferveur.

Tyler était son premier et seul amour.

– Désolé, Lo. Luke remporte la mise. T'es mignon et tout, mais tu ne peux pas rivaliser, dit Tyler avec un clin d'œil.

– Ouais, je me doutais bien que je n'étais pas à la hauteur, répondit Logan en les suivant dans le couloir.

Ils buvaient un café sur le plan de travail de la cuisine lorsque le téléphone de Luke se mit à sonner.

– Allô ? répondit-il en leur faisant signe de parler moins fort.

– Salut, Luke, c'est Jamie, lança une voix claire à l'autre bout du fil.

Luke se mit à sourire. Il appréciait sincèrement Jamie. Le jeune tailleur était brillant, intelligent et caustique, et Luke adorait l'effet qu'il avait sur son ami dévergondé : depuis qu'il connaissait Jamie, Logan s'était rangé. Luke priait pour que Logan donne à Jamie ce que Tyler avait su lui offrir.

Et si la réaction de Logan offrait quelque indice (il se redressa droit sur sa chaise et décocha un regard possessif plein de jalousie à Luke), il y avait fort à parier que l'avocat lui mangeait d'ores et déjà dans la main.

– Bonjour, Jamie. On prend un café et on arrive, dit-il en repoussant Logan, qui tentait de lui arracher le téléphone pour parler à Jamie.

– Oui, c'est pour ça que j'appelle. J'ai eu une idée pour vos costumes, et je me demandais si Tyler était dispo pour venir en discuter.

– Laisse-moi voir ça avec lui, dit Luke en se retournant vers Tyler pour lui faire part de la requête de Jamie.

La bouche pleine du café et des cookies qu'il s'obstinait à manger au petit déjeuner, Tyler hocha la tête frénétiquement.

– C'est bon pour lui. On garde la même heure ? demanda Luke en secouant la tête devant l'attention de Tyler, qui s'étranglait sur son biscuit pour parler à Jamie.

– Oui, à tout à l'heure.

– À toute, conclut Luke.

– Mais je voulais lui parler ! couina Tyler en lui administrant une taloche.

– Tu vas le voir dans vingt minutes, espèce de gros bébé. Qu'est-ce que tu as de si urgent à lui dire ? interrogea Luke tandis qu'ils déposaient leurs tasses dans l'évier et ramassaient leurs affaires pour se mettre en route.

– Rien d'important. Je l'aime bien et j'ai envie qu'on soit amis, dit Tyler avec sérieux.

Luke jeta un regard à Logan, qui le gratifia d'un clin d'œil. Tyler était le même chien fou aujourd'hui qu'à quinze ans. Luke et Logan le charriaient sans cesse à ce propos.

– Oh, petit chou ! Tu voulais lui demander au téléphone s'il voulait bien que vous soyez amis ? s'amusa Logan en ébouriffant les cheveux de Tyler.

– Eh bien oui, figure-toi. Et ce sera mon nouveau meilleur ami et plus toi, et toc ! conclut Tyler en ramenant sa frange en arrière d'un air mélodramatique avant de prendre place derrière le volant de sa voiture, laissant au passage Logan et Luke hilares.

En chemin, ils chantonnèrent en chœur avec la radio, mais Luke et Tyler sentaient bien que Logan avait la tête ailleurs.

– Tu es prêt pour votre rendez-vous galant ? s'enquit Luke en lui jetant un regard dans le rétroviseur.

– Oui, je crois. J'espère que ça va lui plaire, répondit Logan d'un ton anxieux.

– Tu l'emmènes toujours dans ta planque ?

– Tout à fait. J'ai besoin d'un endroit qui me mette à l'aise. J'espère qu'il s'y sentira bien lui aussi, expliqua-t-il en poussant un soupir inquiet.

– Stresse pas, Lo, il va adorer, le rassura Tyler.

– Tu m'as appelé Lo. Ça veut dire que je suis de nouveau ton meilleur ami ? s'enquit Logan en souriant tandis qu'ils se garaient devant la boutique où Jamie s'affairait déjà à ranger la vitrine.

Tyler bondit hors de la voiture et fonça dans le magasin où il serra Jamie dans ses bras, à la grande surprise de ce dernier.

– Jamie, tu veux bien être mon meilleur ami ? implora Tyler.

Jamie resta un instant bouche bée avant d'apercevoir Luke qui opinait du chef exagérément à son attention.

– Euh… bien sûr, Tyler, avec plaisir…, balbutia-t-il alors que son cœur battait la chamade avec l'arrivée de Logan.

Tyler desserra son étreinte et se pavana dans la boutique en lâchant par-dessus son épaule que, oui, Logan était officiellement démis de ses fonctions de meilleur ami.

Luke le suivit, laissant Jamie et Logan seuls. Leurs regards se croisèrent et l'air autour d'eux sembla s'épaissir. Ils étaient face à face pour la toute première fois depuis leur échange de textos.

Logan gravit la seule marche qui menait à la boutique et se retrouva en plein dans l'univers de Jamie, affolé par son parfum et l'intensité de son regard.

– Bonjour, mon beau, lança-t-il tandis que la chaleur gagnait les joues de Jamie et lui donnait une mine irrésistible.

Ses yeux caressèrent sa silhouette souple et Logan sentit son sang affluer plus bas dans son corps en découvrant ses bottes montantes noires et son jean serré – de toute évidence, sa marque de fabrique – son tee-shirt d'un violet sombre et le cardigan gris surmonté d'un foulard de la même teinte.

– S-salut, Logan, balbutia Jamie, qui détestait quand son corps le trahissait de façon flagrante, tant il aurait voulu dégager une image de lui sûre et confiante.

Logan avait le chic pour lui donner des frissons et le faire rougir, et Jamie ne put s'empêcher de baisser ses longs cils et de se tordre les mains sous le regard ardent du jeune avocat.

– Jamie, je t'en prie, détends-toi, implora Logan en lui prenant les mains pour dénouer ses doigts. Regarde-moi.

Jamie prit une profonde inspiration pour calmer les frissons qui parcouraient son corps à son contact et parvint à relever les yeux.

– Voilà, l'encouragea Logan en souriant. Ça me fait vraiment plaisir de te voir.

– Moi aussi, concéda Jamie d'une petite voix, le cœur apaisé par la douceur dont faisait preuve Logan.

– Bien. J'en suis ravi. J'adorerais passer du temps à discuter mais on a du pain sur la planche, et plus on s'y mettra vite, plus vite je pourrai préparer notre rendez-vous, poursuivit Logan hardiment.

Jamie frissonna à l'idée de se retrouver seul avec lui et, qui sait, peut-être dans ses bras.

– D'accord. Est-ce que tu veux t'asseoir ici pendant que je travaille ou… tu peux attendre là… ou… comme tu veux, balbutia Jamie en retirant sa main à contrecœur pour s'approcher du rideau qui donnait sur l'atelier.

– Je vais m'asseoir avec vous, si ça ne vous dérange pas, répondit Logan, qui ne voulait rater aucune occasion d'être près de Jamie.

Une fois dans l'atelier, ils trouvèrent Tyler endormi sur les genoux de Luke.

– Désolé, Jamie, je crois qu'on l'a réveillé beaucoup trop tôt, dit Luke avant de secouer son fiancé. Allez, le blondinet. Debout. C'est l'heure des costumes.

Tyler remua et ouvrit un œil, puis l'autre.

– Désolé. Ça y est. Je suis réveillé. J'écoute, marmonna-t-il.

Jamie les contempla avec un sourire affectueux. Il était plus que jamais persuadé que son idée allait faire mouche.

– Je vous ai fait venir tous les deux pour vous soumettre une idée pour le mariage, commença Jamie en tirant une chaise pour Logan avant de s'asseoir à son tour. Dès que je vous ai rencontrés, je me suis fait la réflexion que vous étiez vraiment faits l'un pour l'autre et que votre relation était exceptionnelle. C'est pourquoi je veux vous dessiner des costumes uniques.

Il plongea une main dans un bocal rempli de boutons colorés et en tendit un à Luke, au motif yin et yang.

– J'ai découvert ça, et j'ai eu l'idée de confectionner des costumes avec ce symbole : celui de la complémentarité. Le yin et le yang sont indissociables l'un de l'autre, et c'est ainsi que je vous perçois. J'ai donc pensé à faire des costumes selon ce thème : Luke, le tien serait blanc, puisque tu as les cheveux bruns et la peau mate, et Tyler, tu porterais le noir. Je pensais coudre un de ces boutons sur chaque costume, à un endroit invisible, mais vous sauriez qu'il est là, pour vous rappeler que vous êtes faits l'un pour l'autre.

Le silence qui accueillit son exposé était dense. Luke fixait ses grands yeux écarquillés sur lui, tandis que ceux de Tyler s'étaient embués.

Gêné, Jamie se tordit de nouveau les doigts et chercha spontanément le réconfort du côté de Logan, mais ce dernier était tout aussi abasourdi que ses amis.

– C'est juste une idée, vous savez... Ce n'est pas grave du tout si vous n'aimez pas, j'ai simplement pensé...

Deux paires de bras l'agrippèrent et l'entraînèrent dans une étreinte, l'empêchant de poursuivre.

– Jamie... c'est absolument fabuleux. Je n'aurais jamais pensé que des costumes puissent avoir une telle signification mais... je ne sais pas comment dire... merci, balbutia Luke tandis que les fiancés relâchaient leur étreinte.

– Donc, ça vous va ? s'enquit Jamie.

– Mais oui ! Je suis carrément content qu'une espèce d'imbécile ait raté nos costumes, pas vrai, blondinet ? (Pendu à son cou, Tyler se contentait de pousser des cris de joie.) Ça veut dire oui, confirma Luke.

Le visage de Jamie s'illumina, soulagé que son idée fasse l'unanimité. Il entreprit de noter leurs mesures à chacun avant de leur montrer d'autres échantillons de tissus accompagnant le croquis du costume de Logan.

Les derniers détails réglés, Luke et Tyler se mirent en route après l'avoir embrassé chaleureusement, le laissant seul avec Logan.

Jamie se tourna vers lui et ressentit la chaleur infinie de ses yeux sur sa peau.

– Tu es génial, déclara Logan en lui prenant la main.

Il la souleva, la paume vers le ciel, et la porta à ses lèvres pour effleurer le poignet. Les doigts de Jamie se raidirent et tout son corps fut secoué par la force du désir mêlé de crainte qu'il ressentait.

– Pas vraiment… Je veux simplement que leur mariage soit parfait. Ils le méritent et moi, je…, éluda Jamie en balayant le compliment comme à son habitude.

Il n'était ni génial, ni beau, ni rien de tout ce que disait Logan. Tous ces mots le mettaient mal à l'aise. Il avait l'impression que Logan lui mentait pour contrer son sentiment d'insécurité.

Le jeune avocat perçut son malaise aux tremblements qui agitaient ses doigts. C'était la manifestation de la vulnérabilité de Jamie, juste avant que la peur ne le pousse à se replier sur lui-même.

Il retourna sa paume contre la sienne et fit glisser son pouce sur le dos de sa main.

– Le mariage sera absolument exceptionnel, et en grande partie grâce à toi. Cesse de te rabaisser, tu es incroyable, insista Logan d'une voix douce.

Il l'attira tout contre lui et lui entoura la taille de son bras libre. Toute pensée cohérente déserta Jamie tandis qu'il chavirait dans cette étreinte, posant ses deux mains à plat sur le torse de Logan.

Logan ne voulait surtout pas brusquer Jamie en exigeant de lui ce qu'il n'était pas prêt à donner. Il le serra furtivement dans ses bras avant de reculer légèrement pour poser ses lèvres sur chacune de ses joues, déclenchant une nouvelle rougeur sur sa peau pâle.

– On se voit plus tard, d'accord ? Tu as du travail et moi aussi, murmura-t-il au creux de son cou, le sentant frissonner contre lui.

Logan resserra légèrement son étreinte une toute dernière fois. Il aurait voulu ne jamais avoir à le lâcher.

– OK, souffla Jamie en hochant la tête, encore étourdi par la sensation du corps chaud de Logan contre le sien.

– Je te retrouve ici à 16 h 15 ? demanda Logan en regagnant la sortie, sa main s'attardant le plus possible sur sa hanche.

– D'accord, j'y serai, parvint à articuler Jamie.

Logan s'arracha enfin à leur étreinte et sortit de l'atelier. Jamie se laissa tomber dans un fauteuil pour reprendre son souffle avant de se redresser d'un bond pour s'occuper l'esprit jusqu'au rendez-vous.

– OK, prêt pour la fête ? s'exclama Jamie par-dessus son épaule tandis que Damian entrait en trombe dans la voiture.

Depuis la sortie de l'école, son petit frère ne tenait plus en place.

– Ouais, on y va ! hurla Damian en agrippant l'emballage de papier cadeau.

Jamie sortit de l'allée et s'engagea dans une autre rue du quartier. Damian poussa un cri suraigu en découvrant les ballons de baudruche, le château gonflable et les tables à tréteaux surchargées de nourriture et de boissons.

Jamie sortit de la voiture et prit la main de Damian pour traverser la route jusqu'au jardin, où plusieurs enfants s'amusaient déjà.

– Coucou, Damian ! (Une petite femme adorablement ronde s'approcha, la main tendue, arborant un large sourire.) Et tu dois être Jamie.

– Oui, bonjour, madame Marsh. Merci d'avoir invité Damian, il est surexcité par la fête, répondit Jamie en lui serrant la main.

– Appelle-moi Jess, jeune homme. Madame Marsh, ça fait trop vieille !

– Damian, viens jouer avec nous, s'écria une petite rouquine à queue-de-cheval, tandis que Damian tournait la tête vers Jamie.

– Allez, Leo, amuse-toi bien. ET TU M'APPELLES SI TU AS BESOIN…

Mais les hurlements surexcités des enfants ravis de retrouver Damian noyèrent ses paroles.

– … de quoi que ce soit, termina-t-il.

Jamie secoua la tête et se mit à rire de bon cœur avec Jess, dont l'allégresse avait quelque chose de contagieux.

– Ne t'inquiète pas, mon grand. Tout va bien se passer.

– Je sais, c'est juste que je n'ai pas encore l'habitude de le laisser où que ce soit, répliqua Jamie en piétinant sur place comme un parent surprotecteur.

– C'est le lot de tous les parents ! Crois-moi, j'ai vécu ça avec chacun de mes enfants, et j'en ai quatre. On ne prend jamais le pli, dit-elle en lui donnant une petite tape encourageante sur l'épaule.

– Oh... Damian n'est pas mon fils... c'est mon frère, rectifia-t-il sans trop savoir pourquoi il se confiait à une parfaite inconnue.

– Oh, alors pourquoi tout ce stress ? Laisse tes parents s'en occuper. Profite des meilleurs moments et râle quand ça tourne au vinaigre, comme tous les grands frères et les grandes sœurs !

Elle le gratifia d'un petit coup de hanche et il lui sourit, gêné par la petite mise au point qui s'imposait.

– En réalité, on n'est que tous les deux. Du coup, je suis sur tous les fronts, précisa-t-il sans s'appesantir.

– Eh bien... ça ne doit pas être simple tous les jours. Mais d'après ce que j'ai vu de Damian, tu fais un sacré bon boulot, mon grand.

Jamie écarquilla les yeux : elle n'avait pas ressenti le besoin de lui dire qu'elle était désolée, et elle ne l'avait pas gratifié d'un regard apitoyé, la larme à l'œil. Décidément, Jamie appréciait beaucoup cette femme.

– Je fais de mon mieux.

Elle lui sourit et hocha la tête avant de s'exclamer :

– Mais où sont mes manières ! Sers-toi, il y a du café et de quoi grignoter.

– Non, non, merci. Il faut que j'y aille. Je vois quelqu'un cet après-midi, dit-il en aplatissant la pelouse du bout du pied.

– C'est très bien, ça ! Alors je ne te retiens pas, ça ne serait pas poli de faire attendre cette jeune femme ou ce jeune homme, dit-elle d'un air parfaitement détaché.

Devant la nonchalance de Jess, Jamie n'hésita pas à répondre honnêtement.

– Oui, j'aimerais autant qu'il n'ait pas une mauvaise opinion de moi !

Il resta un instant silencieux dans le jardin, l'air irrésolu.

– Ne t'angoisse pas, mon grand. Voici mon numéro de portable et le fixe de la maison, si tu veux prendre des nouvelles de Damian. Envoie-moi un texto pour que j'aie ton numéro si j'ai besoin de te joindre. Je te promets que tout va bien se passer, dit-elle en lui tendant un bout de papier.

Il entra rapidement le numéro dans son répertoire et appela pour que le sien s'affiche sur le portable de Jess.

– Allez, file. Et amuse-toi bien.

– Merci, et appelez-moi s'il y a quoi que ce soit.

– Promis. On se voit à 19 h 30, conclut-elle en prenant congé d'un signe de la main avant de retourner à la fête.

– À tout à l'heure.

Une fois dans sa voiture, il posa ses mains tremblantes sur le volant. Elles trahissaient son anxiété à l'idée de laisser Damian tout seul et de retrouver Logan.

Ce dernier l'attendait sur le parking devant la boutique, adossé à sa voiture. Jamie était parfaitement à l'heure, mais Logan, nerveux, avait l'impression que le temps s'était mis à tourner au ralenti. L'idée que Jamie annule ou oublie le rendez-vous l'avait obsédé toute la journée.

Le vrombissement de la voiture de Jamie dissipa ses craintes, son visage se fendit d'un large sourire et il se précipita à sa rencontre pour lui ouvrir la portière.

– Hé, tu es venu !

– Tu espérais le contraire ? riposta malicieusement Jamie, et Logan secoua la tête.

– J'en avais peur, tu veux dire ! Mais tu es là, et tout va bien dans le meilleur des mondes.

– Il t'en faut peu, railla Jamie, touché par l'enthousiasme sincère de Logan, avant de piquer un fard et de baisser la tête.

Logan éclata de rire et lui releva lentement le menton.

– Adorable, murmura-t-il, tandis que Jamie étudiait férocement le sol. Bien, tu es prêt ?

– Oui. Mais... je voulais savoir où on allait, parce qu'il faut que j'aille chercher Damian à 19 h 30. Je suis désolé..., commença-t-il à bafouiller.

Logan leva la main pour l'interrompre.

– Jamie, cesse de t'excuser de t'occuper de ton frère. Je voudrais que ça reste une surprise, mais je te promets qu'on sera de retour dans les temps.

Jamie se contenta de hocher la tête et le suivit jusqu'à sa voiture. Il prit place sur le siège passager et Logan se mit en route vers leur mystérieuse destination.

Ils roulèrent un moment sans échanger un mot, et Jamie s'émerveilla du son de la voix de Logan lorsque ce dernier se laissa aller à chantonner avec la radio.

Logan gara la voiture devant une aire de jeux encadrée de buissons qui arrivaient à la taille de Jamie. Ils traversèrent ensuite un champ, et Logan, chargé d'un panier, ouvrait la voie. Désorienté, Jamie jeta des coups d'œil alentour pour se repérer, et Logan l'attira doucement à lui.

– Quand j'ai fait mon coming out, mon père a flippé. Être à la maison était devenu une torture, et j'ai eu besoin d'un endroit pour m'échapper et me retrouver seul avec mes pensées et ma musique. Cameron m'a fabriqué ça, expliqua-t-il en écartant un arbuste rabougri pour que Jamie puisse l'enjamber et atteindre une petite clairière, qui de toute évidence avait été aménagée.

Les branches épineuses avaient été ordonnées en un tapis moelleux sur lequel Jamie se sentit s'enfoncer avec souplesse. Au milieu de la clairière, on avait construit un petit toit à l'aide de planches et de bâches.

Dessous, une petite table en plastique et une causeuse flambant neuf décoraient l'espace de manière incongrue.

– On change le canapé tous les deux mois quand il est tout abîmé. Celui-ci a été installé hier, expliqua Logan à Jamie, qui tomba instantanément sous le charme de l'endroit.

– Logan, c'est merveilleux. J'adorerais avoir un endroit comme ça pour me ressourcer, dit-il en l'aidant à vider le panier sur la table.

– Tu peux venir ici, si tu en as besoin, dit Logan en lui faisant signe de s'installer sur la causeuse.

– Je n'oserais pas. C'est ton refuge.

– Tout comme toi, murmura Logan.

Pour la centième fois de la journée, Jamie se sentit traversé par une vague de frissons. Mais Logan poursuivit aussitôt sans s'appesantir, persuadé que la simplicité aiderait Jamie à comprendre qu'il était parfaitement sincère.

– Tu veux grignoter quelque chose ?

– Hmm... avec plaisir... qu'est-ce que tu me proposes ? s'enquit Jamie en se rappelant soudain que sa nervosité l'avait empêché de déjeuner.

– Voyons voir... Ne sachant pas ce que tu aimais, j'ai pris un éventail de choses... Nous avons une assiette de fromages, une salade au poulet, des sandwichs à la dinde, des légumes grillés, des crudités, des fruits et du chocolat. J'ai également apporté de l'eau, de la limonade et du vin. Sers-toi ! dit-il en posant les mets sur la table.

– Tu n'aurais vraiment pas dû te donner tout ce mal. Quel festin !

– Bien sûr que si, c'est notre premier vrai rendez-vous, et je ne veux pas rater l'occasion d'en décrocher un deuxième, riposta Logan avec un clin d'œil.

Ils dégustèrent leur repas en silence pendant quelques minutes, jusqu'à ce que Logan suggère de jouer à un jeu de questions/réponses pour faire connaissance.

Ainsi passèrent-ils une heure à discuter de leurs livres, films, chansons et personnages préférés, mais aussi de leurs projets d'avenir ou encore de leurs plus grosses bêtises d'enfance.

Jamie apprit que Logan avait longtemps voulu être musicien avant de se passionner pour le droit, qu'il adorait Cameron autant qu'il avait envie de l'étrangler, que leur mère était partie peu après sa naissance, qu'elle s'était remariée et donnait rarement des nouvelles.

Jamie ne s'était pas senti aussi à l'aise depuis une éternité, et baissait imperceptiblement sa garde, pour le plus grand plaisir de Logan.

L'anecdote de Tyler et des statues du jardin de Riverside High les entraîna dans un fou rire : Tyler était persuadé que les statues étaient douées de sensations et qu'elles avaient froid pendant l'hiver. Un jour, il avait entrepris d'acheter des bonnets, des écharpes et des gants de laine, dont il avait affublé toutes les statues. Pour la peine, il avait écopé de deux séances chez le psy par semaine pendant un mois, à l'issue desquelles on décréta qu'il n'était pas schizophrène, juste excentrique.

– Je te jure, il est complètement fou, conclut Logan en essuyant des larmes de rire avant de reprendre une gorgée de limonade.

– Je me suis toujours demandé ce que représentaient les photos dans le couloir, se souvint Jamie, hilare. Je les trouvais à mourir de rire.

– C'est pas vrai, elles y sont toujours ?! Tyler va adorer. Il disait qu'il voulait que Riverside High se souvienne de lui et... Mais, attends... Comment tu connais ça ?

– J'ai étudié là-bas.

– C'est vrai ?

– Les deux dernières années de lycée, précisa Jamie en détournant le regard.

– Laisse-moi deviner : tu t'es fait emmerder dans ton premier lycée ? Tu n'es pas obligé de me raconter, ajouta Logan, qui sentit une vague de rage le submerger à l'idée que Jamie ait pu souffrir.

– J'ai toujours su que je n'étais pas comme les autres, et j'ai constamment été la cible de moqueries. Je n'ai jamais vraiment eu d'amis, à part ma mère et mon père. Je pensais que ça s'arrangerait en grandissant, mais ça a été pire. Je me faisais insulter, on abîmait mes affaires, et on me poussait contre les casiers si souvent que j'avais constamment des bleus. On me disait que je ne servais à rien et que la meilleure façon de rendre service à tout le monde serait de me tuer.

De grosses larmes coulaient sur ses joues et il les essuya d'un geste rageur.

– Jamie, tu n'es pas obligé d'en parler. Je suis prêt à t'écouter, mais pas si ça te bouleverse à ce point. Je ne veux pas te voir souffrir.

Logan lui essuya délicatement les yeux et Jamie se laissa aller à la douceur apaisante de sa main.

– Ça va… J'ai envie que tu le saches. L'école entière me détestait, reprit-il, à part les quelques personnes qui étaient mes amis, notamment Rebecca, qui est encore ma meilleure amie à ce jour. J'ai appris très tôt à faire profil bas. À la fin de la première année, un nouveau type est arrivé à l'école, le genre sportif, et il est rapidement devenu très populaire, attirant l'attention sur lui partout où il allait. Tout le monde craquait sur lui et je me suis dit que c'était l'occasion de me faire oublier. Je restais dans mon coin et tout se passait bien. C'est alors que j'ai commencé à recevoir des SMS, dit-il en se détournant de Logan pour cacher les tremblements qui le secouaient.

Logan l'attira contre lui et le prit dans ses bras, sentant son corps résister à l'envie d'être protégé après avoir lutté seul pendant si longtemps.

– Tout va bien, doucement, je suis là… Tu n'es pas obligé de t'infliger ça, murmura-t-il en effleurant ses cheveux du bout des lèvres et en le berçant doucement.

– Les SMS disaient qu'il m'avait remarqué, que j'étais mignon et qu'il voulait faire ma connaissance. Au début, je n'ai pas répondu. Ça ne sonnait pas juste. Mais il a persévéré et il était tellement déterminé à me rencontrer que j'ai fini par céder. Il m'a donné rendez-vous dans un parc près de l'école. J'y suis allé seul, lui était accompagné de quatre potes… Ils m'ont attaqué, mis à terre et donné des coups de pied en me criant des insultes jusqu'à ce que quelqu'un appelle la police. Les flics ont mis fin à la mêlée mais ils n'ont rien fait pour les punir. Je ne pouvais pas retourner à l'école et mes parents ont demandé mon transfert, dit-il en se blottissant contre Logan.

– Et à Riverside, tu as été traité correctement ?

– Bien sûr. C'était un super lycée… mais je ne me suis jamais senti à ma place.

– Comment ça ?

– Je me sentais en sécurité, bien sûr. Mais une partie de moi avait le sentiment d'avoir trahi qui j'étais réellement, d'avoir jeté l'éponge et de m'être écrasé. À cause de ça, ils ressortaient vainqueurs alors qu'en réalité ils étaient fautifs. À un moment, j'ai voulu y retourner pour leur montrer qu'ils n'avaient pas réussi à me briser. Je m'apprêtais à renvoyer mon dossier dans mon ancienne école lorsque j'ai croisé l'un d'eux dans la rue. J'ai fait une crise de panique. Ça m'a prouvé que ma sécurité était plus importante que de jouer au héros.

– Tu es incroyable, si courageux, murmura Logan.

– Je ne me sens pas du tout courageux. Pendant longtemps, je me suis senti lâche. Et puis j'ai trouvé une force d'inspiration, expliqua Jamie en souriant à ce souvenir.

– Raconte, c'était qui ?

– En fait, je ne sais pas. C'était quasiment à la fin de l'année. Je travaillais à la bibliothèque et je m'ennuyais un peu alors je regardais autour de moi. J'ai découvert une inscription gravée sur un pied de table et, à leur manière, ces quelques mots m'ont fait comprendre que j'avais toute ma vie pour changer les choses. J'ai compris que la fuite n'était pas une bonne solution.

– Ça disait quoi ? s'enquit Logan, la gorge nouée.

– Ça disait « *And miles to go before I sleep* [7] ». En lisant ces mots, j'ai compris que j'avais encore beaucoup à faire avant de

7. « Et des lieues à parcourir avant de m'endormir », *Stopping by Woods on a Snowy Evening*, Robert Frost, dans *The Poetry of Robert Frost*, publié par Edward Connery Lathem. 1923.

m'avouer vaincu. Quand on m'a insulté la fois suivante, j'ai riposté, et je n'en suis pas mort. À l'évidence… Logan, ça ne va pas ? demanda soudain Jamie en le voyant blêmir.

– C'est… c'est moi qui ai écrit ça, balbutia-t-il sous le regard abasourdi de Jamie.

– C'est toi ? Mais pourquoi ?

L'homme qui avait réussi à abattre ses défenses était à l'origine de sa détermination, depuis toutes ces années. Il sentit son cœur traversé du souffle de la destinée.

– Je n'ai jamais été brutalisé parce que j'ai toujours été scolarisé dans le privé, comme Cameron. Quand j'ai fait mon coming out, le seul à en faire tout un plat a été mon père. Il a voulu me virer de la maison et me renier, et au début, c'est ce qu'il a fait. J'ai vécu chez ma grand-mère pendant quasiment un an jusqu'à ce qu'elle craque et qu'elle aille gueuler sur son fils. Quand il m'a mis dehors, j'étais au plus bas. Je n'arrivais pas à croire qu'il puisse me faire ça. Je suis tombé sur ce poème par hasard et j'ai fait de son dernier vers ma devise personnelle. C'est ça qui a fait de moi un avocat et m'a donné la volonté de me battre pour un monde plus juste. C'est exactement ce qu'exprime ce vers : il y a tant à faire avant de s'avouer vaincu. Je n'arrive pas à croire que tu sois tombé dessus… C'est surréaliste !

– Merci.

Jamie espérait du fond du cœur que Logan comprenait à quel point ces mots avaient changé sa vie.

– Merci pour quoi, mon beau ? demanda Logan en repoussant une mèche de cheveux du front de Jamie, tandis que ce dernier se laissait de nouveau aller contre lui.

– Merci d'avoir été la source d'inspiration dont j'avais besoin à l'époque. Et…

– Et… ?

– Et pour ta patience, avec moi, maintenant…

– Je t'en prie. Et j'ai toute la vie devant moi, si tu veux tout savoir. (Jamie tressaillit de nouveau et se serra contre lui.) Mais si on bouclait la séquence émotion pour parler de choses plus légères ?

– Volontiers, acquiesça Jamie avec un petit rire. Quoi par exemple ?

– Hum, voyons… dis-moi quelque chose, ce que tu veux, au hasard, proposa Logan d'un ton enjoué.

– Comme ça ?

– Oui.

– Alors, hum… Les fourmis basculent sur le flanc droit quand elles sont ivres.

L'air interdit de Logan lui donnait des allures de personnage de dessin animé.

– Mais non, un truc sur toi, personnel !

– Personnellement, je trouve fascinant que les fourmis basculent sur leur flanc droit quand elles sont ivres, répéta Jamie en souriant.

– Tu te crois drôle, hein ?

– Il paraît que j'ai un certain talent, oui, répondit-il d'un ton suffisant.

Ils restèrent un court instant à se fusiller du regard avant d'éclater de rire, oubliant momentanément les souvenirs difficiles pour échanger des histoires drôles.

Jamie consulta sa montre et s'aperçut soudain qu'il devait se mettre en route.

– On devrait y aller… Je ne veux pas être en retard, Damian est très à cheval sur la ponctualité… Je suis désolé de devoir couper court à notre rendez-vous…

Logan se contenta de lui sourire. Ils rassemblèrent leurs affaires et Logan ouvrit de nouveau la marche jusqu'à la voiture en tenant Jamie par la main.

Ils effectuèrent le chemin du retour en silence, l'interrompant ponctuellement pour poser une question qu'ils avaient oubliée pendant leurs discussions.

Quelques instants plus tard, Logan garait sa voiture sur le parking de la boutique à côté de celle de Jamie, et coupait le moteur. Jamie, indécis, resta un instant immobile.

Ils avaient passé un excellent moment et il adorait la compagnie de Logan, mais Damian l'attendait et, même si Logan aurait souhaité plus de temps, il ne pouvait pas lui en accorder davantage. Jamie avait pleinement conscience que c'était beaucoup demander lors des balbutiements d'une relation.

Après ce qu'ils venaient de partager, il avait plus que jamais envie d'être avec Logan, mais il avait peur que ce dernier ne saisisse pas tout l'enjeu. Aussi préféra-t-il lui ménager une porte de sortie avant qu'il ne soit trop tard.

– Logan, tu es sûr que c'est ce que tu veux ?

– Quoi donc ? demanda le jeune homme en se retournant vers Jamie, surpris par sa question.

– Ça… nous ? Je comprendrais que tu préfères qu'on reste amis. C'est que… Damian passe et passera toujours en premier, et je ne sais pas si tu voulais faire autre chose après cette sortie, parce que… Je ne sais pas. Je ne peux pas changer de vie et, honnêtement, je n'en ai pas envie. Je l'aime, je n'ai personne d'autre et je veux être là pour lui, passer du temps avec lui, le regarder grandir et devenir une personne exceptionnelle, et je sais que ce serait trop te demander que de le faire passer avant tout. Réfléchis à cela.

– Jamie, commença Logan en lui prenant les mains, je n'ai jamais été aussi sûr de toute ma vie. J'admire tout ce que tu fais pour Damian et je tiens à ce qu'il ait la priorité. Je te demande simplement de me laisser une chance d'être présent pour vous deux.

Logan omettait volontairement de préciser qu'il était d'ores et déjà tombé profondément amoureux de Jamie, préférant lui faire comprendre qu'il n'avait aucune intention de disparaître sans crier gare.

Jamie se rappela à la conversation qu'il avait eue avec Rebecca après le concert.

Il dévisagea Logan et la force de son désir eut raison de ses dernières défenses.

Il approcha une main tremblante de la nuque de Logan, fixa sur lui un regard timide mais décidé, et attira son visage vers le sien jusqu'à ce que leurs lèvres soient séparées de quelques centimètres à peine.

– Tu es sûr ? murmura Jamie.

Logan appuya son front contre celui de Jamie et saisit son visage au creux de ses mains.

– Certain, souffla-t-il avant d'attirer ses lèvres pâles contre les siennes.

Le contact commença des plus légers, et ils s'abandonnèrent à la douceur de leur premier baiser. Logan enroula un bras autour de la taille de Jamie tandis que ce dernier plongeait la main dans ses cheveux bouclés. Un gémissement doux passa la barrière de ses lèvres et Logan l'effaça d'un nouveau baiser avant que Jamie n'en ressente de la gêne.

Ce dernier sentit sa tête tourner et des frissons lui parcourir l'échine.

Ils s'embrassèrent ainsi pendant un moment délicieux, jusqu'à ce qu'il devienne essentiel de reprendre leur souffle. Haletants, ils s'écartèrent juste assez pour rester front contre front.

Jamie baissa timidement les yeux et Logan sentit son cœur battre à tout rompre.

Relevant du bout de doigts le menton du tailleur, il déposa un baiser sur ses lèvres, puis sur le bout de son nez.

– J'ai passé un très bon moment aujourd'hui, murmura-t-il.

– Moi aussi. Merci, répondit Jamie en lui souriant.

Jamie s'apprêtait à sortir, une main sur la poignée, lorsque Logan l'arrêta.

– Jamie, je… euh… Il y a une fête foraine à une heure de Fairfield. Ça vous dirait d'y aller demain, Damian et toi ? s'enquit-il en se mordant la lèvre de peur d'être trop pressant.

– Je vais lui en parler, mais je crois que les mots « fête foraine » devraient suffire à le convaincre.

– Je t'appelle ce soir, d'accord ?

– Parfait. Je file, sinon je vais être en retard. À très vite.

– À demain, mon beau.

Jamie regagna sa voiture et Logan repartit, le visage éclairé d'un immense sourire, et se mit à chanter à tue-tête. Il était éperdument amoureux.

11

Les jeux sont faits

– Logan est arrivé ?

Damian déboula dans la cuisine pour la vingtième fois de la journée. Il était intenable depuis que Jamie lui avait parlé de l'invitation de Logan à la fête foraine. Sans compter qu'il se moquait éperdument de faire une entorse à leur tradition dominicale de dessins animés, sortie au parc et déjeuner *Chez Lilly*.

– À moins qu'il soit passé en douce par la fenêtre depuis la dernière fois que tu as demandé, il y a environ cinq secondes, non, il n'est toujours pas arrivé.

Damian leva les yeux au ciel et retourna jouer dans sa chambre en traînant des pieds.

– Oh, mais quel clown ! s'exclama Rebecca tandis que Jamie regardait son frère d'un air amusé.

Rebecca avait débarqué dans sa chambre le matin même en hurlant comme une possédée parce qu'il ne l'avait toujours pas appelée pour lui raconter son rencard, ce qui l'avait empêchée de trouver le sommeil, et elle avait jeté l'éponge à 7 heures du matin pour foncer chez lui et le forcer à passer aux aveux.

Jamie se retrouvait à présent devant son amie survoltée tandis qu'il lui racontait leur rendez-vous, le havre de paix au cœur du parc et leurs discussions à bâtons rompus. Elle eut les larmes aux yeux quand il lui expliqua comment les mots gravés par Logan lui avaient donné tant de force au fil des ans. Elle se mit à faire des bonds lorsqu'il aborda l'instant du baiser qui avait tenu toutes ses promesses de tendresse, de douceur et de saveur, un zeste de frisson en plus.

Rebecca comprit que Jamie était tombé amoureux dès qu'elle posa les yeux sur sa mine hébétée et le sourire gêné qu'il arbora quand elle lui posa des questions.

– Et donc… Logan et toi… vous êtes ensemble, maintenant ?

– J'en sais rien. On n'en a pas vraiment parlé. Mais comme on s'est dit qu'on y allait doucement, peut-être pas encore, non.

– Mais tu as envie d'être avec lui.

– Oui, vraiment.

– Je suis tellement heureuse pour toi, Jamie ! Tu le mérites, affirma-t-elle du fond du cœur.

– Merci, Becca. Espérons que je ne fasse pas tout foirer, répliqua-t-il en ricanant et elle lui assena une taloche sur la tête, avec moins de force que d'habitude.

– Tu ne vas rien foirer du tout !

Ils restèrent quelques minutes à siroter leur café en silence avant d'être interrompus par le retour de Damian.

– Il est arrivé, Logan ?

– Non Damian, toujours pas. Si tu allais jouer dans ta chambre ? Je t'appelle quand il arrive, d'accord ?

– Mais si je ne t'entends pas ? s'inquiéta Damian.

– Je crierai très fort.

– Mais si je ne t'entends pas quand même ?

– Rebecca criera en même temps que moi.

– Mais si je ne t'entends quand mê…

– Je monterai te chercher !

Jamie se leva et agrippa son frère par les épaules, lui fit faire volte-face et le poussa en direction de l'escalier.

– Va… jouer…

Damian poussa un soupir dépité et se traîna lentement en direction de sa chambre. Rebecca s'amusait beaucoup de voir les simagrées qu'il avait héritées de son frère. Ses petites crises d'humeur étaient attendrissantes, comme celles de Jamie.

Jamie reprit place à table à côté de son amie en riant de bon cœur. Damian, même s'il demandait parfois une attention particulière, n'en restait pas moins un enfant absolument adorable.

– Bien, et il arrive quand ton avocat sexy ?

– Il m'a dit qu'il avait une course à faire et qu'il serait là vers 11 heures.

– Ah, très bien ! Tu me le présenteras ! dit-elle en claquant dans ses mains d'un air guilleret.

– Euh… c'est un peu prématuré, non ?

Les présentations à sa meilleure amie étaient une affaire sérieuse.

– Tu as rencontré son frère et ses meilleurs amis, et je pense que tu devrais rééquilibrer la balance.

– J'ai d'abord rencontré son frère et j'ai fait la connaissance de ses amis parce que Damian ne peut pas s'empêcher d'engager la conversation avec tout le monde. Rien de tout ça n'était prévu, protesta-t-il, mais elle balaya l'argument de la main.

– Rien à voir. Tu as rencontré son équipe, il faut qu'il rencontre la tienne.

– Depuis quand tu es une équipe à toi toute seule ?

– Quelle impertinence ! J'incarne ton équipe depuis que j'ai sauvé tes petites fesses dans la cour de l'école, si tu te souviens bien, dit-elle d'un air offensé.

– Tu es mon héroïne, Becca, lança Jamie, les mains sur le cœur, en battant des paupières.

– Je mérite une cape, souligna Rebecca.

– Je peux te proposer une création de mon cru, enchaîna Jamie pour changer de sujet.

– OUI ! Toute dorée avec… Ooooh ! tu te crois malin, à détourner la conversation. Eh bien, ça ne marchera pas. Je vais rencontrer ce Logan pour m'assurer qu'il convient à mon Boo.

– D'accord, très bien. Tu peux rencontrer Logan, mais… sois gentille, OK ? Je l'aime vraiment beaucoup. Donc pas de claque sur la tête, pas de menaces, pas de vérification d'antécédents, pas d'appel au FBI et, surtout, pas d'anecdotes embarrassantes sur moi, énuméra-t-il sur le bout des doigts.

Elle lui décocha un regard noir, d'une part parce qu'elle détestait d'être dépeinte comme une mégère acariâtre, et d'autre part parce que la promesse que lui soutirait Jamie l'empêchait totalement d'endosser le rôle qu'elle projetait de jouer. Celui de la mégère acariâtre.

– Je me comporterai comme la dame aristocratique que je suis, dit-elle en haussant un sourcil distingué, avant de finir par éclater de rire. OK, je me tiendrai à carreau, promis.

– Bien, convint Jamie.

Un hurlement perçant venu du haut de l'escalier le fit bondir de sa chaise.

– JAMIE !

– QUOI ?

– LOGAN EST LÀ ?

– NON, DAMIAN, TOUJOURS PAS !

Jamie se rassit et s'administra une grande claque sur le front tandis que Rebecca éclatait de rire.

– En fait… si, il est là, intervint une voix douce depuis la porte de la cuisine.

Jamie sentit un frisson lui parcourir la nuque et son corps réagir à une vitesse étourdissante. Il bondit de sa chaise et s'approcha timidement de Logan.

– Logan… Bonjour, souffla-t-il en se tordant les mains.

– Bonjour. J'ai frappé plusieurs fois, mais tu ne devais pas entendre, alors je me suis permis d'entrer. J'espère que ça ne t'ennuie pas.

Jamie secoua la tête et Logan glissa ses doigts entre les siens pour l'attirer à lui.

Jamie se laissa aller contre lui, une main appuyée sur son épaule. Les yeux de Logan se posèrent sur les siens, puis sur ses lèvres qu'il effleura des siennes. Jamie sentit une décharge électrique parcourir sa colonne vertébrale. Il lui fallut toute la volonté du monde pour reprendre ses esprits.

Ils restèrent un instant enlacés en silence, jusqu'à ce qu'une petite toux les ramène à la réalité.

Jamie s'arracha de leur étreinte dont la chaleur lui manqua aussitôt.

– Alors… Logan, voici Rebecca, ma meilleure amie. Becca, je te présente Logan, énonça-t-il en se balançant d'un pied sur l'autre.

– Bonjour, Rebecca, je suis ravi de faire ta connaissance. Jamie m'a beaucoup parlé de toi, dit-il en lui tendant la main.

– Voici donc le Logan dont mon Boo parle tout le temps, lança Rebecca avec un petit sourire effronté, laissant Jamie bouche bée d'horreur.

– Quoi… mais… c'est pas… je n'ai jamais… Rebecca! s'écria-t-il avant de cacher son visage dans ses mains.

– Hé, ne va pas cacher ce beau visage. Moi aussi, je parle de toi tout le temps. Demande à Luke et Tyler… et à Cameron… Ils n'en pourraient plus s'ils ne t'appréciaient pas autant, affirma Logan en lui écartant les mains du visage pour lui caresser la joue.

Il ne voulait surtout pas que Jamie soit gêné. Il était fier de ce qu'ils commençaient tout juste à construire et voulait crier au monde entier à quel point Jamie était exceptionnel.

Rebecca les observait, le sourire aux lèvres. Elle s'apprêtait à mettre Logan sur la sellette et à le menacer de toutes sortes de maux s'il ne prenait pas soin de Jamie, mais en voyant la délicatesse avec laquelle il l'avait embrassé, le serrant contre lui comme s'il allait se briser, posant sur lui un regard émerveillé, elle s'était aperçue que son intervention était superflue. Son ami pouvait offrir son cœur à cet homme. De toute évidence, celui-ci le méritait amplement.

– Je devrais prévenir Damian. Il est surexcité. Tu es officiellement sa personne préférée, expliqua Jamie.

Logan sentit son cœur s'emplir d'une émotion profonde. C'était ce qu'il souhaitait le plus au monde. Il suivit des yeux Jamie qui s'éloignait vers l'escalier, abasourdi qu'un homme pareil soit encore célibataire. Les homosexuels de l'Ohio étaient-ils tous aveugles ? Il était perdu dans ces considérations lorsqu'une claque à l'arrière de la tête le ramena à la réalité.

– Mais qu'est-ce que…, s'exclama-t-il avant de tomber nez à nez sur Rebecca, les mains sur les hanches dans une posture menaçante qui lui donna envie de s'évanouir de la surface de la terre.

– Très bien, écoute-moi bien un instant. Jamie m'a demandé d'être sympa avec toi, mais là il ne peut pas nous voir donc je vais faire vite et tu vas bien faire gaffe à ce que je te dis, OK ?

Logan hocha la tête d'un air hébété. Rien ne l'avait jamais préparé à rencontrer la meilleure amie cinglée d'un amoureux potentiel, pas même ses années d'études de droit à Harvard.

– Tu plais beaucoup à mon Boo…

– C'est réciproque, et…

– Tut tut tut… On ne m'interrompt pas.

– Désolé.

– Donc, comme je le disais, tu plais beaucoup à mon Boo. Et je vois bien qu'il te plaît énormément, peut-être même plus, si j'en juge par ton sourire béat.

Elle le gratifia d'un clin d'œil. Au lieu de riposter comme à son habitude, Logan se contenta de hocher la tête en rougissant, ce qui ne lui était pas arrivé depuis que Jeremy l'avait invité à sortir au lycée.

– Je veux son bonheur. (Toute allégresse avait quitté la voix de la jeune femme.) Alors, prends soin de lui. Tu ne sais pas à quel point il est exceptionnel, même si tu t'en rendras compte avec le temps. Il est unique. Ne va pas détruire ça, ne lui fais pas de mal. Sinon…

Elle laissa sa phrase en suspens et glissa un pouce sur sa gorge d'un air menaçant.

– Je veux faire son bonheur. À lui, et à Damian. Je te promets que je ne lui ferai jamais intentionnellement de la peine, déclara Logan en priant pour qu'elle lise entre les lignes et comprenne.

Qu'elle comprenne qu'il l'aimait déjà, si fou que cela puisse paraître, mais qu'il n'y pouvait rien puisque son cœur avait tranché dès l'instant où il l'avait rencontré.

De toute évidence, Rebecca avait compris : elle lui sourit chaleureusement et hocha la tête.

– Je le préfère depuis qu'il t'a rencontré, tu sais ?

– Comment ça ?

– Il est plus heureux, il prend des risques, il est plus entreprenant... J'adore le voir comme ça après l'avoir connu sur ses gardes pendant si longtemps.

Logan sentit sa gorge se serrer, ses mains trembler et son cœur... son cœur bondit de plus belle d'amour et de désir.

– C'est bon à entendre, parvint-il à articuler avant l'arrivée de Damian, qui se rua sur lui et serra ses jambes dans ses bras.

– SALUT, LOGAN !

Jamie était sur le point de sermonner Damian sur le fait de hurler dans la maison sans raison lorsque Logan souleva son frère et hurla à son tour :

– SALUT, DAMIAN !

– C'est pas vrai, ils sont deux maintenant, lâcha-t-il d'un air horrifié tandis que Rebecca éclatait de rire.

– Chanceux, va. Bon, faut que j'y aille. Amuse-toi bien, Boo !

Elle l'embrassa sur la joue tandis qu'il contemplait d'un air consterné l'échange d'âneries auquel se livraient Logan et Damian.

– Non, ne me laisse pas tout seul avec eux, ils sont fous !

– Mais ça, c'est ton problème !

Elle s'en alla dans un grand éclat de rire.

Jamie se retourna et retrouva Logan assis en tailleur sur le sol tandis que Damian sautillait autour de lui et enfonçait ses petits doigts dans ses épaules en expliquant qu'il s'agissait d'une technique ninja ancestrale pour vérifier que les gens n'étaient pas méchants.

– Mais les méchants invitent rarement les petits garçons et leurs grands frères à la fête foraine, pas vrai ? protesta Logan avec une moue exagérée.

Damian se mordit la lèvre et le dévisagea longuement avant d'accepter son argument et de l'autoriser à se relever.

– On y va, maintenant ? s'enquit Damian en sautillant.

– D'abord, j'ai une surprise pour toi, répondit Logan avec un large sourire.

– J'adore les surprises. C'est quoi ?

– Dans l'entrée, tu trouveras un grand sac. Tu veux bien aller le chercher ? proposa Logan.

Damian hocha la tête avec enthousiasme, pas peu fier de sa mission, et sortit de la pièce en bombant le torse. Jamie étouffa un rire.

– J'aime ton rire, murmura Logan, qui s'apprêtait à l'embrasser lorsque Damian fit son apparition, traînant un énorme sac derrière lui, le visage empourpré par l'effort.

– C'est quoi ? s'enquit Jamie, peu rassuré par le sourire qui dansait sur les lèvres de Logan.

– Eh bien… il ne s'agit pas d'une fête foraine comme les autres.

– C'est-à-dire ?

– Celle-ci est sur le thème de la Renaissance. Donc, pour que l'expérience soit totale… (Logan plongea les mains dans le sac et en ressortit une montagne de vêtements et d'accessoires en faux métal.) J'ai apporté des costumes !

– Tu as apporté… des costumes…, répéta Jamie d'un air horrifié tandis que Damian faisait des bonds de joie.

– Des costumes à thème.

– Des costumes à thème, rien que ça ! grommela Jamie.

– Ils sont super, tu veux les voir ? proposa Logan en riant.

– Oui, s'il te plaît ! répondit Damian à la place de son frère, qui observait la pile de costumes comme s'ils allaient prendre vie sous ses yeux.

– Alors, petit ninja, ton frère sera un prince charmant, annonça Logan en grande pompe en sortant d'épais collants noirs, une tunique bleu clair, un gilet gris et une magnifique ceinture décorée couleur argent.

Le costume plaisait beaucoup à Jamie, qui se demandait ce qui avait motivé le choix de Logan. Il s'apprêtait à poser la question lorsque Damian prit les devants.

– C'est quoi, un prince qui est charmant ?

– Ça veut dire qu'il est très beau, expliqua Logan en plongeant les yeux dans ceux de Jamie, qui rougit de plus belle et baissa la tête en se mordant la lèvre.

– Oh ! c'est bien que Jamie se déguise comme ça, parce que moi je trouve qu'il est beau, acquiesça Damian. Et nous, on s'habille en quoi ?

– Tu vas adorer. Toi et moi, on est ses chevaliers. Tu sais ce que c'est ?

Damian secoua la tête d'un air émerveillé. Il ignorait ce que ça pouvait bien être, mais cela semblait génial !

– Ce sont ceux qui protègent le roi et la reine pour que les méchants ne leur fassent pas de mal.

– Les princes aussi, on les protège ? s'enquit-il, ce qui ne manqua pas d'émouvoir Jamie.

– Bien sûr. Et donc, aujourd'hui… toi et moi, nous sommes des chevaliers, et personne n'embête Jamie, ça roule ? demanda Logan en tendant son poing devant Damian qui le cogna avec enthousiasme. Bien, en piste !

Chacun enfila son costume : Jamie en collants et tunique, et Damian et Logan en armure, casque et masse d'armes. Damian était aux anges et tout ce petit monde prit place dans la voiture, dans laquelle Logan eut bien du mal à se concentrer sur la route en raison d'un certain Jamie Maddison sur le siège passager.

La tunique bleu clair faisait ressortir ses yeux de manière spectaculaire. Les collants épousaient magnifiquement le galbe de ses jambes et les bottes pour lesquelles il avait opté parachevaient le tout à en faire baver Logan. Il avait un faible pour les jambes de Jamie, mais les jambes de Jamie en collants et bottes, c'était de la kryptonite ! Il ne parvenait pas à arracher son regard de ce spectacle. Le pire étant bien entendu que Jamie avait l'air à des années-lumière de se rendre compte de sa propre beauté et des regards que les hommes jetaient sur lui.

Ils devisèrent gaiement sur tout le trajet, Damian racontant ses aventures épiques dans la cour de l'école, ses premiers devoirs à la maison et mille et une autres choses qui lui passèrent par la tête.

Logan s'était toujours bien entendu avec les enfants de ses amis, mais ne s'était jamais projeté dans le rôle de parent. À cet instant, le bavardage incessant de Damian lui donna un sentiment de plénitude et il remercia quiconque était « là-haut » de lui offrir la chance incroyable de vivre une histoire avec Jamie et son frère.

*

La file d'attente pour la billetterie débordait de visiteurs impatients de découvrir la fête foraine. Depuis les grilles d'entrée, l'immense espace de stands, de chapiteaux et d'arènes de tournoi avait l'air tellement excitant que Jamie se surprit à faire des petits bonds de joie en priant pour que Logan, occupé à discuter avec Damian, ne s'en aperçoive pas.

Le spectacle du jeune homme en grande conversation avec son frère l'emplissait de joie.

Logan répondait patiemment à la profusion de questions que lui soumettait Damian, sans aucun signe d'agacement ni de fatigue. Bien au contraire, il avait l'air ravi.

Il sentit son regard se voiler et leva lentement la main pour écarter une larme.

Le mouvement attira le regard de Logan qui se retourna, le front barré d'inquiétude.

– Qu'est-ce qui se passe ?

– Rien… Tout va très bien, le rassura Jamie d'une petite voix.

Ses yeux passaient de Logan à Damian, qui faisait le vide autour d'eux en brandissant sa masse d'armes, pour la plus grande joie des visiteurs qui s'écartaient pour faire bonne mesure.

Logan suivit le regard de Jamie et ses larmes de joie prirent tout leur sens. Dans son esprit et dans son cœur, ils étaient d'ores et déjà en train de devenir une famille, mais il était encore trop tôt pour aborder le sujet, et il se contenta d'emmêler délicatement ses doigts à ceux de Jamie.

Ce dernier jeta un œil inquiet alentour, mais constata que la fête foraine semblait être un lieu plutôt bienveillant : devant eux, deux femmes échangèrent un baiser, attirant quelques coups d'œil désapprobateurs bien vite éclipsés par une majorité de regards réjouis et attendris, voire indifférents. Rassuré, Jamie serra la main de Logan. Son cœur se serra de plus belle lorsque Damian agrippa l'autre main du jeune homme comme s'il l'avait fait toute sa vie.

Ils payèrent l'entrée puis pénétrèrent dans l'espace dédié à la foire, un instant abasourdis par le chahut de la foule bigarrée qui déambulait en costume.

Logan lâcha les deux frères à contrecœur pour déplier la petite carte du site.

– Bien ! Par quoi voulez-vous commencer ? Je ne pense pas qu'on ait le temps de tout voir, parce qu'il y a beaucoup de spectacles et d'activités, mais on peut faire un grand tour, proposa-t-il.

– Qu'est-ce qu'il y a à voir ? s'enquit Damian en sautant sur place pour essayer de déchiffrer le plan.

Logan tendit spontanément la carte à Jamie avant de prendre Damian dans ses bras et de se pencher avec lui sur le plan. Jamie contempla le spectacle d'un air interdit et décida de se détendre pendant le reste de la journée. Ils auraient une conversation sérieuse une autre fois.

– Il y a un spectacle de fauconnerie, avec des faucons et des aigles apprivoisés, où on peut voir les dresseurs travailler.

Et parfois ils demandent à une personne du public de tenir un des rapaces, lut Jamie sur le plan à l'intention de Damian.

– Je veux voir les oiseaux! s'exclama Damian en se tortillant dans les bras de Logan pour qu'il le repose par terre.

– OK, on peut commencer par ça, et puis choisir ensuite au fur et à mesure? proposa Logan.

Jamie hocha la tête et ils se mirent en route vers l'amphithéâtre, Jamie allant jusqu'à laisser Logan lui passer un bras autour de la taille.

La fauconnière était une très belle femme blonde vêtue d'un manteau sombre avec un col en fourrure anthracite, portant des gants en cuir épais. Elle travaillait avec trois magnifiques rapaces dans les tons marron foncé et gris: deux faucons et un aigle à tête blanche. Elle les faisait s'envoler à tour de rôle puis les faisait revenir à l'aide d'une friandise ou d'un sifflement particulier, et ils se posaient sur son bras. À la fin de la représentation, elle invita le public ravi à participer.

Damian était trop petit et, à dire vrai, un tantinet apeuré par ces grands volatiles. Au final, aucun des trois ne se porta volontaire, préférant observer quelques spectateurs téméraires mettre un pied dans l'arène.

– Jamie, on peut avoir un aigle? demanda Damian tandis qu'ils s'approchaient du stand du soufflage de verre.

– Euh… je ne pense pas.

– Mais pourquoi?

– Parce qu'ils font leur nid dans la forêt ou dans la montagne.

– Ils font des nids en brique comme nous?

– Non, ils prennent des branches, des brindilles et des feuilles qu'ils font tenir avec un peu de boue.

– On peut leur faire un nid dans notre jardin?

– Je ne suis pas sûr de savoir comment m'y prendre, mais tu sais quoi? On peut s'installer dans le garage un de ces jours et fabriquer une cabane à oiseaux qu'on accrochera dans le jardin pour les nourrir. Qu'est-ce que tu en penses?

– Super ! On peut faire ça demain ?

– Il faut vérifier qu'on a tout ce qu'il faut. Sinon, on le fera la semaine prochaine, d'accord ? suggéra Jamie en espérant secrètement que son frère survolté en avait fini avec son interrogatoire en bonne et due forme.

– Jamie, ça mange quoi les oiseaux ?

Logan et Jamie éclatèrent de rire et Jamie s'appliqua à répondre à l'avalanche de questions de son frère.

Jamie eut un véritable coup de foudre : les flammes crépitaient dans de grands fourneaux à métal tandis que des souffleurs manipulaient de longues cannes s'achevant sur une masse informe de verre fondu.

Il observa avec fascination l'amas grossier se transformer en véritables œuvres d'art entre les mains solides et talentueuses des artisans.

Tandis que les souffleurs dévoilaient leur art, un guide abordait les aspects théoriques de cette pratique. Le soufflage du verre reposait sur trois fourneaux : le premier servait à fondre le verre, le second à le réchauffer pour le rendre malléable et le dernier à le refroidir pendant plusieurs jours d'affilée pour éviter les fissures. Ces étapes franchies, on pouvait colorer le verre.

Sous le regard émerveillé des spectateurs, les souffleurs terminèrent de façonner les boules de verre qu'ils séparèrent de la canne pour les laisser refroidir.

L'exercice étant potentiellement dangereux, le public n'était pas invité à participer à la démonstration, ce qui n'empêcha pas Damian de décider qu'il serait souffleur de verre quand il serait grand.

Jamie accueillit la nouvelle d'un hochement de tête, sachant que, selon toute probabilité, Damian aurait changé une quinzaine de fois de carrière d'ici à la fin de la journée.

Jamie s'absorba de nouveau dans la contemplation des souffleurs de verre et Logan ressentit soudain un pincement de jalousie. Grands et musclés, les artisans transpiraient, torse nu, et Logan se demanda s'ils plaisaient à Jamie. Après tout, Logan n'était peut-être pas son genre d'homme. Il tourna la tête vers Jamie, qui restait complètement fasciné.

– Ils sont… ils sont plutôt pas mal, non ?

En posant sa question d'une voix incertaine, il avait détourné le regard et ne remarqua pas la lueur de douleur qui traversa les yeux de Jamie, qui se raidit imperceptiblement.

Logan avait complètement oublié ce que Jamie lui avait confié lors de leur premier déjeuner, à quel point il était persuadé de ne pas être le genre de Logan qui préférait sans doute, comme l'avait prévenu l'inconnu du bar, les hommes plus baraqués.

– Pas vraiment mon style, mais je comprends qu'ils puissent te plaire, riposta Jamie d'un ton glacial en croisant les bras.

Logan fronça les sourcils, surpris par la sécheresse de sa réplique. En le dévisageant, il s'aperçut que son expression dure ne parvenait pas à cacher son manque d'assurance.

Soudain, la conversation du restaurant lui revint en mémoire et il eut envie de se donner des gifles.

– Jamie, j'ai dit ça parce que j'ai cru que tu les trouvais beaux et ça m'a rendu jaloux. Pas parce qu'ils m'attirent, dit-il doucement.

Jamie cligna des yeux avant de se tourner vers lui, plein d'espoir.

– Je ne les trouve pas particulièrement beaux. Ce n'est vraiment pas mon genre, murmura-t-il loin des oreilles de Damian, qui était de toute façon trop absorbé par les souffleurs de verre pour leur prêter attention.

– Oh ? Parce que tu en as un ? renchérit Logan en lui prenant la main pour l'attirer plus près.

– N-non… enfin, pas vraiment… enfin… peut-être un peu.

– Et c'est quoi ?

– C'est quoi quoi ?

– Ton genre.

– Je ne te le dirai pas.

– Pourquoi ? Allez, dis-moi !

– Jamais. Leo, on y va. On va être en retard au tournoi.

Il attrapa Damian par la main et se dirigea vers l'amphithéâtre des tournois, laissant un Logan boudeur rouspéter dans son sillage.

La foule accueillit avec allégresse l'arrivée des chevaliers qui allaient prendre part au tournoi, suivis de leurs chevaux.

Chaque cavalier était vêtu d'une armure rutilante qui ressemblait à celles de Logan et Damian, sauf qu'elles étaient en vrai métal et avaient l'air authentiques. Les lances des chevaliers les attendaient, minutieusement alignées devant les spectateurs.

L'annonceur présenta chaque chevalier par son nom, son statut, un aperçu de son histoire familiale et une description de son blason.

L'effort de réalisme était particulièrement réussi et Jamie applaudit vivement lorsque les hommes se mirent en selle et firent un tour de piste pour saluer les gradins.

Jamie s'arracha au spectacle pour observer Damian, qu'il découvrit littéralement scotché à son siège, complètement surexcité. Son visage irradiait de bonheur tandis qu'il dévorait les épées et les montures de ses grands yeux éberlués.

Jamie sourit affectueusement puis se tourna vers Logan. Le jeune homme, qui observait Damian d'un air attendri, croisa le regard de Jamie, qui lui tendit la main.

Il s'apprêtait à entremêler leurs doigts lorsqu'une énorme paume gantée s'abattit sur son autre main.

Jamie se retourna et tomba nez à nez avec des yeux d'un vert perçant voilés d'une mèche blonde désordonnée, et un immense sourire.

Jamie dévisagea l'inconnu avec circonspection, paralysé par la surprise qui l'empêchait de retirer sa main de son emprise.

– Accepteriez-vous d'être mon porte-bonheur ?

La voix grave et sensuelle du chevalier fit tressaillir Jamie. Habituellement, les hommes adoptaient ce ton quand ils voulaient lui sauter dessus, et il n'appréciait pas du tout. Enfin, sauf quand c'était Logan… mais seulement lui.

– Comment ça ? demanda-t-il, méfiant.

– Il s'agit d'une tradition aussi ancienne que les tournois. Les chevaliers choisissent leur personne porte-bonheur, qui leur donne un gage de chance. Ils combattent pour elle et lui dédient la victoire… À condition de gagner, bien évidemment.

Logan ne gobait pas un instant l'attitude innocente du type qui jouait la carte de la tradition.

À son grand désarroi, Jamie semblait l'avaler tout rond : il gratifia le chevalier d'un immense sourire et dégrafa la broche en argent qui ornait son gilet.

– C'est génial d'observer la tradition et de faire participer le public ! Bravo à tous les organisateurs, déclara-t-il en agrafant le bijou sur le col qui dépassait de l'armure du chevalier.

Le manque flagrant de discernement de Jamie, qui ne se rendait absolument pas compte qu'il se faisait ouvertement draguer, laissa l'homme perplexe et fit sourire Logan, qui décida néanmoins de garder un œil sur lui. Le chevalier remercia Jamie et promit de le retrouver après le tournoi pour lui rendre sa broche avant de s'en aller.

– Lui, par exemple, c'est ton genre ?

– Mes lèvres sont scellées, répliqua Jamie d'une voix chantante.

– Eh bien, je pourrais facilement les ouvrir, lui murmura Logan à l'oreille en le faisant frissonner de nouveau.

– Vraiment ?

– Oui, souffla-t-il contre ses lèvres.

– Logan… pas devant Damian, bredouilla Jamie en jetant un œil à son frère.

Absorbé par le premier tour de l'épreuve qui noyait leurs paroles, l'enfant les ignorait royalement.

– Oh… Jamie, je suis désolé, je n'ai pas réfléchi…

– Du calme, ce n'est rien…, l'interrompit Jamie. Ne t'inquiète pas. Ce n'est pas grave s'il nous voit, mais on commence tout juste… toi et moi, et je n'ai pas eu l'occasion de lui dire que tu allais être plus souvent dans les parages. Je veux être sûr de ce que nous sommes l'un pour l'autre avant de l'impliquer.

– Bien sûr, je comprends. Je suis désolé, répliqua précipitamment Logan.

Il réprima l'envie d'affirmer que, pour sa part, il était sûr de ce que Jamie représentait pour lui.

Il se contenta de lui prendre la main et de constater non sans amertume que le chevalier de Jamie remportait chaque affrontement.

Le public fut convié à la fête d'après-tournoi qui proposait de déguster des mets du Moyen Âge et de se mêler aux chevaliers. Ils échangèrent quelques mots avec d'autres spectateurs et tentèrent quelques pas de danse avant de s'installer devant une étrange boisson parente du punch et quelques biscuits secs à la cannelle.

Damian était en train de décrire dans le moindre détail chacune des joutes équestres lorsque le chevalier blond, qui avait été présenté comme Evan au tournoi, s'approcha, son regard carnassier vissé sur Jamie.

– Je savais bien que vous me porteriez bonheur, lança-t-il d'une voix rauque.

Logan lui décocha un regard noir mais Evan l'ignora superbement, lançant à la place une vaste entreprise de séduction à l'attention de Jamie.

– Oh ! je n'y suis pour rien. Vous avez été formidable. Félicitations, répliqua Jamie.

Un court instant, Logan se demanda si Jamie faisait l'innocent, tant les ondes séductrices du chevalier étaient évidentes. Mais le jeune homme n'y voyait que du feu. Evan ne se laissa pas démonter pour autant et se lança dans une conversation, sans jamais ciller à la mention de Damian ou Logan, qui commençait à se demander ce qui ne tournait pas rond chez cet abruti.

Le grand blond s'approchait de Jamie de trop près lorsqu'un certain petit garçon de cinq ans vint leur sauver la mise.

– C'est une vraie épée ? demanda Damian, fasciné par l'arme imposante qui brillait de mille feux à la ceinture du chevalier.

– Tout à fait, répondit Evan en lui souriant gentiment.

La haine de Logan n'avait plus de limites. Lui qui faisait des efforts démesurés pour impressionner Damian, voici que cette espèce de beau parleur à mèche blonde venait semer la pagaille avec son épée de pacotille !

– Je peux la tenir ? demanda Damian du plus bel air de Chat Potté que Logan ait jamais vu.

Les yeux écarquillés, légèrement humides, les joues gonflées et la lèvre inférieure en avant, sans oublier un léger tremblement de la bouche, il était parfaitement irrésistible.

– Je ne pense pas que ce soit une bonne idée, Leo, coupa Jamie, amusé par l'arrivée de son petit frère.

Damian accentua sa moue et Jamie leva les yeux au ciel à l'attention de Logan avant d'éclater de rire : tout le monde était sous son charme.

– C'est un peu lourd, mais tu peux essayer, précisa Evan en sortant l'arme de son fourreau pour la tendre à Damian, lame vers le sol, tout en articulant un « elle n'est pas affûtée » à l'attention de Jamie.

– Fais attention, renchérit Jamie tandis que Damian repliait ses petits doigts sur le manche.

Une expression de pur bonheur se dessina sur son visage lorsqu'il empoigna l'épée et s'éloigna de quelques pas.

Il souleva un nuage de poussière dans son sillage, la lourde pointe s'enfonçant obstinément dans le sol. Damian ne se démonta pas pour si peu et les trois hommes rirent de bon cœur de ce spectacle.

– On peut tuer quelqu'un avec ? s'enquit Damian en écrasant un pauvre pissenlit.

– Pourquoi veux-tu savoir ça ? demanda le chevalier, amusé.

– Eh bien, il faut que je sache, parce que je suis un superhéros, et si tu es un méchant et que tu vas embêter des gens, il faut que je les sauve, expliqua Damian avec son sérieux légendaire.

– Oh ! je vois… je suis vraiment désolé de te dire ça, mais les méchants ne préviennent jamais les superhéros quand ils s'apprêtent à embêter les gens, dit-il tandis que Damian restait bouche bée.

– Mais alors, les superhéros font comment pour savoir quand il faut sauver quelqu'un ?

– Ils doivent le découvrir tout seuls.

– Mais comment ?

– Par exemple, en regardant les infos à la télé ou en lisant le journal, ou en consultant Internet, poursuivit joyeusement Evan.

Damian, frappé de terreur, avait les yeux remplis de larmes géantes qui menaçaient de déborder d'une seconde à l'autre.

– Mais… mais… je suis au lit pendant les informations, et je n'ai pas le droit d'utiliser l'ordinateur quand Jamie n'est pas à la maison et… et je ne sais pas encore lire tout seul, balbutia-t-il misérablement tandis que le chevalier perdait peu à peu tous ses moyens.

Faire sangloter le petit frère n'était pas le moyen le plus infaillible pour séduire le grand frère.

Il s'apprêtait à se sortir de ce mauvais pas lorsque Logan s'accroupit à côté de Damian et posa un bras autour de ses frêles épaules.

– Voici ce que je te propose, dit-il. Je lis le journal tous les matins en arrivant au travail et je regarde le journal télévisé tous les soirs. Si je vois quoi que ce soit de suspect, je te ferai signe, proposa-t-il avec une douceur qui fit fondre Jamie.

– C'est quoi quelque chose de suspect ? hoqueta Damian.

– C'est quelque chose qui a l'air méchant ou vilain, expliqua Logan.

– Oh… et tu me diras tout de suite ? s'enquit-il en regardant Logan à travers ses cils mouillés.

– Absolument.

– Alors d'accord.

Logan glissa une main dans sa menotte et Damian, qui avait perdu tout intérêt pour l'épée, la tendit à son propriétaire. Il sautilla jusqu'au chevalier suivant et lui demanda s'il pouvait caresser son cheval.

Jamie se pencha vers Logan en souriant. Le chevalier blond s'aperçut alors qu'il n'avait aucune chance. Agacé par le hobbit bouclé, il marmonna de nouveaux remerciements à l'attention de Jamie, lui rendit la broche et s'éloigna à grandes enjambées.

– C'est quoi son problème ? demanda Jamie en agrafant le bijou à sa place.

– Oh ! pitié, Jamie. Tu ne voyais vraiment pas qu'il te draguait ? s'exclama Logan avant de s'esclaffer devant sa mine décontenancée.

– Quoi ? Mais non. Il était sympa, c'est tout. Pourquoi veux-tu qu'il me drague ?

– Parce que tu es beau, répliqua Logan du tac au tac.

– Mais non. C'est une tradition. Tous les chevaliers ont fait pareil.

– Si, Jamie. Tes yeux suffiraient à provoquer des carambolages. Rien que tes yeux. C'est sans compter ton sourire à tomber par terre, ta peau parfaite et ton sex-appeal de folie.

– Logan..., protesta Jamie, gêné.

– Je suis désolé si ça te met mal à l'aise, mais il faudrait être aveugle pour ne pas voir les regards que tu attires. Certains seraient prêts à tuer pour une chance avec toi, mon beau, renchérit-il en caressant ses joues brûlantes.

– Eh bien, ils ne m'auront pas, murmura Jamie.

– Hum ?

– Tu veux savoir quel est mon genre ? s'enquit-il timidement.

– Oui, répondit Logan en souriant.

– J'aime les hommes plus âgés que moi, aux cheveux foncés et bouclés, aux yeux noisette, et capables de faire sourire mon frère comme ça, affirma-t-il en montrant Damian qui s'appliquait à manier sa masse d'armes en riant comme un fou.

– Eh bien, c'est une bonne chose que tu en aies un comme ça pour petit ami, s'empressa-t-il de répondre avant que Jamie change d'avis.

Il savait à quel point il désirait Jamie, et ils pouvaient très bien y aller doucement tout en étant en couple.

– Petit ami ? répéta Jamie, les yeux grands comme des soucoupes.

– Si c'est ce que tu veux, oui.

– Tu es sûr ?

– Sûr et certain.

– Alors… oui… c'est ce que je veux.

Il jeta un regard furtif à Logan avant de river de nouveau son regard sur le sol.

Logan affichait un immense sourire. Jamie se contenta de hocher la tête, et se lova un instant dans ses bras. Il persistait à se sentir trop malingre, mais la gêne s'émoussait un peu.

Il se sentit comblé lorsqu'ils soulevèrent Damian entre eux et quittèrent l'amphithéâtre pour s'approcher des jeux.

– Jamie, je peux avoir un cheval ?

Ce à quoi Jamie répondit que c'était impossible parce qu'un cheval prenait de la place et coûtait cher, qu'ils n'avaient pas d'espace dans le jardin et qu'ils ne pourraient pas faire galoper le cheval dans la rue, parce qu'un cheval était à sa place dans un immense champ avec plein d'herbe pour se nourrir, contrairement à chez eux.

Ils passèrent quelques heures encore à déambuler dans la fête foraine, à tenter leur chance aux stands de jeux, à remporter des animaux en peluche pour Damian et à passer une journée inoubliable.

Logan avait offert à Jamie une magnifique petite bulle en verre soufflé et Jamie avait offert à Logan un porte-clés en forme de masse d'armes.

La nuit commençait à tomber lorsqu'ils regagnèrent la sortie, Damian les devançant de quelques pas avec son cheval en peluche. Il fit soudain volte-face et les attendit, la mine concentrée.

– Logan ?

– Oui ?

– Je peux avoir le même costume pour Halloween ? J'aimerais être un chevalier.

– Je suis sûr qu'on peut s'arranger, bonhomme. Si Jamie est d'accord, ajouta-t-il après coup de peur d'interférer avec leurs projets.

– Jamie, s'te plaît ! s'exclama Damian avec sa moue redoutable.

Jamie resta un moment pensif avant de se tourner vers Logan et de lui demander à voix basse :

– Est-ce que ça va coûter cher ? s'enquit-il timidement.

Le cœur de Logan se serra et il se promit qu'il ne regarderait jamais à la dépense pour faire le bonheur de Jamie et Damian.

– Ça ne coûtera rien du tout. La sœur de Tyler a un magasin de costumes à la périphérie de la ville. Je lui demanderai de pouvoir garder celui-ci un peu plus longtemps, le rassura-t-il.

La main de Jamie se fondit dans la sienne et ses doigts fins enlacèrent les siens. C'était la première fois que Jamie initiait un contact physique entre eux. Un début d'aisance de sa part valait tout l'or du monde.

– Tu es sûr ? demanda Jamie une nouvelle fois.

– Certain ! confirma Logan en sautillant sur place, heureux de faire quelque chose pour Damian.

– D'accord. Tu peux lui dire que tout est bon, dans ce cas. (Damian poussa un cri de joie en apprenant la nouvelle.) Et merci.

– Tout pour vous faire plaisir, souffla Logan en lui caressant la joue.

Jamie lui jeta un regard inquiet, mais se ravisa aussitôt : cette journée était trop belle pour céder à la peur. Il hésita puis posa une main tremblante sur la nuque de Logan avant de l'embrasser.

Un baiser léger et chaste, en priant pour que Logan ne juge pas qu'il embrassait mal.

Logan semblait loin de ces considérations : le souffle court, il lui retourna son baiser, affolé par son parfum et le goût de sa bouche.

– Beurk, c'est dégoûtant ! s'exclama Damian.

Ils finirent par rompre leur étreinte en riant et continuèrent le chemin jusqu'à la voiture.

– En réalité, tu as sauvé ma réputation avec cette histoire de costume, confia Jamie.

– Comment ça ?

– Tu m'épargnes les collants en Lycra pour Halloween, avoua-t-il en riant.

– Hum… Serais-tu en train de me dire que je viens de saboter l'occasion qui m'était donnée de te voir en collants ?

– Je porte des collants en ce moment même, Logan, riposta Jamie en levant les yeux au ciel.

– Certes, mais tes bottes cachent une moitié de tes jambes et ta tunique l'autre moitié, alors je ne vois pas grand-chose, au final.

– Il n'y a pas grand-chose à voir de toute façon, marmonna Jamie en triturant un bouton de son costume.

– À part les jambes les plus superbes de la planète.

Logan avait lancé le compliment d'un ton parfaitement détaché, convaincu qu'il était grand temps que Jamie se rende compte de l'effet qu'avaient ses jambes sur son équilibre mental.

Jamie resta un instant bouché bée, les yeux écarquillés, avant de les baisser sur ses jambes maigrichonnes, voire rachitiques et surtout (était-ce stupide d'espérer que Logan ne s'en rendrait jamais compte ?) toutes pâles. Logan les trouvait sexy ? Jamie sourit en son for intérieur. Si tel était le cas, alors peut-être…

– Tu crois qu'à la Renaissance les princes retiraient leur tunique quand ils avaient chaud ? Parce qu'il fait super chaud aujourd'hui et j'ai pas envie que tu attrapes mal, lança Logan avec un clin d'œil.

Jamie éclata joyeusement de rire, et Logan dut se retenir de lui voler un nouveau baiser.

– Non, Logan, je ne pense pas.

– Eh ben, c'est dommage, conclut-il en faisant la moue avant de courir après Damian.

Jamie secoua la tête et partit à leur suite en riant.

En mettant Damian au lit ce soir-là après que Logan les avait déposés chez eux, Jamie se surprit à songer que c'était de loin la journée la plus parfaite qu'il avait vécue depuis fort longtemps.

Il se glissa sous les draps, étourdi par le rituel « Fais de beaux rêves, mon beau » qui l'attendait sur l'écran de son portable.

12

Le dessous des masques

Septembre céda la place à octobre à l'insu de Jamie, qui avait le sentiment que le temps s'appliquait à lui botter les fesses et qu'il n'aurait jamais plus jamais le loisir de dormir, manger, ou s'asseoir une minute pour décompresser.

Il passait ses journées à courir pour préparer les costumes de Luke, Tyler et Logan, et les derniers rebondissements liés au mariage avaient ajouté la confection de deux ensembles supplémentaires : celui du porteur d'alliances – à savoir Damian – et le sien. Logan ne l'ayant pas tant convié que sommé d'assister au mariage, il n'avait eu d'autre choix que d'accepter.

– Bonjour ! lança Jamie en relevant la tête pour que Logan dépose un baiser sur ses lèvres avant de se glisser dans le box à côté de lui.

– Hum… Bonjour.

Logan gémit doucement sous leur caresse. Il adorait le goût de ces baisers qui lui faisaient tourner la tête, et auxquels il avait bien du mal à s'arracher.

Il lui déroba un dernier baiser avant de se tourner vers la serveuse pour commander une tasse de café.

– Bon… c'est quoi cette urgence ? s'enquit Jamie en prenant une gorgée de son café pour reprendre ses esprits.

Logan lui faisait perdre tout contrôle. Depuis six semaines qu'ils étaient ensemble, Jamie ne s'était toujours pas habitué à ses étreintes, à son désir ni à sa présence.

– Tu me manquais, répondit Logan avec une moue enfantine.

– Logan ! Tu m'as demandé de m'absenter de l'atelier parce qu'il y avait une urgence. J'ai une tonne de boulot à boucler en moins de deux semaines. Si je veux pouvoir dormir un jour, il faut que j'y retourne ! s'impatienta Jamie en faisant mine de se lever.

Logan ajouta un léger tremblement à sa moue et Jamie se demanda s'il ne prenait pas des conseils auprès de Damian tant sa technique était imparable.

Jamie poussa un profond soupir et se laissa retomber sur la banquette.

– Tu as trente minutes, prévint-il.

Le sourire aux lèvres, Logan hocha vigoureusement la tête.

Jamie secoua la sienne en riant, cachant sa joie à la confession de Logan qu'il lui manquait. Il l'écouta se plaindre de sa dernière affaire en date tandis qu'ils dégustaient une tasse de café.

Concentré sur le jargon légal et la complexité des procédures judiciaires, Jamie fut résolument pris de court par la chute de son récit.

– Honnêtement, j'ai hâte d'être au mariage. Je rêve d'une soirée détendue avec mes amis et avec toi.

– Quoi ? s'exclama Jamie, s'étouffant avec son café.

– Comment ça, quoi ? répéta Logan avec un froncement de sourcils.

– Tu ne vas pas quitter le mariage plus tôt pour être avec moi, Logan. Luke et Tyler sont tes meilleurs amis. Il faut que tu sois là pour eux, et…

– Jamie, mais de quoi tu parles ? Tu m'accompagnes à ce mariage ! répliqua Logan sur le ton de l'évidence.

– Je… ah bon ?

On était à quinze jours de la cérémonie et, comme ni Tyler ni Luke ne l'avaient invité, il en avait conclu qu'il ne serait pas de la partie.

– Mais bien sûr. Même si nous n'étions pas ensemble, ils voudraient que Damian et toi veniez. Mais comme nous sommes en couple, il est évident que je vais en profiter pour présenter mon sublime amoureux à tout le monde. Tu dois être à couper le souffle en smoking.

Jamie, blanc comme un linge, au bord de la crise de nerfs, avait l'air totalement horrifié.

– Oh non…

– Jamie, qu'est-ce qui t'arrive…

– Je n'ai pas de smoking. Oh non, je ne vais jamais y arriver ! Il faut que j'y aille.

Il se leva d'un bond, plongea sur Logan pour lui glisser un baiser furtif avant de gagner la sortie au pas de course en marmonnant des mensurations. Logan le regarda s'éloigner d'un air perplexe avant de hausser les épaules et de reprendre une gorgée de son café.

C'est ainsi que Jamie se retrouva plus d'une fois à rapporter du travail à la maison pour finir dans les délais, sans trop sacrifier le temps qu'il passait avec Damian. Il n'avait aucune intention de planter son frère devant la télé pendant des heures pour s'occuper de ses petites affaires. Il s'était toujours promis de lui consacrer du temps et il avait fermement l'intention de s'y tenir.

Cependant, son tout nouveau cercle d'amis avait tendance à envahir son existence bien rangée : Logan passait régulièrement tenir compagnie à Damian pendant que Jamie travaillait, ou Tyler faisait irruption, armé d'un jeu vidéo flambant neuf qu'il voulait montrer à Damian, le seul à savoir apprécier ces choses-là.

Jamie s'aperçut rapidement qu'il était absolument impossible de ne pas apprécier Tyler. Il ne se serait jamais douté, le jour où il avait accepté d'être son ami, qu'ils deviendraient aussi proches en un laps de temps aussi court. Ils déjeunaient quelquefois ensemble, se retrouvaient autour d'un café, d'un dîner ou d'une soirée à quatre.

Tyler était une pile électrique, il avait un talent fou pour inventer en un clin d'œil de nouveaux jeux dont Damian raffolait, il dansait, chantait et racontait des histoires drôles pour le plus grand bonheur de tous, et puis en un tournemain changeait du tout au tout pour rassurer Jamie pendant une crise de panique, ou parler de Luke avec une dévotion totale qui serrait le cœur de Jamie.

La relation de Tyler et Luke laissait Jamie sans voix. Il n'avait jamais rencontré de couple qui s'assemblât mieux que ces deux-là, comme si on avait scindé une personne en deux et laissé au destin le soin de les recoller. Tyler était volubile, espiègle et démonstratif, alors que Luke était posé, responsable et discret.

À coup sûr, leur couple passerait l'épreuve du temps haut la main.

Quelle ne fut pas la surprise de Jamie, quelques jours avant Halloween, lorsqu'il retrouva Tyler assis sous le porche de sa maison après avoir déposé Damian chez un copain, les yeux rougis par les larmes et l'air malheureux comme les pierres, roulé en boule et méconnaissable.

– Tyler, que se passe-t-il ?

– Je ne savais pas où aller… Logan était l'ami de Luke avant d'être le mien… je suis désolé… mais… j'avais besoin de parler… je me suis dit que ça ne t'ennuierait pas…, lâcha Tyler en reniflant, tandis que Jamie le prenait par la main pour le guider à l'intérieur.

– Bien sûr que non, ça ne m'ennuie pas. Tu viens quand tu veux. Mais qu'est-ce qui se passe ? s'enquit Jamie en prenant place à côté de lui sur le canapé.

Tyler secoua la tête et se mit à sangloter de manière inquiétante.

– Je… je l'ai perdu, Jamie, bredouilla-t-il avant de se recroqueviller sur lui-même, le visage inondé de larmes.

Jamie lui serra l'épaule puis entreprit de faire du thé en appelant Logan.

– Hello, mon beau, quoi de neuf?

Jamie sourit en entendant la voix enjouée de l'homme qui persistait à l'appeler « mon beau ». Jamie s'en plaignait à haute voix mais, au fond de lui, il adorait ça.

– Logan, je… je ne sais pas trop… J'ai trouvé Tyler devant chez moi, et il ne va vraiment pas bien.

– Comment ça, « pas bien » ?

– Il ne cesse pas de pleurer et il refuse de me parler.

– Il fait quoi, là, tout de suite maintenant ?

– Euh… attends, je regarde… je suis dans la cuisine… et… il mange des M&M's, répondit Jamie, éberlué.

– OK, ça veut dire qu'il s'est disputé avec quelqu'un. Tu peux me dire quelle couleur il mange ?

– Quoi ?

– Tyler mange des M&M's quand il s'est fâché avec quelqu'un, mais il ne les mange pas tous, il choisit spécifiquement leur couleur. Rouge pour une embrouille avec sa sœur, marron pour son père… S'il te plaît, Jamie, il me faut la couleur.

L'explication était parfaitement loufoque, mais Logan n'avait pas l'air de plaisanter et, connaissant Tyler, il fallait s'attendre à tout.

– OK, attends…

Jamie se faufila dans le salon. Tyler se servit une poignée de M&M's, en sélectionna quelques-uns et remit le reste dans le sachet. Il porta précautionneusement un bonbon orange à ses lèvres et le mâchonna en reniflant bruyamment.

– Orange, il mange les orange, confirma Jamie.

– Merde, merde ! OK, j'arrive.

– Logan, attends, qu'est-ce qui se passe ?

– Il n'a pas mangé un seul M&M's orange depuis la fac, Jamie. La couleur orange, c'est pour Luke. Il s'est disputé avec Luke.

Jamie n'eut pas le temps de répondre, Logan avait déjà raccroché pour se mettre en route. Dix minutes plus tard, il se garait dans l'allée et se précipitait vers Tyler.

– Salut, minus ! Qu'est-ce qui se passe ? s'enquit-il avec cette douceur que Jamie n'avait entendue qu'adressée à Damian ou à lui-même.

Tyler se retourna et enfouit son visage dans le cou de son ami. Son corps était secoué de sanglots et Logan le serra contre lui avant de lever les yeux vers Jamie, planté au milieu de la pièce d'un air indécis.

– Tyler, parle-moi, qu'est-ce qui se passe ? insista Logan.

– Luke… il couche avec quelqu'un d'autre, lâcha le jeune homme avant de s'effondrer de plus belle.

Jamie, bouche bée, fit écho à la réaction incrédule de Logan : l'infidélité de Luke était absolument inconcevable.

– Mais qu'est-ce que tu racontes ? Il est complètement fou de toi. Jamais il ne te tromperait, affirma Logan.

– Plus maintenant, Lo… je l'ai perdu, répéta Tyler d'une voix morne.

Il avait l'air tellement anéanti que Jamie eut envie de l'envelopper dans du coton pour le protéger du monde extérieur. La douleur de Tyler était presque palpable.

Jamie sursauta lorsqu'une main essuya les larmes qui coulaient sur ses joues. Logan l'avait rejoint, laissant Tyler, qui s'était endormi sur le canapé.

– Ne t'inquiète pas. Je suis sûr qu'il s'agit d'un malentendu. Je connais Luke mieux que quiconque… Tyler est sa raison de vivre.

– Mais… et s'il avait réellement trouvé quelqu'un d'autre ? dit Jamie en posant son front contre l'épaule de Logan, le visage enfoui au creux de son cou.

– C'est impossible. Tu verras quand il expliquera la situation, répondit Logan en lui caressant doucement le dos.

Il ressentait un plaisir coupable à voir Jamie se pelotonner contre lui en quête de réconfort, mais il aimait pouvoir lui offrir ce sentiment de sécurité.

– Tu vas lui dire de venir ?

– Si cela ne t'ennuie pas, oui. Tyler est borné quand il est triste, et il refuse de répondre à Luke ou de le voir. Je vais donc faire venir Luke pour qu'il reprenne les choses en main, parce que je ne les laisserai pas se séparer.

– Tu prends vraiment ça à cœur.

– Ce sont mes meilleurs amis. Mais… c'est plus que ça, murmura Logan.

– Comment ça ?

– Quand j'ai fait mon coming out… je me suis dit qu'il devait y avoir d'autres adolescents gay à Riverside High et j'ai vite compris qu'ils avaient tous le même fonctionnement : ils voulaient trouver quelqu'un pour s'envoyer en l'air et puis passer au suivant, comme la plupart des garçons à cet âge. Je reconnais que j'ai vécu comme ça pendant un certain temps. Mais, tout du long, j'avais le contre-exemple de Luke et Tyler sous les yeux, qui me prouvait que l'amour existe véritablement. Leur relation est une des rares choses auxquelles je crois. D'une certaine manière, j'ai besoin qu'ils soient ensemble.

Jamie se pencha vers lui pour l'embrasser.

– Appelle Luke.

Cinq minutes plus tard, Luke faisait irruption dans le salon, à croire qu'il s'était téléporté. Il s'agenouilla devant le canapé et passa une main dans les mèches qui retombaient sur les yeux de Tyler, le réveillant en douceur.

– Qu… Luke ! s'exclama Tyler en s'éloignant d'un bond comme s'il s'était brûlé.

– Salut, blondinet. Tu veux m'expliquer pourquoi tu es parti et pourquoi tu refuses de répondre au téléphone ?

Jamie le vit poser une main tremblante sur le genou de Tyler. Ce dernier, silencieux, se contenta de se mordre la lèvre inférieure en secouant la tête. Luke le prit dans ses bras, malgré la résistance que lui opposait Tyler.

– Tyler, Logan m'a raconté ce que tu as dit… mais… jamais je ne te tromperais. Qu'est-ce que tu es allé chercher ? Tu es tout pour moi. Je t'en prie, mon cœur, regarde-moi.

Il prit les joues de Tyler dans ses mains et le força à relever la tête.

Tyler pleurait à chaudes larmes, mais son désir d'être réconforté par l'étreinte de Luke n'échappait pas à Jamie.

Tyler finit par céder et s'effondra dans les bras de son fiancé. Il lui promit de faire mieux à l'avenir et Luke lui promit que personne ne lui arrivait à la cheville. Après quoi, ils s'assirent sur le canapé pour discuter plus calmement.

Il en ressortit qu'en faisant la lessive, Tyler avait trouvé dans le sac de sport de Luke des préservatifs et un caleçon inconnu au bataillon.

Dans la foulée, Cameron avait appelé Luke, alors que Tyler était chez Jamie, pour lui dire que ce dernier avait embarqué et son sac et ses préservatifs en sortant de la gym, le privant par là même d'une soirée coquine avec sa belle.

Logan fit la grimace, préférant continuer d'ignorer joyeusement que son frère avait une vie sexuelle.

Au final, Tyler et Luke s'en sortaient sans une égratignure.

*

Jamie sourit tendrement à ce souvenir, puis étira ses bras au-dessus de la machine à coudre. Ses articulations émirent un craquement mécontent pour protester de la position inconfortable dans laquelle il travaillait.

Il jeta un œil à l'heure et décida qu'il était grand temps de réveiller Damian de sa sieste. Comme c'était Halloween, ils avaient convenu qu'il dormirait l'après-midi pour profiter plus longtemps de la soirée, à collecter des bonbons de maison en maison.

Luke et Tyler s'étaient portés volontaires pour l'accompagner, à la grande surprise de Jamie. Leur conversation lui revint en mémoire.

Jamie ouvrit la porte d'entrée aux fiancés, et Luke l'embrassa sur la joue.

– Salut, Jamie !

– Bonjour ! Qu'est-ce qui vous amène ?

Il les guida au salon, Damian agrippé aux épaules de Tyler sur lesquelles il avait bondi depuis la deuxième marche de l'escalier.

– Damian, je te jure, un de ces jours, tu vas rater ton coup et atterrir la tête la première sur le sol parce que la personne aura bougé trop vite. Moi je serai mort de rire, mais je t'aurais prévenu.

Luke et Tyler s'esclaffèrent devant la mine déconfite de Damian.

Ils prirent place dans le salon et Jamie apporta du café et quelques cookies.

– Jamie… on voulait te demander quelque chose. Et avant de continuer, permets-moi de préciser qu'il s'agit d'une idée de Tyler et que je ne sais pas lui résister. Sérieusement… regarde-moi ça, soupira Luke tandis que Tyler papillonnait des cils.

– OK, tu as piqué ma curiosité. Je vous écoute.

– Tu autoriserais Damian à faire Halloween avec nous ?

– Vous êtes sérieux ? Pourquoi ?

– Comme je le disais, nos motivations sont différentes. Blondinet ici présent veut faire du porte-à-porte pour récolter des bonbons et il se dit qu'il aura plus de chance en étant accompagné d'un enfant.

Luke s'interrompit un instant pour laisser passer le fou rire qui secouait Jamie.

– Vous êtes complètement dingues ! Et ta raison à toi ?

– Je me suis dit que toi et Logan pourriez en profiter pour passer quelques heures tous les deux, expliqua Luke en lui lançant un clin d'œil.

Le sourire de Jamie s'évanouit aussitôt et il se mordilla les lèvres avec nervosité.

– Est-ce que… il t'a dit quelque chose ? Il n'est pas satisfait de… je veux dire…, bredouilla Jamie, qui détestait l'idée que Logan commençait à se lasser d'avoir un gamin de cinq ans entre les pattes.

– Non… non, chaton, Logan n'a rien dit du tout. Et on le connaît depuis longtemps : je peux t'assurer qu'il n'a jamais été aussi heureux que depuis qu'il te connaît. On a juste pensé que ça vous donnerait l'occasion de passer du temps ensemble pendant qu'on s'amusait avec le mini-toi.

Tyler sourit et Jamie se détendit imperceptiblement.

– Oh… bien… en ce qui me concerne, c'est d'accord. Mais demandez son avis à Damian.

– Hé, le ninja ! l'interpella Tyler, attendant que Damian refasse son apparition dans le salon.

– Quoi ?

– Ça te dirait de faire Halloween avec Tyler et moi ?

– Raph vient aussi ?

– Non, ce serait juste nous trois. Logan et Jamie restent à la maison à faire les grands.

– Tu seras triste si j'y vais sans toi ? s'enquit Damian d'un air inquiet.

– Non, loupiot. Si tu en as envie, tu peux aller avec Tyler et Luke.

– Youpi ! Vous serez déguisés en quoi ? demanda aussitôt Damian.

– Je serai en cow-boy et Tyler en cheval, répondit Luke.

– Parce qu'il aime bien me chevaucher, lâcha Tyler de son air le plus sérieux à Jamie, qui recracha son café sur sa chemise.

– Après réflexion, il ne devrait peut-être pas rester seul avec vous ! bafouilla Jamie entre deux quintes de toux dans l'hilarité générale.

Il fut donc convenu que Damian irait avec Tyler et Luke pendant que Logan viendrait partager un dîner en amoureux avec Jamie. Depuis, le jeune homme était transformé en une véritable boule de nerfs.

Au cours des six semaines de leur relation, ils n'avaient pas passé beaucoup de temps en tête à tête et, chaque fois, Logan avait respecté le désir de Jamie d'avancer lentement, se contentant de l'embrasser et de le prendre dans ses bras sans exiger quoi que ce soit d'autre pour lequel Jamie ne se sentait pas prêt.

Jamie savait bien qu'il faudrait un jour lui parler de son niveau d'expérience, ou plutôt d'inexpérience, mais il ne savait pas comment aborder la question. Pas facile de glisser un « Hé, au fait, j'ai vingt et un ans et je suis vierge, ça va la cuisson de ton steak ? » au beau milieu d'un dîner.

Mais plus il y pensait, plus il ressentait le besoin de se confier à Logan. Il pourrait profiter de l'absence de Damian pour en discuter…

Laissant un instant de côté cette perspective terrifiante, Jamie gagna la chambre de Damian pour le réveiller à temps pour les festivités.

Il poussa la porte sans faire de bruit et tomba des nues en le trouvant tout emberlificoté dans sa fausse armure.

– Tu as besoin d'un coup de main, loupiot ?

– Je trouve pas la manche. Elle est plus là ! couina Damian.

– Mais si, elle s'est simplement emmêlée dans le pantalon. Comment tu as fait ton compte ?

– Ça s'est fait tout seul. J'ai laissé le costume sur le cintre comme tu m'avais dit, se défendit Damian.

– Le costume s'est emmêlé tout seul ? demanda Jamie en haussant un sourcil.

– Oui, affirma Damian avec force.

– Dans ce cas, tu devrais te déguiser autrement. Je n'ai pas envie que le costume devienne tout fou pendant que tu le portes et qu'il te fasse tomber par terre.

– NON !

– Pourquoi ? Si ce costume n'est vraiment pas sage, il ne vaut mieux pas qu'il sorte.

– Il est sage, murmura Damian.

– Tu es sûr ? demanda Jamie en feignant la surprise.

– Oui.

– Alors pourquoi il est tout emmêlé ?

– Je l'ai enlevé et après je l'ai laissé sous mon lit, avoua Damian d'une petite voix.

– Oh… tout s'éclaire. Et on a dit quoi à ce sujet ?

– De toujours ranger ses vêtements dans le placard ou dans les tiroirs.

– Bien. Tu t'en souviendras ? Allez, c'est parti. Les garçons vont arriver, conclut Jamie en l'aidant à s'habiller.

Ils arrivèrent au rez-de-chaussée alors que la sonnerie de l'entrée retentissait.

Jamie leur ouvrit la porte et éclata de rire en découvrant Tyler affublé d'une immense tête de cheval en peluche. Il avait l'air ridicule.

– Tu as vraiment l'air débile avec ça ! dit-il en se tenant les côtes.

Il jeta un regard vers Luke et se tut aussi sec. Waouh ! il était d'un sexy !

– Toi, en revanche… miam ! lança-t-il effrontément.

– Hé ! intervint Logan en s'avançant à grandes enjambées.

Il le prit dans ses bras et lui planta un baiser féroce sur les lèvres. Jamie tituba un court instant lorsqu'ils se séparèrent.

– Encore mieux, murmura-t-il timidement tandis que Logan souriait largement.

– OK, finis les poutous. Damian, tu es prêt ? s'enquit Tyler tandis que Damian, les mains sur les yeux, scandait « beurk, beurk, beurk… ».

– OUI ! hurla-t-il en fonçant au-dehors.

Tyler et Luke se précipitèrent à sa suite.

Logan attira Jamie contre lui, referma la porte d'entrée et l'adossa contre le chambranle avec un mélange de douceur et de désir.

– Tu…, commença-t-il d'une voix rauque en l'embrassant dans le cou. Es… (puis derrière l'oreille) particulièrement… (avant de mordiller le lobe) sexy aujourd'hui…

Il continua à lui couvrir le cou de baisers et Jamie ne put d'empêcher de gémir doucement en levant la tête pour lui faciliter l'accès.

Logan fit glisser ses mains le long de son corps, agrippa ses hanches et l'attira contre lui.

Jamie sentait le cœur de Logan battre follement et sa respiration s'emballa lorsque ses lèvres trouvèrent les siennes.

Il laissa Logan l'explorer de ses baisers avant de les lui retourner et de goûter le moindre recoin brûlant de sa bouche. Il finit par s'écarter, non sans réticence.

– Hum… euh… on devrait s'ocuper du dîner…

Logan lui sourit affectueusement.

– Après toi, mon beau.

– OK, Damian. Tu connais mieux le quartier que nous. Qui est sympa et donne plein de bonbecs ? demanda Tyler.

Luke lui administra une claque sur l'épaule. Tyler fit la grimace en grommelant « violence conjugale ».

– Tout le monde ici est gentil, répondit Damian avec une naïveté tout enfantine.

Luke lui sourit chaleureusement.

– Mais bien sûr. Tyler plaisantait. Par où veux-tu commencer ?

– Mme Camden ! Elle a toujours des super bonbons, proposa Damian en désignant une jolie maisonnette au bout de l'allée.

– Va pour Mme Camden, convint Luke.

Ils traversèrent la rue et se fondirent dans le cortège des costumes d'Halloween.

– Tu peux me passer le sel ? Dans le deuxième placard sur ta gauche, lança Jamie en mélangeant la sauce.

– Bien sûr, dit Logan en lui passant la salière par-dessus l'épaule.

Il resta derrière lui et lui entoura la taille de ses bras.

– Tu veux vraiment que je fasse cramer le dîner ? le taquina Jamie, la présence enivrante de Logan n'excluant effectivement pas la possibilité de mettre le feu au repas.

– Non… mais je n'arrive pas à me détacher de toi. Tu es beaucoup trop attirant, dit-il en retournant Jamie pour lui faire face.

– Logan… je…, balbutia Jamie en rougissant violemment, mais Logan l'interrompit.

– Tu n'as pas le droit de me contredire sur ce sujet. Jamais. Compris ?

L'infime hochement de tête de Jamie le fit sourire. Il mourait d'envie de l'embrasser.

Il pencha la tête et lui effleura les lèvres. Resserrant son étreinte, il approfondit le baiser, y mettant une passion étourdissante.

Jamie s'écarta brièvement, le temps d'éteindre le four, avant de lui entourer le cou de ses bras pour l'attirer plus près.

Il sentait le plan de travail s'enfoncer dans le creux de ses reins et le corps de Logan investir l'espace personnel qu'il protégeait scrupuleusement en temps normal. Mais, à cet instant, il aurait voulu que le baiser de Logan ne se termine jamais.

Les mains de Logan glissèrent le long de ses hanches et poursuivirent leur descente jusqu'à atteindre l'arrière de ses cuisses qu'elles agrippèrent pour le soulever comme une plume.

Le gémissement surpris de Jamie se perdit dans la bouche de Logan tandis que le jeune homme le déposait sur le plan de travail et enroulait ses jambes autour de sa taille.

Logan attendait cet instant depuis si longtemps que ses sens se troublèrent au contact de ces jambes enfin autour de lui. Il perdait un peu plus le contrôle chaque fois que Jamie resserrait son étreinte autour de sa taille en réponse à ses baisers.

Son sexe était tellement dur qu'il en était douloureux, et il avait plus que jamais envie de Jamie, dont les doigts fins s'emmêlaient dans ses cheveux tandis qu'il dévorait la peau pâle de son cou. Les gémissements que Jamie tentait de réprimer le rendaient fou. Il lui agrippa les fesses et attira ce dernier contre lui jusqu'à ce que leurs hanches entrent en contact.

Abandonné à son désir, Jamie fit rouler ses hanches contre celles de Logan, dont il ressentait avec soulagement toute l'intensité du désir. Il l'embrassa avec ferveur, agrippant ses cheveux, et il sentit soudain une main se glisser sous sa chemise, remonter sur son torse et l'effleurer.

Soudain mal à l'aise, il s'arracha aux caresses de Logan et articula d'une voix essoufflée :

– Logan... t-trop vite...

Le contact aussitôt rompu ramena Logan à la réalité, qui leva les yeux vers Jamie.

– Je suis désolé. Je... j'ai totalement perdu le contrôle. C'est... Tu me rends dingue, gémit Logan.

Jamie plongea son regard dans le sien, sourit doucement devant son air échevelé, et songea qu'il était temps d'avoir cette discussion.

– Ne t'inquiète pas. Je... Il faut qu'on parle, dit-il en sautant du plan de travail.

Il prit la main de Logan et l'entraîna dans le salon.

– On a pensé à prendre du papier-toilette ? s'enquit Tyler tandis qu'ils s'éloignaient d'une maison dont les propriétaires détestaient de toute évidence Halloween.

– Tyler ! le réprimanda Luke en montrant Damian du doigt sans subtilité aucune.

– Pourquoi ? Tu veux aller aux cabinets ? demanda ce dernier.

Luke s'esclaffa devant la réaction outrée de Tyler. On n'apprenait donc plus rien à l'école ?

– Non, le papier-toilette sert à...

– TYLER, LA FERME !

– Mais je veux savoir ! couina Damian en sautant sur place devant Tyler.

– Luke, mais il veut savoir ! imita Tyler en piétinant lui aussi.

Le jeune homme les dévisagea un court instant.

– Très bien. Mais si Jamie décide de sévir, tu seras le seul responsable.

– Youpi ! s'écrièrent en chœur les deux gamins.

Luke les suivit à bonne distance tandis que Tyler expliquait à Damian la punition du papier-toilette à répandre partout sur la pelouse des gens qui refusaient de donner des bonbons pour Halloween.

– Bien… euh… je ne sais pas par où commencer, alors je vais le dire et tu en feras ce que tu voudras. La plupart des couples ne passent pas par là, mais je pense que tu mérites d'être au courant, et…

– Jamie ?

– Quoi ?

– Damian rentre bientôt. Essaie de terminer avant qu'il arrive ? suggéra Logan en riant.

– Oui… d'accord… alors… donc… euh… Oh ! c'est tellement délicat, soupira Jamie en se prenant la tête entre les mains.

Logan sourit et lui dégagea le visage, le cœur empli d'un amour qu'il était trop tôt pour déclarer. Mais, bon sang, il en crevait d'envie !

– Non… ne te cache pas. Je te l'ai déjà dit mille fois, tu n'as aucune raison d'être gêné face à moi. Je t'écoute.

Jamie le dévisagea, décelant de la douceur dans son regard, et songea que sa confession n'y changerait probablement rien.

– Tu es mon premier, lâcha-t-il en regardant Logan droit dans les yeux.

– Ton premier quoi ? demanda Logan d'un air incrédule.

– Premier copain, premier baiser… et, euh… ce qu'on vient de faire dans la cuisine… je ne l'avais jamais fait, expliqua Jamie en se tordant les doigts face au silence de Logan.

Il s'était peut-être trompé. Logan allait le trouver ridicule et le planter là. Et s'il le trouvait pathétique et coincé ? Et s'il avait uniquement envie de s'envoyer en l'air depuis le début ?

Jamie était au bord de la crise de panique lorsqu'il sentit un bras l'entourer et des lèvres se poser sur les siennes.

– Jamie, mais tu trembles ! entendit-il comme dans du coton.

– Pardon. Je… comme tu ne disais rien, j'ai pensé…

– Je vois très bien ce que tu as pensé.

– Alors… ça ne te dérange pas ?

– Qu'est-ce qui devrait me déranger ?

– Que… que je n'aie aucune expérience. Quand même… j'ai presque vingt-deux ans et je n'ai encore jamais… Je sais que c'est nase, mais j'ai toujours voulu que ma première fois soit avec une personne que j'aime, et qui m'aime aussi, et puis je me suis retrouvé seul avec Damian, et j'ai pensé que ça n'arriverait jamais, et je me suis fait une raison… et puis tu as débarqué, et je veux que tu sois heureux et je ne veux pas te décevoir…

– Mon adorable, magnifique, merveilleux bêta, le coupa Logan. Comment pourrais-tu me décevoir ? Jamie, quoi que nous fassions ensemble, ce sera parfait à mes yeux. Quand tu seras prêt, et quand tu en auras envie, nous irons plus loin, mais ne va pas penser que tu te dois de faire quoi que ce soit pour me rendre heureux. Te regarder, te serrer dans mes bras, savoir que tu désires être avec moi me rend déjà heureux. D'accord ?

– Tu es sûr ? demanda Jamie d'une voix étonnamment espiègle.

– Oui ? dit Logan, ignorant le ton qu'il devait donner à sa réponse.

– Parce que les baisers et tout ça, ça m'allait bien, tu sais. Et comme nous sommes seuls, je me disais que tu avais peut-être envie de … euh… recommencer ?

Il jeta un coup d'œil à la dérobée à Logan, ce qui avait la vertu de le rendre absolument dingue.

– Je suis toujours partant pour t'embrasser, répondit Logan en s'approchant.

Ils s'apprêtaient à combler l'écart qui les séparait lorsque la porte d'entrée claqua et Damian déboula dans la pièce, épuisé et totalement shooté aux friandises.

Un cheval au petit air satisfait et un cow-boy furieux le suivirent et s'effondrèrent dans les fauteuils.

– Jamie, regarde ce que Tyler il m'a appris. Il dit de faire ça quand quelqu'un est méchant et ne donne pas de bonbons aux enfants, embraya Damian en soulevant son majeur, fier comme un paon.

Jamie resta bouche bée d'horreur devant le minuscule doigt dressé devant lui. Il se précipita sur lui et prit sa main dans la sienne pour cacher le geste choquant.

– Damian... souviens-toi, on en a parlé et on a dit que c'était vraiment très malpoli. Tyler plaisantait. PAS VRAI, TYLER ? vociféra-t-il en direction de l'intéressé, qui se recroquevilla contre Luke.

– Non, non, non... je t'avais prévenu que je ne te défendrais pas contre Jamie. Mais ravi de t'avoir connu, affirma Luke en s'écartant de Tyler, le laissant seul face au regard furibond du jeune homme.

– Damian, si tu montais te changer avant le dîner ? proposa Jamie d'une voix sévère.

– OK, obtempéra Damian, qui sentait bien que quelque chose ne tournait pas rond.

– Luke, viens, on va chercher de quoi dîner, proposa Logan afin de laisser Tyler et Jamie en tête à tête.

Cinq minutes plus tard, Jamie entrait fièrement dans la cuisine, suivi de Tyler qui, la tête rentrée dans les épaules, arborait une mine penaude.

– Tout roule ? s'enquit Logan, qui terminait de mettre la table.

– Oui… on peut dîner. Appelle Damian, répondit Jamie.

Ils prirent place autour de la table et passèrent un agréable repas à discuter joyeusement et à écouter le compte-rendu survolté de Damian de sa soirée d'Halloween.

– OK, Leo… tu es propre comme un sou neuf. Allez, au lit, lança Jamie en soulevant la couette pour que son frère se glisse sous les draps.

Après le dîner, Logan avait raccompagné Luke et Tyler à leur voiture et attendait que Jamie ait terminé pour passer quelques minutes avec lui avant de rentrer.

– Chante-moi une chanson, demanda Damian d'une voix épuisée.

– Une seule, d'accord ? Laquelle veux-tu ? demanda Jamie en s'installant à côté de lui pour le prendre dans ses bras.

– Celle avec le garçon et la fusée et Peter Pan, répondit Damian en se pelotonnant contre lui avant de fermer les yeux.

– D'accord. Tu es bien au chaud ? vérifia Jamie avant de repousser une mèche qui tombait sur le front de Damian.

– Mmh… chanson maintenant, marmonna l'enfant.

Jamie acquiesça et se lança à voix basse.

Little boy, when you speak
I can't help but kiss your cheeks
I love the way you grab my hands
And tell me all about your plans
Rocket high, comets fly
You and I could hitch a ride
And fly away to Neverland
And give our best to Peter Pan [8]

8 : *Hourglass*, Mindy Gledhill.

Au rez-de-chaussée, Logan terminait de débarrasser lorsqu'il entendit une voix mélodieuse égrener les paroles d'une berceuse. Il monta l'escalier à pas de loup pour suivre les notes jusque dans la chambre de Damian, où il contempla un moment les deux frères.

La voix de Jamie était d'une clarté incroyable. Logan s'appuya sans un bruit à la porte pour écouter la suite de la chanson, que Jamie fredonnait d'une voix encore plus douce depuis que Damian s'était endormi.

When you reach for the stars
Don't forget who you are
And please don't turn around and grow up way too fast
See the sand in my grasp

From the first to the last
Every grain becomes a memory of the past
Oh, life's an hourglass
Life's an hourglass

Sans se douter de la présence de Logan, Jamie s'enfonça profondément dans la couette et continua d'une voix rauque, perdant la lutte contre le sommeil.

Story's read, prayer is said
Close your eyes sleepyhead
While angels linger in your dreams
And hold you in their feathered wings
Just like you, I was small
Not that long... ago at all...

Sa voix se tut tandis qu'il s'endormait à côté de son frère, épuisé par le rythme effréné des jours précédents.

Logan attendit quelques minutes avant de s'approcher et de

caresser le front de Damian.

Il contempla les deux frères pelotonnés l'un contre l'autre, et se surprit à espérer contempler ce spectacle pendant des années à venir.

– Je voudrais rester, murmura-t-il à l'attention de celui qu'il aimait plus que tout au monde et de son petit frère.

Il embrassa délicatement Jamie sur la joue. Le jeune homme remua et cligna péniblement des yeux.

– Oh… j'étais fatigué… me suis endormi… pardon, marmonna-t-il.

– C'est rien. Tu bosses beaucoup trop, en ce moment. Je t'aide à regagner ton lit ? proposa Logan en lui tendant la main.

– Non ! Porte-moi. Suis trop fatigué pour me lever, dit Jamie en tendant les mains vers Logan.

– Vous prenez de mauvaises habitudes, monsieur Maddison, plaisanta Logan en le soulevant dans ses bras.

Il le porta jusqu'à sa chambre et le déposa sur son lit, avant de reculer jusqu'à la porte. Jamie se redressa d'un bond et regarda autour de lui, nerveux.

– Tout va bien ?

– Oui, mais… il est tard, et… je me disais que… peut-être… tu voudrais rester avec moi cette nuit ?

– Avec plaisir ! s'exclama Logan.

Le visage rayonnant de joie, Jamie se mit en quête d'un pyjama pour lui. Ils se changèrent à tour de rôle dans la salle de bains et se glissèrent sous la couette.

Logan se rapprocha de Jamie et l'attira contre lui, jusqu'à ce que le jeune homme pose la tête sur son torse.

– J'ai toujours eu envie de dormir dans les bras de quelqu'un, murmura Jamie tandis qu'il enfouissait son nez dans le cou de Logan et que ce dernier resserrait son étreinte.

– Bonne nuit, mon cœur, répondit Logan en se laissant glisser vers un sommeil enfin apaisé.

13

Préparatifs

1 h 43

– Jamie. T'es là ?

Logan cligna des yeux dans la pénombre en contemplant l'oreiller qui occupait la place de Jamie.

– Chut, rendors-toi, lui parvint une voix tandis que Jamie se glissait de nouveau dans la chambre.

– Qu'est-ce que tu fais, mon beau ? demanda Logan en s'asseyant sous la couette tandis que Jamie traînait derrière lui deux grands sacs remplis de vêtements.

– Il faut que je repasse les costumes. Je ne vais pas ruiner la cérémonie en leur faisant porter d'immondes costumes froissés, répliqua Jamie avec une pointe de tension dans la voix.

Logan s'extirpa du lit et alla le rejoindre, l'enveloppant de ses bras.

– Tu as déjà repassé les costumes. Ils ne seront pas froissés et encore moins immondes. Tout le monde va les adorer, d'accord ?

– Oh... tu es sûr... ? Parce que s'ils ne sont pas bien...

– Je suis sûr, mon beau. Viens plutôt me faire un câlin.

Logan esquissa un sourire en ramenant Jamie dans le lit pour qu'il se blottisse de nouveau au creux de ses bras.

Trois semaines avaient passé depuis Halloween et Logan passait chaque nuit avec Jamie, et sortait en cachette le matin avant le réveil de Damian. Jamie n'était pas encore prêt à lui parler du sérieux de leur relation, et Logan respectait ce choix.

Il resserra son étreinte autour de Jamie et déposa un baiser sur son front tandis qu'ils sombraient dans le sommeil.

2h30

– Logan ! Logan, réveille-toi ! insista Jamie en secouant l'avocat jusqu'à ce qu'il ouvre ses paupières lourdes.

– Qu'essi va pas ? marmonna Logan, qui avait l'impression de dormir depuis environ trois secondes.

– Tu as pensé à prendre des chaussettes ? Parce que tu ne pourras pas porter un costume sans chaussettes, même si tu détestes ça, je ne te laisserai pas y aller sans…, lâcha Jamie d'une seule traite.

– Oui, j'ai des chaussettes, ne t'inquiète pas, répondit Logan en souriant, mais Jamie le regardait d'un œil méfiant.

– De quelle couleur ?

– Euh… eh bien… elles sont… c'est joli, je te jure. Et en plus ça va avec le reste, bafouilla-t-il précipitamment.

– Montre !

– Mais… il est tard, tu ferais mieux de dormir, et…

– Logan… montre-moi tes chaussettes !

– D'accord, ronchonna Logan en se relevant pour sortir une petite boule de son sac qu'il lança à Jamie.

– Oh non ! Logan ! C'est pas vrai ! Elles sont JAUNES ! Tu as acheté des chaussettes jaunes ?

– Elles étaient jolies… et elles ont une fleur sur le devant. Une jolie fleur violette. Regarde ! protesta Logan en lui mettant le motif sous le nez.

– Je te prêterai une paire de chaussettes noires pour demain, coupa Jamie en se glissant sous la couette.

– Mais… et les fleurs…

– Noires, les chaussettes, Logan.

– Méchant.

3 h 24

– Logan ?

– Hmm.

– Tu es sûr d'avoir pris les alliances ?

– Oui, mon beau. Elles sont dans ma poche, ne t'inquiète pas.

– Ah ! d'accord. Mais tu les confieras à Damian à la dernière minute, d'accord ? Je ne voudrais pas qu'il les perde.

– Il ne les perdra pas. On gardera un œil sur les alliances jusqu'au début de la cérémonie.

– D'accord. Bien. Bonne nuit, Logan.

– Bonne nuit, mon cœur.

4 h 53

– Logan.

– …

– Logan !

– Jamie ? Tout va bien ?

Logan avait bien du mal à cacher que sa terrible envie de dormir surpassait celle de rassurer Jamie sur le fait qu'il avait bien cousu tous les boutons sur tous les costumes et que le fil allait avec la couleur du tissu et que, non, il n'avait pas confectionné des costumes dos nu contrairement à ce que suggérait un de ses cauchemars, et tant d'autres scénarios divers et variés, parmi lesquels les costumes avaient fini dévorés par un troupeau de moutons.

Jamie passait une nuit pour le moins agitée, se réveillant régulièrement pour tout vérifier une énième fois, au point d'inquiéter Logan.

– Je n'arrive pas à dormir.

– Je m'en doutais un peu, mon beau, fit Logan, amusé.

Mais son rire s'évanouit en voyant Jamie se mordiller la lèvre inférieure d'un air bouleversé.

– Jamie, qu'est-ce qui ne va pas ? Pourquoi es-tu si inquiet ?

– J'en sais rien. Je veux que les gens... j'ai peur qu'ils détestent les costumes, qu'ils détestent Damian s'il fait une bêtise et qu'ils me détestent moi aussi, dit-il sans relever les yeux.

– Mon cœur... regarde-moi... les costumes sont parfaits, Luke et Tyler les adorent, et c'est tout ce qui compte vu qu'il s'agit de leur mariage. Damian ne va pas faire de bêtise parce qu'il est tout aussi perfectionniste que toi... et, Jamie, il a cinq ans. S'il fait une boulette, les gens vont le trouver craquant et puis c'est tout. Et, Jamie... personne ne va te détester.

– Mais tous tes amis seront là, et ils ne vont pas forcément m'apprécier, et...

Un baiser vint interrompre son monologue. Il laissa échapper un gémissement et se lova dans les bras de Logan, acceptant d'être rassuré.

– Personne ne va te détester... Il va plutôt se passer la même chose que lorsque tu as rencontré Luke et Tyler, affirma Logan.

Il repoussa doucement Jamie sur le matelas, posté au-dessus de lui.

– C'est-à-dire ? demanda le jeune homme en inclinant la tête.

– Ils vont vouloir m'échanger contre toi, précisa Logan en l'embrassant sur le bout du nez. Tu n'as pas remarqué qu'ils me parlent au téléphone uniquement quand je suis avec toi... ? Les salauds !

Jamie étouffa son rire pour ne pas réveiller Damian.

– Ce n'est pas vrai..., protesta-t-il. Enfin, si, un peu...

– J'ai des amis atroces, continua Logan en riant.

Il enfouit son visage dans le cou de Jamie, qui frissonna lorsque son souffle chaud lui caressa la peau.

Logan le sentit s'agiter sous lui et lui effleura le cou de ses lèvres, ivre de désir. Le rire de Jamie s'évanouit aussitôt et il releva la tête pour accueillir son baiser. Il n'aurait jamais cru que son cou puisse être à ce point sensible ! Mais, lorsque Logan le mordilla tendrement pour ensuite caresser de sa langue la surface endolorie avant de souffler légèrement dessus, suivant les frissons jusqu'à son oreille pour s'y attaquer, son désir se fit soudainement impérieux et Jamie se rendit compte qu'il était prêt à aller plus loin. Il en voulait plus.

Aussi nerveux que déterminé, il se décida à encourager Logan. Lorsque ce dernier tourna la tête pour l'embrasser de l'autre côté du cou, il l'entoura de ses bras et l'attira sur lui. Surpris, Logan se redressa et le dévisagea d'un regard brûlant.

– Jamie, tu es sûr…

– Je t'en prie… ne me demande pas si je suis sûr. Je risque de paniquer, et il ne faut surtout pas… mais… je te veux, maintenant… pas tout, pas forcément beaucoup plus loin, mais… j'en ai envie, murmura-t-il, et Logan repoussa la mèche de cheveux qui retombait sur son front avant de l'embrasser délicatement.

– Moi aussi, j'en ai très envie. Mais pas si c'est le stress du mariage qui te pousse à tout ça. Je ne voudrais pas que tu regrettes quoi que ce soit par la suite.

La gorge serrée, Jamie ancra son regard au sien, touché par cette attention.

– Je sais… et ce n'est pas à cause du stress… au contraire, c'est parce que tu as réussi à me calmer, parce que je me sens en sécurité… parce que c'est toi, dit-il en glissant ses doigts dans les cheveux de Logan pour l'attirer dans un baiser.

Toute pensée cohérente déserta Logan lorsque Jamie se cambra pour plaquer ses hanches contre les siennes.

Il lui caressa un instant les cheveux avant d'incliner la tête de Jamie sur le côté pour dégager son cou qu'il embrassa et mordilla de plus belle.

Il fit descendre ses lèvres le long de sa clavicule, repoussant son col pour avoir accès à plus de peau, tandis qu'il glissait une main sous son tee-shirt pour caresser son torse.

Il savait que Jamie n'était pas prêt à se dénuder devant lui, et il ne voulait surtout pas le forcer, malgré son désir dévorant de le découvrir entièrement, toute sa peau douce et chaude. Il se contenta d'effleurer son ventre du bout des doigts et de descendre le long de son pyjama jusqu'à ce que ses lèvres rencontrent sa main.

– Logan… attends…

– Je sais… je veux juste t'embrasser le ventre… ne t'inquiète pas. Si tu veux que j'arrête, tu n'as qu'un mot à dire. Je veux simplement te donner du plaisir, murmura Logan en relevant les yeux vers lui.

Enivré par sa tendresse, Jamie tira doucement sur ses boucles pour l'attirer contre lui, l'entraînant dans un nouveau baiser. Logan se laissa reposer sur le corps de Jamie, entremêlant leurs jambes. Il sentit l'érection de Jamie contre sa hanche, conscient que ce dernier sentait aussi la sienne peser sur lui.

Logan commença un très léger mouvement de va-et-vient, et Jamie se cambra aussitôt, cherchant toujours davantage de contact en lui entourant la taille de ses jambes.

Jamie poussa un gémissement lorsque Logan prit plus d'assurance, encouragé par sa réaction et enivré par la sensation de ces longues jambes qui le plaquaient contre le corps de Jamie, de ses doigts fins qui lui griffaient le dos.

– Ça… ça va ? réussit à articuler Logan.

Il fallait qu'il soit sûr. Son esprit lui jouait-il des tours, à imaginer les réactions passionnées de Jamie, ou le désir du jeune homme était-il réel ?

– Oui… continue… n'arrête pas… je t'en prie, Logan…, haleta Jamie en enfouissant son visage au creux de l'épaule de Logan, comme soudain honteux de son désir et du mouvement incontrôlable de ses hanches contre celles de Logan.

– Je n'ai pas l'intention d'arrêter. Ne te cache pas, Jamie… Regarde-moi, répondit Logan en s'immobilisant un instant pour le faire sortir de sa cachette. Tu es tellement beau, affolant, magnifique…, poursuivit-il en accompagnant chaque nouveau compliment d'un mouvement de ses hanches.

Jamie fixait ses grands yeux bleus sur lui, le regard flou, les lèvres entrouvertes, haletant, le cerveau embrumé par le tourbillon du désir qui le prenait au ventre. Il était si près de la jouissance que ses joues s'empourprèrent en songeant que leurs corps se caressaient depuis dix minutes à peine.

Il se raidit, essayant de prolonger son plaisir le plus longtemps possible et de donner à Logan la possibilité de faire durer le sien, mais eut bien du mal à ne pas flancher lorsque Logan le saisit par les hanches et fondit sur ses lèvres, étouffant leurs gémissements dans un seul souffle.

Emporté par le désir, son corps obéissait à chaque impulsion de Logan. Le feu qui brûlait dans son ventre le dévora entièrement.

– Logan… je… je vais, j…

– Je sais, mon cœur… laisse-toi aller…

Jamie cessa de lutter.

Il étouffa ses cris contre l'épaule de Logan et s'agrippa à lui tandis que vague après vague le plaisir le submergeait.

Logan le contempla quelques instants, émerveillé, avant que son propre orgasme le frappe avec une force insoupçonnée. Il laissa retomber sa tête au creux du cou de son amant, haletant, et tenta de reprendre ses esprits.

Il réussit enfin à se souvenir comment respirer, et releva la tête. La beauté de Jamie le frappa de plein fouet : les joues rougies, la peau chaude et souple… Il entreprit de le couvrir de baisers désordonnés qui le firent éclater de rire.

– Tu crois être assez apaisé pour pouvoir dormir quelques heures ? demanda Logan en s'écartant légèrement.

Le regard noir de Jamie lui arracha un éclat de rire.

– Si tu continues comme ça, je vais mettre un point d'honneur à t'empêcher de dormir…

Leur rire céda la place au silence, cette fois-ci lourd et quelque peu inconfortable.

– Jamie…

– Logan…

Ils avaient parlé de concert, et Jamie fit signe à Logan de reprendre en premier.

– Ça n'était pas trop pour toi ? Je veux dire, je n'ai pas dépassé les bornes ? demanda-t-il en le prenant dans ses bras.

Jamie plissa le nez et désigna son entrejambe.

– Euh… on pourrait un peu nettoyer avant de parler… C'est pas très agréable, balbutia-t-il en rougissant.

– Moi non plus, je ne suis pas fan de cette sensation. OK, on nettoie d'abord, on parle ensuite

Ils s'extirpèrent du lit en titubant et se changèrent à tour de rôle dans la salle de bains, avant de se glisser sous les draps en grelottant.

Logan attira Jamie contre lui. Le jeune homme s'installa confortablement et poussa un soupir de contentement.

– Non, ça n'était pas trop… Je… j'ai aimé, répondit-il enfin.

– Je suis ravi, mon beau, murmura Logan et, pour la première fois, Jamie sembla accueillir son surnom avec fierté.

Ce changement d'attitude enchantait Logan.

– Tu voulais me demander quoi ?

– Oh… euh… ce n'est vraiment pas important… Je préfère qu'on oublie.

Logan fronça les sourcils mais décida de ne pas insister, craignant de le braquer plutôt que d'obtenir une réponse, et se contenta de serrer Jamie contre lui en fermant les yeux.

Ils restèrent ainsi quelques instants en silence, glissant lentement dans le sommeil, lorsque Jamie releva la tête et demanda d'une voix rauque :

– Logan ?

– Qu'est-ce qu'il y a, mon beau ?

– Et pour toi aussi… c'était bien ? interrogea-t-il d'une petite voix timide.

Logan rouvrit les yeux et plongea son regard dans le sien.

– Jamie… c'était parfait. Et tu étais parfait. J'ai adoré chaque seconde, mon cœur.

Jamie hocha la tête et reposa le menton contre sa poitrine, bientôt submergé par une autre vague de sommeil.

Mais le répit fut de courte durée…

– Logan ?

Logan ne put s'empêcher de rire, et répondit par un petit grognement.

– Tu le penses sincèrement ? demanda Jamie.

Le manque d'assurance dans sa voix inquiéta Logan.

– Quoi donc, mon beau ?

– Que… quand tu m'appelles mon beau, et tout ça. Tu le penses vraiment ? Tu me trouves pas mal ?

L'inquiétude se lisait sur son visage.

– Non, pas du tout.

– Oh ! souffla Jamie.

– Je trouve que tu es à couper le souffle, tout le temps. Je trouve que tu es extraordinaire. Et je trouve que j'ai de la chance d'être avec toi, affirma Logan en inclinant la tête pour l'embrasser.

Rayonnant, Jamie hocha la tête et se pelotonna contre lui, dessinant des arabesques sur son ventre du bout de ses doigts.

Logan poussa un soupir satisfait et serra Jamie contre lui, laissant son esprit sombrer lentement dans le sommeil.

– Logan ?

Il eut un petit rire et ouvrit les yeux : Jamie le contemplait d'un air malicieux.

– Cette fois, c'était juste pour m'embêter, c'est ça ? demanda-t-il d'un ton taquin et Jamie acquiesça, moqueur. Eh bien, je suis plutôt présentable quand je manque de sommeil. Tu penses t'en tirer avec les yeux injectés de sang et bouffis de fatigue ?

– Bonne nuit, Logan ! lança Jamie d'une voix étouffée en resserrant les bras de celui-ci autour de lui.

– Dors bien, mon cœur, répondit Logan en l'embrassant sur le haut de la tête avant de sombrer dans un sommeil bienheureux.

Ni l'un ni l'autre ne pensèrent à mettre le réveil pour se réveiller avant Damian.

– Raph! Raph, réveille-toi! C'est l'heure de porter les bagues!

Damian fit irruption dans la chambre de Jamie et bondit sur le lit, mais fronça les sourcils en s'apercevant qu'il y avait quelqu'un d'autre.

Il souleva subrepticement la couette et un immense sourire éclaira son visage lorsqu'il découvrit Logan blotti contre Jamie.

Il aimait bien Logan. Depuis qu'il l'avait rencontré, Jamie souriait tout le temps.

Et puis Logan jouait beaucoup avec lui. Ensemble, ils regardaient des dessins animés, ils avaient construit un nichoir pour les oiseaux et une forteresse en couvertures dans le salon un soir que Jamie préparait le dîner.

En plus, il informait Damian de tout ce qu'il lisait dans le journal et sur Internet sur les méchants, bien que Fairfield ait l'air plutôt tranquille et qu'aucune intervention n'eût été nécessaire à ce jour.

La seule chose que Damian n'aimait pas, c'était qu'ils s'embrassaient. TOUT. LE. TEMPS. Sur les lèvres, en plus! Beurk!

Un jour, il avait interrogé Max à ce sujet, qui lui avait expliqué que les adultes faisaient ça quand ils étaient amoureux. Damian avait décidé que cela ne lui arriverait jamais. C'était trop dégoûtant.

Il jeta un nouveau coup d'œil sous la couette et décida qu'il était grand temps qu'ils se lèvent, parce qu'il avait faim et que Jamie ne l'autorisait pas à préparer des pancakes tout seul. Non pas qu'il sache comment faire… mais peu importe.

– Logan! cria-t-il en fourrant le doigt dans l'oreille de ce dernier, qui fit un bond et hurla, réveillant efficacement Jamie dans la foulée.

– Quoi? maugréa Jamie, et Logan éclata de rire.

– Jolie coupe de cheveux, mon ange.

Jamie passa de la confusion à la consternation en un clin d'œil, marmonnant une kyrielle de « zut zut zut », les mains sur la tête, et fonça s'enfermer dans la salle de bains.

Logan avait entrepris de chatouiller Damian, qui riait de bon cœur, lorsque la porte de la salle de bains se rouvrit.

– Pour info, je suis assez fan de ta tête de mouton mérinos, lança Jamie avant de tirer la langue à Logan.

Ils sautèrent sous la douche à tour de rôle puis s'installèrent devant un petit déjeuner léger avant de devoir se mettre en route pour l'appartement de Luke et Tyler.

Le couple avait décidé de se marier chez eux plutôt que de louer un espace qui leur était étranger. Ils adoraient leur appartement, qui était en outre suffisamment spacieux pour accueillir tous les invités.

Jamie observa un instant Logan et Damian en plein fou rire avant de prendre une profonde inspiration pour amorcer la discussion avec son frère.

– Damian, tu veux bien poser les pancakes un instant ? Il faut qu'on parle de quelque chose, annonça-t-il et Logan, croisant son regard, hocha la tête.

– Qu'est-ce qu'il y a ? C'est plus moi qui vais porter les bagues ? s'inquiéta Damian, au bord des larmes.

Jamie s'empressa de lui confirmer que la responsabilité des alliances lui incombait entièrement pour tout l'après-midi.

– Je voudrais te parler de Logan et moi, commença Jamie précautionneusement. Tu sais qu'il a passé beaucoup de temps avec moi, et aussi avec toi ?

– Oui, c'est parce que vous êtes des amoureux et que les amoureux passent toujours plein de temps ensemble, affirma Damian avec un hochement de tête, sans bien comprendre pourquoi Jamie énonçait des évidences.

– Oui, c'est exact, répondit Jamie. Et je me demandais si… si cela te convenait.

Logan se raidit en attendant la réponse de Damian, parfaitement conscient que l'opinion du petit garçon allait signer la poursuite ou l'arrêt de mort de leur relation.

– Oui ! J'aime bien Logan, dit Damian en haussant les épaules.

Il piqua ses pancakes du bout de la fourchette en fronçant les sourcils.

– Et toi, tu l'aimes bien, Logan ? ajouta-t-il.

– Oui... Oui, je l'aime beaucoup, répondit Jamie, et Damian recouvrit son sourire.

– Bien. Parce que, lui aussi, il t'aime bien. Il pense que tu es un ange. C'est ce qu'il disait ce matin quand je t'ai réveillé. Tu es un ange, en vrai ? Avec des ailes ? Tu peux voler ? Moi aussi ?

Ainsi la conversation sérieuse sur le rôle de Logan dans leur vie céda-t-elle le pas à celle sur les anges – Jamie lui certifiant qu'il n'en était pas un et que Logan plaisantait –, l'absence d'ailes de Jamie semblant davantage préoccuper Damian que le fait que Logan restait dormir à la maison.

C'était magique d'avoir cinq ans.

Après le petit déjeuner, ils chargèrent les costumes dans la voiture et se mirent en route. Aucun des deux mariés n'avait vu l'ensemble de son futur époux et Jamie insistait pour qu'il en fût ainsi jusqu'à la fin.

Luke et Tyler avaient été tentés de se rebeller mais, comme Jamie les autorisait à dormir dans le même lit la veille de la cérémonie, ils pouvaient fort bien s'habiller dans deux pièces séparées et ménager la surprise jusqu'au bout.

Jamie était redevenu une véritable boule de nerfs lorsqu'il frappa à leur porte et Logan osa pouffer de rire, ce qui lui valut d'essuyer le premier regard noir de Jamie. Il ne demanda pas son reste et, lorsque Tyler ouvrit la porte, il se faufila à l'abri de son regard assassin auprès de Luke.

Jamie pénétra dans l'appartement et resta bouche bée devant la beauté de l'intérieur, la disposition aérée de l'appartement créant un magnifique espace d'accueil.

Le salon avait été vidé de ses meubles pour faire place à de superbes fauteuils en bois vintage d'un brun sombre. Des bouquets de minuscules fleurs blanches emplissaient l'air d'un doux parfum, et le lieu semblait sorti tout droit d'un conte de fées.

Entre les chaises, on avait monté une arche fleurie sous laquelle les futurs mariés allaient échanger leurs vœux.

Les invités rassemblés à l'intérieur étaient merveilleusement vêtus, qui de longues robes fluides, qui de costumes repassés à la perfection, arborant de beaux sourires et ne tarissant pas d'exclamations de joie pour les futurs mariés.

Logan salua quelques amis, et Damian en profita pour foncer dans la salle à la rencontre de Cameron et de sa rousse fiancée, s'installant confortablement sur les genoux de la jeune femme sous le regard amusé de Jamie.

Jamie balaya du regard la foule d'inconnus avant de demander à Tyler s'il pouvait l'aider à s'habiller pour s'éloigner un peu des gens.

– Évidemment ! Et puis j'ai vu tes vêtements : à tous les coups, il va me falloir un mode d'emploi pour réussir à enfiler mon costume.

– Très bien. Allons te préparer au mariage de tes rêves !

Jamie sourit en accompagnant Tyler vers une pièce tandis que Logan poussait Luke vers une autre.

Les fiancés échangèrent un dernier sourire avant de se précipiter l'un vers l'autre pour se fondre en un baiser avide.

– Dernier baiser en tant que fiancés, murmura Luke.

– Tu n'as pas envie de faire marche arrière ? demanda Tyler en agrippant la main de Luke posée sur sa joue.

– Mon amour… Je n'ai pas douté depuis le jour où je t'ai rencontré, répondit Luke avant de l'embrasser une dernière fois.

Va donc te préparer. Je meurs d'envie d'embrasser mon époux. Il paraît qu'il est à tomber à la renverse.

– Ah tiens ! Je devrais m'en inquiéter ? releva Tyler avec un clin d'œil en reculant vers Jamie.

– Pas le moins du monde, répliqua Luke.

Et sur ce, ils disparurent chacun dans une pièce.

14

L'échange des vœux

– Seigneur, seigneur, seigneur…

Tyler tournait comme un lion en cage. Jamie avait réussi à le calmer pendant environ cinq minutes avant que sa crise de panique ne reprenne le dessus, et le jeune homme ne savait plus que faire.

Au fil des minutes, les scénarios échafaudés par Tyler étaient de plus en plus grotesques. Il avait commencé par l'éventualité que Luke change d'avis et annule le mariage, pour passer sans transition à l'enlèvement de Luke par des extraterrestres et une orgie géante entre Luke et tous les invités devant ses yeux… même les femmes.

À un moment donné, Jamie envisagea sérieusement de lui balancer un verre d'eau à la figure, mais son costume était trop beau pour tenter le diable.

– Tyler, je t'en prie, calme-toi. Luke t'aime. Tu sais très bien qu'il a hâte de t'épouser, implora-t-il.

Mais son intervention fut vaine. Tyler se mit à chanter à tue-tête et, par-dessus le marché, atrocement faux. Pour un musicien qui jouait dans un groupe, c'était un comble !

Jamie, perdu, s'apprêtait à partir chercher de l'aide lorsque son téléphone sonna.

– Oh, Logan ! Dieu merci !

– Nous entendons Tyler chanter, nota Logan en riant. J'en conclus qu'il fait une petite crise de nerfs ?

– Tu parles d'un euphémisme ! Je pense qu'il est à deux doigts de se jeter par la fenêtre. Je fais quoi ?

– Luke veut lui dire quelque chose, passe-lui le téléphone.

Jamie se retourna : Tyler se balançait d'avant en arrière, dans une sorte de transe.

– Je ne crois pas qu'il soit en mesure de tenir le téléphone, mon cœur, répondit Jamie.

Il plaqua aussitôt sa main sur sa bouche en s'apercevant qu'il venait de lui donner un surnom affectueux.

– J'aime bien l'idée d'être ton cœur, répliqua Logan. Et tu peux mettre Tyler sur haut-parleur, ajouta-t-il d'un ton détaché, tout en se livrant à une petite danse de la victoire qui fit s'esclaffer Luke.

Jamie poussa un soupir de soulagement et jeta un coup d'œil à Tyler, qui regardait fixement le mur, aussi immobile qu'une statue de sel.

– Je crois qu'il a viré catatonique… OK, j'ai mis le haut-parleur. Réparez-le, conclut Jamie en entendant leurs rires étouffés.

Jamie était loin de trouver la situation amusante, mais Luke et Logan connaissaient Tyler depuis plus longtemps, et s'ils trouvaient la scène comique, ainsi soit-il.

– Blondinet…, commença une voix douce.

Jamie sourit en s'apercevant que Luke s'adressait à Tyler d'une voix particulière, emplie d'amour, de patience et de tendresse. Ce dernier cligna des yeux et tourna la tête vers le combiné.

– Luke ? souffla-t-il, surpris.

– Salut, mon cœur. Bon… il paraît que tu fais une crise de panique, poursuivit Luke d'une voix douce, bien qu'un peu taquine.

– Quoi ? Non, c'est pas vrai… enfin… pas vraiment… enfin, peut-être que je stresse un tout petit chouïa… rien du tout… bafouilla le jeune homme.

– Tyler, tu fais carrément flipper Jamie. Dis-moi, est-ce que tu sais ce que tu es pour moi ?

Sous le regard éberlué de Jamie, chaque muscle du corps de Tyler sembla se détendre instantanément.

– Luke, il y a des gens qui écoutent, je ne peux pas te répondre, dit-il en rougissant.

– On parle de Logan, qui connaît déjà la réponse, et de Jamie, qui sort avec Logan, et qui a dû l'entendre sortir des trucs carrément plus tordus. La question est de savoir si ça peut t'aider à te calmer, poursuivit Luke en ignorant le « Je proteste ! » offensé de Logan.

– Oui, murmura Tyler.

– Très bien. Est-ce que tu sais ce que tu es pour moi ?

– Ta raison de vivre.

– Et je t'aimerai jusqu'à quand ?

– L'éternité plus un jour.

– Est-ce que tu te sens mieux ?

– Beaucoup mieux.

– Bien. Est-ce que je peux aller m'habiller, ou tu veux vraiment que je t'épouse tout nu ? demanda Luke et le regard de Tyler s'illumina.

– Eh bien, maintenant que tu en parles…

– Habille-toi, blondinet ! lança Luke avant de rendre le téléphone à Logan.

– Bon, il est calmé, il ne te reste plus qu'à le faire tout beau. Tu vas y arriver ? demanda Logan.

– S'il reste dans cet état, oui, répondit Jamie avec un petit rire tandis que Tyler lui tirait la langue.

– Bon ! C'était quoi ce cirque ? lança Jamie après avoir raccroché.

– À quel moment ? s'enquit Tyler d'un air embarrassé.

– Avant et après : la montée de stress et la descente.

– La crise… J'ai toujours eu peur que Luke se lasse de moi. Je sais que je peux être puéril et grotesque et super pénible par moments, mais il le supporte depuis si longtemps. Quand on était plus jeunes, c'était moins gênant parce que lui aussi était comme ça.

Mais maintenant… il est adulte, responsable et sérieux, et moi… eh bien, moi non. Je reste le même, je continue à regarder des dessins animés, à paumer mes clés et à me faire des frayeurs devant des films d'horreur. Et parfois, j'ai peur qu'il s'aperçoive qu'il a grandi plus vite que moi. Je sais qu'il m'aime, j'en suis convaincu. Mais parfois ça ne suffit pas, tu comprends ? conclut-il avec un sourire triste.

Jamie le prit dans ses bras.

– Ça n'est peut-être pas suffisant dans la vraie vie pour nous autres simples mortels. Mais Luke et toi… vous vivez dans un monde à part. Et rien ni personne ne pourra jamais vous séparer. Il t'aime, Tyler. Il t'aime tellement que j'ai la gorge serrée quand je vois comment il te regarde. Et jamais il ne se lassera de toi.

Tyler eut un petit sourire tremblant qui fit glousser Jamie.

– Merci, Jamie. Parfois, j'ai besoin d'un bon coup de pied au cul.

– Je ne suis pas un partisan de la violence, mais on dirait que Luke a la bonne méthode pour te calmer. Tu m'expliques ?

– Luke connaît mes angoisses. De toute façon, il sait tout sur moi. C'est sa manière à lui de me dire qu'il sera toujours là pour moi. À l'université, on était chacun à un bout du pays. J'avais peur qu'il trouve quelqu'un de mieux. Il me répondait toujours qu'il n'avait pas le temps de rencontrer qui que ce soit parce qu'il travaillait tout le temps, et qu'il faisait tout ça pour moi. Qu'il voulait terminer la fac le plus vite possible pour revenir auprès de moi. Après, il me disait qu'il reviendrait toujours auprès de moi et qu'il m'aimerait pour l'éternité plus un jour. Depuis, c'est ce qui me permet de ne pas perdre pied lorsque je craque, savoir qu'il est là et qu'il ne me quittera jamais.

– Vous êtes faits l'un pour l'autre. Vraiment.

– Oui… je pense aussi, affirma Tyler en souriant tandis que Jamie le serrait de nouveau contre lui.

– Bon ! Vous allez remonter l'allée centrale ensemble ou…

– Tu parles, Charles ! Je ne vois pas pourquoi les garçons ne pourraient pas eux aussi se pavaner le jour de leur mariage.

Merde à la fin ! Je me pavanerai comme un paon, musique de mariage à l'appui, et cette espèce de nabot a intérêt à m'attendre devant le pasteur avec l'air émerveillé… comme dans les films !

– Et ben voilà ! Ça, c'est le Tyler que j'aime. C'est quelqu'un de ta famille qui t'accompagnera ?

– Doux seigneur, non ! Ma mère et mon père ont failli s'étriper pour déterminer qui allait m'accompagner jusqu'à l'autel. Alors ma sœur, Mel, a mis son grain de sel en disant qu'elle ferait mieux de s'en occuper. Ils se sont tous fait la gueule pendant des plombes. Je suis intervenu et j'ai dit que je marcherais tout seul, alors ils m'ont tous fait la gueule à moi. Mais maintenant tout va bien, expliqua Tyler en redressant sa cravate.

Jamie éclata de rire. Ils apportèrent une touche finale à la coiffure de Tyler et se mirent en route.

– Luke, pourquoi on s'avance sans Tyler ? demanda Logan alors qu'ils sortaient de la chambre pour rejoindre le pasteur, saluant au passage les derniers arrivants.

Ils n'avaient pas pris la peine de séparer les invités de Luke de ceux de Tyler. Ils étaient ensemble depuis si longtemps que tout le monde s'était déplacé autant pour l'un que pour l'autre, et les gens s'étaient assis où ils le souhaitaient.

Les parents de Tyler occupaient le premier rang et tenaient à peine en place à l'idée que leur fils allait enfin pouvoir dire « oui » à son futur époux.

Luke avait tergiversé des journées entières à propos des siens. Ils ne s'étaient pas parlé depuis près de dix ans et il ne voyait pas par quel miracle la situation pourrait changer… D'un autre côté, il s'agissait de son mariage et il espérait secrètement qu'ils surmonteraient leurs différends à cette occasion. Il avait posté une invitation.

Mais ses parents n'étaient pas venus. Il avait enfoui sa douleur dans les bras de Lilly en la remerciant d'être une véritable mère.

En la voyant lui sourire depuis son siège à côté de la famille de Tyler, il décida qu'il se moquait bien des absents. L'amour de toutes les personnes présentes était amplement suffisant.

– Tyler veut traverser l'assemblée en paradant devant tout le monde, répondit Luke en riant.

– Quoi ?

– Logan… c'est Tyler. Ne cherche pas, coupa Luke, et Logan dut reconnaître que « c'est Tyler » était de loin la meilleure des explications.

Quelques instants plus tard, Jamie sortit de la chambre et hocha la tête à l'attention de l'orchestre avant de gagner sa place au premier rang à côté de celle qu'il gardait pour Damian une fois sa mission accomplie.

La musique commença et une petite fille habillée d'une magnifique robe blanche à volants remonta l'allée avec un petit panier rempli de bonbons.

Elle entreprit de lancer chocolats et sucettes par terre. Jamie jeta un coup d'œil à Luke, qui haussa de nouveau les épaules en articulant un « c'est Tyler » qui fit rire toute l'assemblée. La fillette, âgée de quatre ans, n'était autre que Gabriella, l'adorable petite-nièce de Tyler, dont Jamie avait fait la connaissance quelques instants plus tôt.

Arrivée au bout de l'allée, Gabriella se retourna et fit une révérence digne de Broadway. Tout le monde s'extasia.

Sur ces entrefaites, Damian entra en scène, vêtu d'un mini smoking avec un veston gris, une chemise blanche et un nœud papillon à carreaux noir et gris.

Il portait un coussin blanc sur lequel reposaient deux alliances en platine reliées par un ruban de satin. Il remonta l'allée avec une telle lenteur que l'orchestre dut rejouer le morceau qui l'accompagnait par deux fois. Damian, fier comme Artaban, sourit à son frère : les anneaux étaient arrivés à bon port.

Jamie lui répondit d'un signe de tête et un geste victorieux des deux pouces, et Logan lui souffla un « bien joué » qui l'emplit de joie.

L'orchestre enchaîna avec la traditionnelle chanson de la mariée, transformée en chanson du marié pour les besoins de la cérémonie, et la porte du salon s'ouvrit une dernière fois sur un Tyler passablement nerveux dont les yeux s'arrimèrent sur une seule et unique personne : Luke.

Luke qui, debout devant tout le monde, le dévorait du regard.

Luke, dont les yeux embrumés et le sourire illuminaient la pièce.

Luke, qui s'approcha de lui alors qu'ils étaient encore séparés de quelques pas, le prit dans ses bras et murmura « je t'aime, je t'aime » sans s'arrêter dans le creux de son oreille, et tout le monde partit en quête d'un mouchoir pour se tamponner les yeux.

Ils parcoururent les derniers mètres ensemble et s'immobilisèrent face au pasteur, qui lui-même semblait passablement ému.

Luke ne pouvait s'empêcher de regarder Tyler à la dérobée. Son costume noir soulignait la blancheur de sa peau et ses cheveux blonds, et Luke avait du mal à croire qu'il allait passer le restant de ses jours avec cet homme.

De son côté, Tyler faisait de même, admirant la chevelure sombre de Luke, ses yeux brillants et son sourire renversant qui l'avait fait craquer le premier jour. Il remercia en silence celui qui tout là-haut lui permettait de garder Luke à jamais.

– Mes chers bien-aimés, commença le pasteur dans les règles de l'art. On m'a expressément interdit de poursuivre cette phrase tel que je le fais habituellement. (Tout le monde se mit à rire.) À la place, je vous dirai simplement que je suis honoré d'unir ces deux hommes par les liens du mariage. Être ainsi le témoin de leur amour me rend heureux d'exercer les fonctions qui sont les miennes, et me rend fier que l'Ohio offre à un tel amour toute la reconnaissance qu'il mérite. J'arrêterai là de bavasser pour laisser la place à l'échange des vœux. Luke, à vous de commencer.

Luke prit une profonde inspiration, se tourna face à Tyler et prit la main tremblante de son fiancé dans les siennes.

– Tyler, mon cœur… Dès l'instant où je t'ai vu, je me suis dit « voici l'homme auprès duquel je veux me réveiller pendant le restant de mes jours ». Et puis, quand j'ai vu à quoi tu ressemblais le matin, j'ai changé d'avis.

La salle éclata de rire et Tyler décocha un coup de poing dans le bras de Luke d'un air espiègle.

– Je plaisante. Ta tête au réveil est adorable. Comme tout ce qui fait que tu es toi. Tyler, tu es la personne la plus extraordinaire que je connaisse. Tu es gentil, attentionné, drôle, intelligent, beau et excentrique dans le meilleur sens du terme. Tu as ce côté enfantin, et même si tu crois que ça va me faire fuir un jour, j'adore cet aspect de ta personnalité. J'adore le fait que tu me complètes. Tu me fais rire. Grâce à toi, je prends la vie avec un petit peu moins de sérieux, et tu me rends heureux de rentrer chaque jour en sachant que tu seras là. J'ai toujours envie de rentrer et de te trouver à la maison, Tyler. Et c'est le sens de cette alliance : j'essaie de te garder dans ma vie. L'éternité plus un jour, blondinet, dit-il en prenant l'anneau sur le coussin de Damian pour le glisser au doigt de Tyler.

Il souleva sa main et déposa un baiser sur la bague avant de s'essuyer le coin de l'œil de sa manche.

– Tyler, à votre tour de dire vos vœux à Luke.

Tyler sourit et sortit une feuille de papier de sa poche en s'excusant d'un haussement d'épaules pour sa mémoire en gruyère, tandis que Luke murmurait « Vas-y, mon cœur. »

– J'hésitais à lire cette version de mes vœux mais, vu comme tu te moques de moi, je me sens désinhibé, commença-t-il en prenant une profonde inspiration. Luke… tu n'es qu'un idiot. (L'assemblée éclata de rire.) Tu aurais pu avoir n'importe qui en ce bas monde et pourtant tu m'as choisi. Tu as choisi de me dédier une chanson lorsque nous avions seize ans, tu m'as choisi pour t'accompagner au bal de fin d'année en sachant pertinemment que des tas d'autres garçons auraient tout donné pour être ton cavalier. Et, lorsque j'ai cru t'avoir perdu au profit de quelque étudiant brillant, de nouveau tu m'as choisi. J'en serai à jamais surpris et ému, parce que je sais très bien à quel point tu pourrais faire mieux. Je connais la force de ta compassion, ta patience et ta douceur. Je les connais parce que tu as choisi de me les donner. Tu m'as choisi pour que je sois à ton côté et j'en serai éternellement reconnaissant. Je te chérirai à jamais, et à jamais je t'appartiens. L'éternité plus un jour, dit-il en glissant l'alliance au doigt de Luke.

– Vient maintenant le moment où je me dois de prononcer ces mots, expliqua le pasteur. En vertu des pouvoirs qui me sont conférés par la loi, je vous déclare maintenant unis par les liens du mariage. Puissiez-vous continuer à vous aimer tels que vous vous aimez en ce jour, et puisse votre exemple guider ceux qui vous entourent. Vous pouvez vous embrasser.

Les deux hommes se tournèrent l'un vers l'autre et Luke attira Tyler vers lui.

– C'était donc vrai, dit-il avec un large sourire.

– Quoi donc ?

– Mon mari est à tomber, lança Luke en éclatant de rire, avant de saisir le menton de Tyler pour l'embrasser tendrement.

La délicatesse de son geste rappela à Tyler leur premier baiser, ce mélange de nervosité et d'excitation. Celui-ci y ressemblait beaucoup, mais il était aussi porteur d'une promesse et d'une certitude qui le rendaient impérissable.

L'assemblée se mit à applaudir, et Logan échangea un sourire radieux avec Jamie. Le jeune tailleur ne put s'empêcher de ressentir une profonde fierté devant les trois hommes vêtus de ses créations : Tyler en noir, Luke en blanc et Logan en bordeaux. Il était plus que ravi du résultat !

Jamie se balançait nerveusement d'un pied sur l'autre en attendant que Logan revienne des toilettes. Il avait l'intention de le présenter à ses amis de Riverside et Jamie, qui se tordait les mains en gardant un œil attentif sur Damian, occupé à danser comme un fou sur la piste, était pris d'une angoisse inébranlable.

Les amis de Logan devaient déjà être dans les parages…

Et s'ils le détestaient ? S'ils détestaient Damian ? Et s'ils conseillaient à Logan de le quitter et de trouver quelqu'un d'autre, quelqu'un de plus séduisant, de plus brillant, ou de plus quoi que ce soit d'autre que Jamie n'était pas ?

– Tu vas finir par exploser si tu ne te calmes pas, Jamie.

Logan arriva derrière lui et lui entoura la taille de ses bras. Jamie se sentit immédiatement fondre sous son étreinte.

– Je suis désolé. Je suis super nerveux, dit-il d'un air penaud, et Logan lui releva le menton pour le regarder dans les yeux.

– Tu n'as aucune raison d'être inquiet. Ce sont tous des types géniaux, et ils vont t'adorer. Fais-moi confiance.

La pièce était bondée de convives qui dansaient menés par Tyler qui virevoltait et bondissait dans tous les sens tandis que Luke tentait de le contenir en s'accrochant à sa main.

De l'autre côté du salon, une grande table longeait le mur, recouverte de plateaux regorgeant de mets et de boissons, dans lesquels les invités se servaient en bavardant.

Ils s'approchèrent d'un groupe d'hommes de l'âge de Logan, ses amis de lycée.

– Les gars, voulez-vous bien cesser de hurler un instant ? Je voudrais vous présenter quelqu'un, annonça Logan, qui obtint aussitôt leur pleine et entière attention.

Il attira Jamie à lui et le jeune homme s'approcha en souriant timidement à l'assemblée.

– Jamie, voici mes amis du lycée. Je te présente David, Will, Josh, Toby et Ben. Les gars, voici Jamie. C'est lui qui a créé les costumes de nos mariés, ainsi que le mien, ajouta-t-il, et Jamie piqua aussitôt un fard.

– Oh seigneur ! Sois miséricordieux et dis-moi qu'il est célibataire ! s'écria Ben.

– Mec, t'es hétéro. S'il est célib, je remporte la manche !

– Ce n'est pas un match de tennis… et puis c'est moi le plus beau, alors c'est moi qui décroche son numéro.

– Beau ou pas, toi aussi, tu es marié, Will. Et à une femme, je te rappelle.

– Les gars ! LES GARS ! hurla Logan pour les ramener à l'ordre. Il est avec moi !

L'annonce de Logan fut accueillie par la liesse générale, à grand renfort de félicitations, de cris de joie, de tapes dans le dos et d'embrassades, sous le regard ahuri de Jamie qui se tenait légèrement en retrait de Logan, jusqu'à ce qu'un grand gars à la peau mate (David ?) s'adresse à lui.

– Ravi de te rencontrer, Jamie. Je suis le beau-frère de Tyler. Logan est un sacré veinard, dit-il en lui serrant la main.

– Ravi de te rencontrer, moi aussi. Et merci, répondit Jamie tandis que Logan glissait une main sur sa hanche.

– Oh, Logan, il est adorable ! Bonsoir ! Moi, c'est Toby. Enchanté de faire ta connaissance. Mais tu es sûr de vouloir sortir avec Logan ? Parce que, crois-moi, tu pourrais prétendre à bien mieux que cette espèce de demi-portion.

Jamie se détendit imperceptiblement, pour le plus grand plaisir de l'assemblée.

– Il est plutôt mignon, je devrais survivre, répliqua Jamie en lui souriant, tandis que Logan lançait un regard reconnaissant à Toby.

Trente minutes plus tard, installé à une table, Jamie riait et devisait gaiement avec les amis de Logan, qui étaient tous tombés sous son charme.

David approcha sa chaise de Logan et lui donna un coup de coude.

– Tu es un sacré chanceux, Lo.

– Tu n'as pas idée à quel point, David, répliqua Logan en soupirant.

– Il a l'air d'être quelqu'un d'exceptionnel. Je suis ravi que tu aies décidé d'avoir une vraie relation, espèce de coureur de pantalons !

Logan lui administra une claque sur le bras.

– Pourquoi se contenter de moins quand on peut avoir la perfection ? Jamie est parfait. J'aimerais tellement qu'il s'en rende compte, ajouta-t-il avec une pointe de tristesse.

– C'est vrai qu'il n'a pas l'air très sûr de lui. Je ne comprends vraiment pas pourquoi. J'abandonnerais femme et enfant et je virerais carrément ma cuti pour un type comme ça, lança-t-il d'un air espiègle tandis que des bras fins s'enroulaient autour de ses épaules.

La jeune femme ressemblait à la version féminine de Tyler. Ses boucles blondes tombaient en cascade sur ses épaules, encadrant l'ovale de son visage. Elle était toute menue et charmante, avec de grands yeux verts et un sourire rayonnant.

– Oh, mon chéri, tu es déjà gay. Gabby et moi, on te sert de couverture, c'est tout, rit Melanie en l'embrassant sur la joue. Mais, même moi, je te pardonnerais de me quitter pour lui. Logan, il est fabuleux. Et ses créations sont superbes !

– Je sais !

Logan éclata de rire et aperçut Jamie qui s'excusait de devoir quitter la table.

– Je suis désolé, mais il faut que je jette un œil sur Damian, dit-il.

Melanie le retint par la main avec un sourire.

– Oh ! ne t'inquiète pas pour lui, le rassura-t-elle en souriant. Il s'amuse bien.

Elle montra du doigt la piste de danse où Damian et Gabby dansaient un slow à côté de Luke et Tyler, qui souriaient à l'adorable mini couple.

Jamie eut ce petit rire discret qui faisait craquer Logan, et ce dernier se leva pour lui tendre la main.

– Et si on se joignait à eux ?

Jamie le regarda d'un air interdit, puis hocha la tête et glissa ses doigts entre les siens.

Ils se firent une place sur la piste de danse improvisée et Logan attira Jamie contre lui, lui caressant le dos tandis qu'ils tournoyaient lentement.

Ils se délectèrent du mouvement de la danse et de la chaleur de leur étreinte, inconscients de ce qui se passait autour d'eux. Logan tourna la tête pour déposer un chaste baiser sur les lèvres de Jamie, qui frissonna et resserra les bras autour de son cou.

– Merci, murmura Jamie.

– Pour quoi ?

– Je n'ai jamais dansé de slow avec personne. Et j'en ai toujours eu envie, souffla Jamie timidement.

– Et moi, je n'ai jamais dansé de slow avec un homme tel que toi.

Logan inclinait la tête pour l'embrasser de nouveau, lorsqu'une petite boule d'énergie paniquée vint s'écraser contre leurs jambes.

– Jamie, cache-moi, vite ! s'écria Damian en tendant les mains vers son frère.

Jamie se pencha pour le prendre dans ses bras.

– Qu'est-ce qui se passe, Damian ?

– La petite fille avec la robe et les bonbons, tu sais ? On a dansé et c'était trop drôle parce qu'elle est toute petite et elle tombe tout le temps à cause de ses froufrous, mais là elle s'est approchée de moi et elle m'a embrassé, Jamie. Et maintenant elle raconte à sa maman qu'elle est mon amoureuse et moi je veux pas d'amoureuse. Les filles c'est dégoûtant et ça pleure tout le temps et c'est pas marrant. Va lui dire que je ne veux pas d'amoureuse. S'il te plaît, Jamie, gémit Damian d'un air désespéré.

Logan et Jamie déployèrent des efforts herculéens pour ne pas éclater de rire et prendre très au sérieux le fait que Damian avait reçu son premier bisou d'une fillette haute comme trois pommes qui le menaçait d'une relation sérieuse.

– Oh ! loupiot, ne réagis pas comme ça. Elle est toute petite et elle t'aime bien. Les fillettes aiment bien les garçons un peu plus grands parce qu'ils sont cool, et toi, mon grand, tu es définitivement le plus cool de tous ! Tu devrais retourner danser avec elle. Je suis sûr que ça lui fera plaisir, expliqua Jamie tandis que Damian reprenait du poil de la bête sous le compliment.

– D'accord, mais c'est pas mon amoureuse.

– Bien sûr que non, Leo.

– Jamais de la vie ! hurla-t-il en retournant vers la fillette dont le visage s'illumina lorsqu'il prit sa menotte dans la sienne pour retourner sur la piste de danse.

– Pourrais-je avoir votre attention, s'il vous plaît ? (Logan donna un coup de fourchette sur son verre, n'obtenant qu'un bruit sourd et inaudible.) Ça rend beaucoup mieux dans les films... Bref, le moment est venu d'escorter les mariés vers leur lune de miel, mais, avant cela, je voudrais dire quelques mots. J'ai rencontré Luke et Tyler au lycée, où ils sont devenus mes meilleurs amis. David, tais-toi, le jour de ton mariage, c'était toi, mon meilleur ami ! Bien, comme je le disais, je les connais depuis un bout de temps, et ils sont en quelque sorte devenus ma religion. Je crois en eux... J'ai toujours cru en eux. Lorsque tout le monde était convaincu qu'ils se sépareraient à la fac, j'ai pu constater à quel point ils se manquaient. Lorsque tout le monde se moquait de leur homosexualité, je les ai vus s'apporter réconfort et sécurité. Je suis content d'être ici aujourd'hui, de les voir heureux, et j'en profite pour faire un joli doigt d'honneur à tous ceux qui juraient qu'ils ne tiendraient jamais ensemble. J'ai toujours su qu'ils y arriveraient. J'ai toujours cru en eux. Grâce à vous, Luke et Tyler, je crois en l'amour. Alors toutes mes félicitations, et merci de m'avoir appris ce que c'était que d'aimer quelqu'un, dit-il en levant son verre.

Quelques minutes plus tard, tous leurs invités raccompagnaient Luke et Tyler à la porte. Gabby et Damian s'étaient endormis sur le canapé, et Melanie avait ramené sa fille à la maison tandis que Jamie avait téléphoné à Rebecca, qui avait proposé de venir chercher Damian à n'importe quelle heure pour qu'il dorme chez elle.

– Logan, j'allais te demander de donner à manger au chat...

– Tyler, tu n'as pas de chat.

– En fait j'en voulais un, mais Luke n'a pas voulu, et...

– Tu voulais un chat pour que quelqu'un lui donne à manger pendant ton absence ?

– Oui mais, comme je te l'ai expliqué, Luke a refusé. Donc, je vous demande à toi et Jamie de venir arroser les plantes.

– Tyler, tu n'as pas de plantes.

– Si ! Luke m'en a acheté deux parce qu'il culpabilisait d'avoir dit non pour le chat.

Le visage de Tyler s'illumina d'un immense sourire et Jamie éclata de rire en découvrant l'expression d'horreur sur le visage de Logan.

Luke se contenta de hausser les épaules d'un air désolé, et Logan tendit la main.

– Très bien. Donne-moi les clés. J'arroserai tes fichues plantes.

– Hourra ! OK, on peut y aller, annonça-t-il avant de sautiller vers la voiture, tirant Luke dans son sillage.

– Je reviens vite, d'accord ? dit Logan en se retournant vers Jamie pour le serrer dans ses bras.

Il avait accepté de conduire Luke et Tyler à l'aéroport et de ramener leur voiture chez eux, et se doutait bien que Jamie était intimidé à l'idée de rester seul avec ses amis.

Le salut se manifesta sous les traits de Toby, que Jamie semblait apprécier tout particulièrement.

Il attrapa Jamie par la main et l'attira à l'intérieur de la maison.

– File, Logan. On s'amusera très bien sans toi, lança-t-il avec un clin d'œil avant de lui claquer la porte au nez.

Une heure plus tard, Logan pénétrait dans l'appartement silencieux, et il se figea sur place en entendant des sanglots.

Il se précipita dans le salon, où Toby, assis sur le canapé, tenait dans ses bras un Jamie en larmes et passablement ivre, occupé à déverser un flot de paroles pendant que Toby opinait du chef.

– … et il a des super beaux yeux. Des yeux… immenses… qui prennent la moitié de son visage. Et il a des baisers tout doux, des cheveux tout bouclés… et il est tout chaud… J'adore les câlins tout chauds de Logan, baragouinait Jamie.

Logan s'approcha et sourit à Toby. Il appréciait particulièrement la tournure de la conversation.

– Il t'a jamais fait des câlins tout chauds de Logan, à toi ? marmonna Jamie en posant ses grands yeux bleus sur Toby.

– Je ne pense pas qu'il m'ait fait les câlins qu'il te fait à toi, mais il m'a déjà pris dans ses bras, oui, répondit Toby en faisant signe à Logan de prendre sa relève.

Mais Jamie repartit de plus belle.

– Logan, il a pris dans ses bras des tas de gens. Des tas de gens très beaux. Tu savais qu'ils avaient tous des muscles ? demanda-t-il, et le cœur de Logan se serra.

– Non, je ne savais pas.

– Moi, j'en ai pas. Je suis tout maigre. Logan, il aime pas les maigrichons.

– Je suis sûr que Logan t'aime tel que tu es.

Mais Jamie secoua la tête d'un air borné.

– Nan. Mais je pourrais aller à la gym. Moi aussi, je pourrais avoir des muscles. Comme ça, Logan m'aimera aussi comme il a aimé les autres. Tu penses que je peux y arriver ?

– Tu peux, mais tu n'es pas obligé. Tu es beau comme tu es, répliqua Toby, et Logan lui sourit avec reconnaissance.

– Non, pas du tout… sommeil… m'faut des muscles… bonne nuit… toi aussi, tu fais des câlins bien…, marmonna Jamie dans un bâillement avant de s'effondrer contre l'épaule de Toby.

– Je croyais que tu devais garder un œil sur lui ! lâcha Logan dans un soupir.

Il s'assit à côté de Jamie et l'attira contre lui, posant sa tête sur ses genoux, et sourit lorsque ce dernier se pelotonna tout contre lui.

– Non ! J'ai dit qu'on allait bien s'amuser. Et j'ai tenu promesse. Jusqu'à ça, riposta Toby avec un sourire taquin.

– Comment il en est arrivé là, exactement ? s'enquit Logan en fronçant les sourcils.

– Honnêtement, je n'en ai aucune idée. En tout cas, on ne peut pas dire qu'il tienne l'alcool, observa Toby en riant.

Logan baissa les yeux sur le visage endormi, encore marqué d'une ombre de tristesse.

– Son manque de confiance en lui le met dans des états pas possibles. Je déteste ça, soupira-t-il.

– Je ne comprends pas pourquoi. Je suis sérieux, Logan. Il est d'une beauté à tomber par terre, il est gentil et drôle.

– Je sais. Mais va essayer de le lui faire comprendre... il te coupe la parole et il change de sujet. J'aimerais vraiment qu'il cesse de se comparer aux personnes que je suis censé aimer. Parce que c'est lui qui me plaît, et personne d'autre.

– Tu tiens vraiment à lui, n'est-ce pas ? Je ne t'ai jamais vu dans cet état.

– Oui. Je n'aurais jamais cru ça possible... Je crois que je suis amoureux. C'est un peu tôt, non ?

– Logan... Il n'y a pas de trop tôt ni de trop tard. On vient d'assister au mariage de deux hommes qui sont tombés amoureux au premier regard, même s'il leur a fallu un an pour se sortir la tête du cul. Ne te pose pas trop de questions. Ramène-le chez lui, aide-le à récupérer et parle-lui. Ce n'est pas sain de manquer autant d'assurance.

– Tu as raison, je vais faire ça. Merci, Toby, répondit Logan.

Il souleva Jamie dans ses bras et le porta jusqu'à sa voiture.

Le trajet s'effectua en silence, exception faite des murmures endormis de Jamie qui arrachaient des sourires attendris à Logan.

Une fois à destination, il l'aida à s'extirper du siège passager et à se mettre en pyjama, puis il se glissa à côté de lui sous la couette.

Jamie s'agita et se réveilla brusquement, l'air perdu, puis les événements de la soirée lui revinrent en mémoire.

– Logan..., souffla-t-il d'une toute petite voix.

– Oui, mon cœur ?

– Tu es en colère contre moi ?

Logan eut un petit rire.

– Non, Jamie, je ne suis pas en colère contre toi. Mais on aura une conversation sérieuse demain, toi et moi.

– Et à ce moment-là, tu seras en colère contre moi ?

– Non, je ne serai pas en colère contre toi.

– Oh... très bien. On parlera de quoi ?

– De plein de choses importantes.

– D'accord.

– ...

– Logan ?

– Oui ?

– Et tes amis, ils vont être en colère contre moi ?

15

Jeu de miroirs

– Debout, mon cœur ! murmura Logan au jeune homme endormi, tellement enfoui sous la couette que seule une mèche de cheveux dépassait.

– Va-t'en, marmonna Jamie en se cachant au plus profond du lit.

Logan eut un petit rire puis caressa ce qu'il pensait être le dos de Jamie, et ce dernier se cambra en ronronnant.

Logan décida d'utiliser l'appétit de caresses de son amant à son avantage.

– Allez, marmotte. Si tu ne te lèves pas, fini les câlins, lança-t-il en retirant sa main.

– Pas debout. Caresse, articula Jamie d'un ton enfantin, en jetant un œil de sous les couvertures avant de pousser son dos au contact de la main de Logan.

Il attendit un instant puis dut se rendre à l'évidence : Logan n'avait aucunement l'intention d'obtempérer. Il poussa de nouveau la main de Logan et se mit à gigoter de gauche à droite pour qu'il lui frotte le dos. Logan éclata de rire mais resta immobile, et Jamie lâcha un gros soupir.

– OK, voici ce que je te propose, lança Logan. Je vais te préparer un petit déjeuner et te l'apporter au lit. Ça te laisse quelques minutes de plus pour dormir, après quoi on va s'occuper de ta gueule de bois et discuter. Ça te va ?

– Tu me caresseras le dos ? marmonna Jamie.

– Si tu es sage.

– Chuis toujours sage.

– Mais oui. Allez, j'y vais. Ça te laisse environ trente minutes, annonça Logan en sortant de la chambre pour gagner la cuisine.

Il disposa sur le plan de travail tous les ingrédients dont il avait besoin pour un brunch et se passa la main dans les cheveux en se demandant par quel bout prendre la discussion qui les attendait.

Il savait que Jamie manquait d'assurance, mais ce qu'il avait entendu la veille allait au-delà de la timidité.

Jamie était sincèrement persuadé de ne pas être à la hauteur et que Logan désirait des hommes plus imposants. Logan n'allait pas mentir : il avait bien aimé coucher avec ces hommes, et sentir leurs étreintes musclées pendant quelques heures.

Mais il n'avait jamais ressenti le besoin de les caresser sur toute la surface du corps pour en mémoriser les moindres courbes, ni d'embrasser leur peau en s'émerveillant de sa chaleur. Il n'avait jamais ressenti d'amour pour eux.

Mais Jamie… Jamie était mince et grand, fragile et doux, et il se fondait à la perfection dans les bras de Logan. Pour la toute première fois, Logan avait envie d'être avec quelqu'un, il redoutait son absence et se languissait de l'embrasser et de le serrer contre lui. Il savait que Jamie était encore réticent à le laisser entrer pleinement dans sa vie, occupé à combattre ses démons et à trouver le courage d'être plus à l'aise dans sa peau.

En terminant de disposer le petit déjeuner de Jamie sur le plateau, Logan décida de fissurer ses défenses, en espérant que la brèche finirait par briser tout l'édifice.

Il prit une profonde inspiration et souleva le plateau.

Il poussa la porte avec les hanches et se glissa dans la chambre en faisant attention de ne rien faire tomber pour ne pas s'attirer les foudres du maniaque de la propreté qu'était Jamie.

Il se retourna et s'apprêta à appeler Jamie lorsqu'il s'aperçut que le lit était vide et que les couvertures étaient en boule du côté où il dormait habituellement. « Son » côté. L'idée lui plaisait énormément. Il posa le plateau sur la table de nuit et se mit en quête des comprimés contre les maux de tête, désireux de prévenir le mal de crâne qui attendait Jamie.

Il décida que les tiroirs du bureau étaient sans doute la meilleure option après la salle de bain, occupée par Jamie, et entreprit d'ouvrir le premier, qui renfermait une pile de feuilles, des stylos et des crayons ainsi que des outils de travail de Jamie, telles des épingles et des aiguilles.

Le tiroir suivant renfermait un dossier rassemblant les dessins de Jamie, et Logan résista à l'envie d'y jeter un œil, préférant ne pas faire preuve d'indiscrétion.

Le dernier tiroir s'ouvrit sur la compilation la plus étrange d'objet n'ayant *a priori* aucun dénominateur commun : un foulard, des boutons de manchette, des dessins d'enfant, du parfum, une lettre portant un sceau officiel, et un petit bocal qui roula jusqu'au-devant du tiroir.

Logan s'en saisit et déchiffra l'étiquette qui annonçait « Voyage à Disneyland de Damian ». Son cœur se serra en pensant au jeune homme envers qui la vie s'était montrée si injuste. Il n'économisait pas de l'argent pour s'offrir des petits plus, mais pour faire plaisir à son frère Et pour ça, il bossait dur.

Logan poussa un soupir en pensant à son compte bancaire bien fourni, mais totalement inutile… enfin, jusqu'à maintenant. Il sourit en remettant le bocal à sa place, plus que jamais déterminé à ce que Jamie et Damian ne manquent de rien. Il ouvrit un dernier tiroir de l'autre côté du bureau et trouva des comprimés qui feraient l'affaire.

Il les déposa à côté du verre d'eau sur le plateau et s'assit au bord du lit en attendant que Jamie sorte de la douche.

Il réfléchissait à une façon d'entamer la conversation, un moyen adéquat de lancer cette discussion qui ne serait pas simple pour Jamie, lorsqu'il entendit un bruissement en provenance de la salle de bains. Il releva la tête et perdit aussitôt le fil de ses idées.

Jamie… Son Jamie, se tenait devant lui, vêtu d'un peignoir qui s'arrêtait pile sous ses magnifiques fesses. Ses longues jambes parfaitement taillées et d'une pâleur sublime semblaient se dérouler à l'infini tandis que les pans du vêtement dessinaient un V sur son torse, jouant à cache-cache avec sa peau sans défaut.

Logan était aux anges. Devant lui se dressait une œuvre d'art et il ne pouvait pas détacher les yeux.

Son regard glissa sur les pieds délicats, les genoux et les cuisses délicieuses, le torse bien dessiné et les yeux bleus emplis de gêne et de peur.

– Jamie…

– Tu veux bien te retourner ? demanda doucement le jeune homme.

Bien sûr, Logan pouvait faire cela. Mais, aujourd'hui, il n'était plus question que Jamie se cache et que Logan le laisse faire.

– Je n'en ai pas envie, dit-il d'une voix douce en faisant de son mieux pour se concentrer sur le visage de Jamie.

– Mais… pourquoi ? s'enquit Jamie en se balançant d'un pied sur l'autre, assailli par l'impression désagréable d'être en vitrine à la vue du monde entier.

– Parce qu'il n'y a que toi et moi, dans cette pièce. Parce que je ne veux pas que tu aies honte quand je te regarde. Parce que tu es parfait.

– Logan…

– Viens là, coupa-t-il en lui tendant la main, sentant la fraîcheur des doigts frais de Jamie, due son passage prolongé dans la douche.

Il le fit asseoir près de lui. Jamie tira sur son peignoir pour se couvrir du mieux possible tout en évitant soigneusement le regard de Logan.

– Je t'ai préparé ton petit déjeuner, annonça ce dernier pour détendre l'atmosphère avant d'aborder le cœur du sujet.

– Oh… merci.

– Et j'ai mis des médicaments pour t'éviter un mal de crâne. Alors avale-les avant qu'on discute.

– Je ne peux pas y échapper, hein ? demanda Jamie en prenant une gorgée d'eau.

– Non… pas vraiment. Je ne te forcerais jamais à faire quoi que ce soit… mais je pense sincèrement qu'il faut qu'on en parle, affirma Logan en hochant la tête comme s'il voulait les convaincre tous les deux.

– Oui… j'imagine que tu as raison… tu en veux ?

Jamie proposa son petit déjeuner à Logan qui sourit, et il accepta des morceaux de pancakes et d'œufs, tout en lui offrant en retour de petits morceaux de fruits.

Il voyait bien que Jamie faisait de son mieux pour que le petit déjeuner traîne aussi longtemps que possible, sans doute dans l'espoir que Logan finirait par abandonner la discussion. Mais le jeune homme ne perdait pas de vue son objectif.

Une fois la dernière bouchée avalée, il retira le plateau des genoux de Jamie. Ce dernier commença à se tordre les mains en attendant que Logan prenne la parole.

– Tu te sens bien ? interrogea Logan.

– Pas des masses, non, répliqua-t-il d'un ton sec avant de lui lancer un regard coupable. Pardon… je deviens cassant quand je suis tendu.

– Ce n'est pas grave. Alors… tu veux m'expliquer comment tu as fini totalement bourré la nuit dernière ?

– J'en sais rien ! protesta Jamie en enfouissant son visage dans ses mains. David m'a servi un verre. Un cocktail tout vert, très beau, et je n'en ai bu qu'un, mais j'imagine qu'il était plus alcoolisé qu'il a bien voulu me le dire.

Il haussa les épaules d'un air impuissant et Logan dut se mordre la lèvre inférieure pour ne pas rire.

– Attends… Un seul verre a suffi à te mettre dans un état pareil ? Un seul ?! J'ai cru qu'ils t'avaient fait boire toute la bouteille, s'exclama-t-il, et Jamie lui décocha un regard noir.

– Ouais, eh ben, je ne bois jamais, alors…, ronchonna Jamie en administrant une claque sur la main de Logan, qui venait de partir d'un nouvel éclat de rire.

– J'ai compris, je plaisante. Et… euh… tu te souviens de quelque chose de la soirée ? demanda-t-il avec prudence.

– Euh… on a ri, et puis je suis allé chercher quelque chose à manger parce que j'étais nerveux, et puis… je me souviens m'être assis sur le canapé à côté de Toby… et puis c'est tout, conclut-il avec un nouveau haussement d'épaules en triturant un fil de son peignoir.

– Tu ne te souviens pas de quoi vous avez parlé ? insista Logan.

Il savait bien que Jamie risquait de se refermer comme une huître, mais il devait tenter sa chance.

– Non… pas vraiment… je sais qu'on a parlé, mais je ne sais plus de quoi, dit-il.

Il écarquilla brusquement les yeux et saisit la main de Logan.

– Je n'ai pas… euh… dansé sur une chanson atroce avec une paire de collants noirs et une veste à paillettes, si ?

Logan le dévisagea un instant, curieux, puis secoua la tête.

– Non, mais j'aimerais bien voir ça à l'occasion, commenta-t-il en essayant sans succès de chasser cette image de son esprit.

– Oh, écrase ! Mais alors, si je ne me suis pas ridiculisé, tu voulais me parler de quoi ? Je pensais que je t'avais fait honte devant tes amis, murmura-t-il et Logan secoua de nouveau la tête.

– Non. Bien sûr que non. Au pire, ils sont rentrés chez eux en remettant en question leur hétérosexualité. Enfin, à part Toby qui est déjà gay et qui a pu se rincer l'œil, dit-il en lui lançant un clin d'œil.

– Oh… ils ont voulu être gentils, c'est tout, Logan…

– Jamie, l'interrompit Logan, c'est exactement ce dont nous devons parler.

– Comment ça ? Du fait que tes amis sont gentils ? dit Jamie en le dévisageant comme s'il avait perdu la tête.

– Non… écoute… je sais que ça ne va pas être facile alors je vais le dire, OK ?

– … d'accord.

– La nuit dernière, je t'ai surpris en train de dire à Toby que tu ne ressemblais en rien aux autres hommes avec qui j'avais été, et que je t'aimais moins qu'eux. Tu racontais que tu voulais aller à la gym et te muscler pour que je t'aime plus, parce que tu es persuadé d'être trop maigre pour être attirant à mes yeux.

Jamie se sentait de plus en plus nauséeux. Il était vraiment passé pour un imbécile. Logan ne voudrait jamais rester et gérer ce genre de conneries après ce qui s'était passé la veille.

– Je… je ne m'en souviens pas. Mais j'étais saoul, Logan. Tu sais très bien qu'on dit des bêtises quand on est saoul.

– Et qu'on a aussi tendance à dire la vérité. Jamie, c'est quelque chose que j'ai remarqué chez toi depuis le début. Tu ne prends aucun compliment au sérieux, tu ne me crois pas quand je te dis à quel point tu es beau, tu te méfies quand je te dis que je n'ai jamais eu de tels sentiments… et je me demande ce qui se passe dans ta tête. Qu'est-ce qui te fait douter du fait que tu es absolument parfait ?

Logan en était venu à s'agenouiller face à Jamie. Il prit ses mains entre les siennes et le regarda d'un air implorant pour qu'il accepte sa présence et son soutien.

Il savait que Jamie était en proie à une lutte intérieure pour décider s'il devait lui raconter son histoire.

Le jeune homme prit plusieurs inspirations avant de se lancer, les yeux rivés sur le sol.

– La vie, les gens, le lycée… personne ne m'a jamais trouvé beau, Logan. Quand on te dit un milliard de fois que tu es atroce et immonde, tu finis par y croire. Tu ne peux pas passer ton temps à te relever et à redresser la tête. Au bout d'un moment, tu finis par penser que les autres ont raison. J'ai fini par atteindre mes limites, expliqua-t-il tristement en levant les yeux sur Logan.

– Qu'est-ce qu'on t'a dit ? souffla-t-il entre ses lèvres serrées de colère, d'une voix qui fit tressaillir Jamie.

– Pourquoi tu veux savoir ?

– Parce que je veux te prouver qu'ils ont tort en tous points. Et te faire ressentir autre chose que toutes les conneries qui sont sorties de leurs bouches. Je veux que tu perçoives qui tu es réellement, et que tu te voies tel que je te vois, martela-t-il.

– Comment comptes-tu faire ? s'enquit Jamie.

– Suis-moi, dit-il en incitant Jamie à venir se planter devant le miroir en pied, se plaçant derrière lui. Tu vas me répéter précisément ce qu'on t'a dit. Tu vas me décrire ce que tu vois quand tu te regardes dans le miroir. Ensuite, je te dirai ce que je vois.

– Logan… ça me met mal à l'aise. Je ne vois pas comment le fait de me tenir devant un miroir, à énumérer ce que je n'aime pas chez moi, va m'aider à cesser de haïr tout ça. Cela risque d'empirer les choses.

Il avait prononcé la dernière phrase à voix basse, en détournant les yeux.

– Qu'est-ce qui pourrait être pire ? (Jamie s'agitait nerveusement, prêt à prendre la fuite.) Allez, Jamie. Aujourd'hui, pas de faux-semblants, et tu peux dire tout ce que tu veux. Je t'écoute.

– Et si tu vois les mêmes choses qu'eux ?

– Quelles choses ?

– Les choses qu'ils me reprochaient. Si je te les dis et que tu les vois aussi…

– Jamie, ça n'arrivera jamais. D'ailleurs, si je te faisais part de quelques petites choses que je déteste chez moi, histoire d'équilibrer la discussion ? proposa Logan en glissant ses bras autour de la taille de Jamie, avant de poser son menton sur son épaule pour les contempler dans le miroir.

Son amant l'observait d'un air interloqué.

– Mais tu es magnifique. Qu'est-ce que tu peux bien détester chez toi ?

– C'est exactement la question que je me pose à ton sujet. Donc… regarde bien et dis-moi tout ce qui te vient à l'esprit. Je t'écoute. Et quand tu te sens trop à nu, serre ma main et je te dis quelque chose sur moi. D'accord ?

Logan entrelaça ses doigts à ceux de Jamie et serra sa main pour lui donner du courage. Jamie hocha la tête et planta son regard dans celui de son reflet, comme s'il découvrait un inconnu. Il prit une profonde inspiration et fit glisser son autre main jusqu'à ses sourcils.

– Ils me disaient que mes yeux étaient flippants. Qu'on fermerait forcément les yeux pour m'embrasser. Et après, ils se reprenaient en disant que, de toute façon, personne n'avait envie de m'embrasser, dit-il en effleurant ses lèvres avant de serrer imperceptiblement la main de Logan.

– Je déteste mes cheveux. Avant, je mettais une tonne de gel, mais je ressemblais à mon père, alors j'ai décidé de les laisser tranquilles. Mais je les ai toujours détestés. On dirait du brocoli, affirma-t-il et Jamie rit en enroulant une boucle entre ses doigts.

– J'aime tes cheveux. Tu es encore plus beau avec tes boucles, dit-il en se préparant à la suite de ses confessions. Petit, j'étais rondelet. C'est bizarre, parce qu'aujourd'hui je suis un vrai squelette. Mais avant, j'avais de bonnes joues d'écureuil et les bras boudinés. Au lycée, ils me disaient qu'ils me poussaient encore plus fort contre les casiers pour que je sente les coups à travers la couche de graisse. (Logan se hissa sur la pointe des pieds pour l'embrasser sur la joue.) Je crois qu'ils détestaient ma voix par-dessus tout. Ils disaient que j'avais une voix de fille et que c'était évident qu'aucun gay ne voudrait de moi. Au téléphone, on me confondait tout le temps avec ma mère, alors je n'avais aucun mal à les croire. En plus j'avais l'air d'une fille. Je m'habillais de façon particulière, je m'intéressais aux trucs de filles, et même les gamines me traitaient de « fille manquée ». Ils n'avaient pas entièrement tort. Ils me demandaient pourquoi je me disais gay alors qu'en réalité j'étais une fille hétéro. C'était blessant… et je savais bien que c'était faux. Mais au bout d'un moment... j'ai fini par y croire.

Il secoua lentement la tête et serra de nouveau la main de Logan, l'implorant en silence de pouvoir quitter un instant les feux de la rampe.

– J'ai un gros ventre. Tout le monde croit que je suis musclé, mais, en fait, j'ai un ventre de femme enceinte.

– Quoi ? s'écria Jamie, abasourdi.

– C'est vrai. Regarde !

Logan recula de quelques pas et souleva son tee-shirt, révélant une petite brioche recouverte d'un léger duvet.

Jamie rit doucement et fit glisser sa main du torse de Logan à son ventre légèrement rebondi.

– J'avoue que je ne m'y attendais pas, dit-il en souriant.

– Alors, je ne te plais plus ? lança Logan avec un clin d'œil.

– Bien sûr que si. Je comprends enfin pourquoi c'est si confortable de dormir sur toi, embraya Jamie, et ils éclatèrent de rire.

– Tu m'utilises uniquement pour mes talents d'imitateur de polochon ? fit Logan avec une moue boudeuse.

– Peut-être bien, murmura Jamie en caressant le duvet qui parsemait son torse. Moi, je n'ai pas ça, par exemple. J'étais plutôt content, jusqu'à ce que je me rende compte que ça me donnait encore plus l'air d'une fille. D'autant plus qu'on allait à la piscine pour les cours de sport. Une fois par semaine, on oubliait momentanément mon visage et ma voix pour se focaliser sur mon corps. D'abord j'étais trop gros, après trop maigre et atrocement pâle. Certains me demandaient si je n'avais pas remarqué que j'étais mort et devenu un fantôme. Les autres me bousculaient dans tous les sens en me disant qu'il ne me manquait plus qu'une paire de seins pour être une nana... et moche, avec ça. Et... j'ai plein de cicatrices dans le dos. Elles sont immondes, mais je n'ai jamais réussi à les faire disparaître, alors j'évite de les regarder dans la glace, murmura-t-il, la gorge serrée, et Logan le serra fort contre lui.

– Je suis petit, incroyablement petit pour un homme. Toi, tu n'es pas particulièrement immense, et tu me dépasses de quasiment dix centimètres. Je suis un nain. J'aimerais faire la taille de mon frère, enchaîna Logan dans une tentative pour détendre l'atmosphère.

Il se souvenait des blagues bon enfant de ses amis, qui lui avaient appris à s'accepter et à construire une attitude positive. Jamie n'avait pas connu tout ça. Il n'avait connu que méchanceté, venin et cruauté, gratuitement, car rien de ce qu'on lui reprochait n'était justifié. Pas un seul point. Il tourna de nouveau les yeux vers le miroir. Jamie, dépité, se dévisagea d'un air mortifié.

– Je ne me suis jamais senti à la hauteur. Chaque fois que quelqu'un me faisait une remarque gentille, je le repoussais parce que je savais que c'était un mensonge. Je ne suis pas beau, ni sexy, ni séduisant. Je camoufle mes défauts en choisissant bien mes habits et le résultat est potable. Mais quand on enlève les vêtements… quand je n'ai plus de protection… il ne reste que moi. La réalité me déçoit et finira par te décevoir. Je n'ai plus la force de relever la tête et de dire « merde ». Je ne saurais pas…

Ses épaules étaient secouées de sanglots silencieux. Logan enfouit sa tête contre sa nuque, détestant le monde entier d'avoir meurtri cet homme exceptionnel. Il voulait leur infliger à son tour toute la douleur, la détresse et la peur qu'ils avaient fait subir à Jamie. Mais, en serrant ce dernier contre lui, il savait aussi que le meilleur moyen de se venger était de rendre Jamie heureux et fier de lui-même.

– Je ne vais pas tenter de te faire changer d'avis. Mais je vais faire ça… je vais enlever ceci…, commença Logan en tirant délicatement sur le peignoir.

– Non… je…, balbutia Jamie en serrant désespérément ses doigts sur le vêtement.

– Jamie… tu sais qu'on dit toujours que ce n'est pas l'apparence qui importe ? Et c'est vrai. Il n'empêche que je suis resté superficiel : la première chose que j'ai pensée en te rencontrant, c'est que je n'avais jamais rencontré personne d'aussi beau. Je sais bien que tu es intelligent, drôle, et gentil, un peu flippant aussi parfois, talentueux et plein d'autres choses. Mais ce qui m'a attiré en premier lieu, c'est ta beauté. Alors je voudrais que tu te détendes, et que tu me laisses te montrer exactement à quel point ils avaient tort. Je te promets que je ne t'obligerai à rien. Je veux juste te regarder et t'expliquer ce que je vois. Je peux ?

Jamie le dévisageait d'un air inquiet, effrayé à l'idée que se dévoiler ainsi ne le fasse fuir. Mais le regard de Logan était doux et rassurant, et Jamie se surprit à hocher la tête et à relâcher son emprise sur son peignoir, tandis qu'il fermait les yeux.

– Regarde le miroir avec moi, l'invita Logan en repoussant les cheveux qui tombaient sur le front de Jamie.

Leurs yeux se rencontrèrent et Logan lui sourit.

– Ta coupe est toujours impeccable. Je me souviens de la première fois que je t'ai vu passer une main dans tes cheveux. On n'était pas encore ensemble, et je n'avais pas le droit de vouloir ça, mais, plus que tout, j'avais envie d'écarter les cheveux qui tombaient sur ton front pendant que tu dessinais. Tes yeux… bon sang, Jamie, comment ne pas perdre la tête en croisant ton regard ? Chaque fois que je plonge dans tes yeux, j'ai l'impression d'être projeté dans un monde de couleur, et cette sensation est délicieuse.

Il effleura le visage de Jamie de ses doigts, avant de suivre du pouce le contour de ses lèvres.

Jamie regardait fixement le miroir, le visage écarlate et les yeux embrumés. Ses lèvres se mirent à trembler sous les doigts de Logan tandis qu'il cherchait désespérément dans son reflet tout ce que Logan venait de décrire. Il avait du mal à se reconnaître dans ses paroles. La personne que dépeignait Logan semblait irréelle.

– J'adore t'embrasser. Tu es doux et attentionné, mais je ressens toujours la puissance de tes baisers. J'adore ton sourire.

Tu as un demi-sourire agacé quand quelqu'un t'ennuie, et puis, quand Damian est là, ce sourire rayonnant qui montre à quel point tu l'aimes. Tu as un petit sourire amusé avec Tyler et Luke, et un sourire doux pour Rebecca. Pour moi aussi, tu as un sourire particulier. Celui qui te fait détourner le regard en râlant mais, au fond, je sais bien que ça te plaît. Comme quand je te chatouille, ou que je t'ébouriffe les cheveux, ou que je porte des vêtements mal assortis. Et chacun de tes sourires est merveilleux… Bon, à part ton sourire au bord des larmes mais, celui-ci, on le passera sous silence, plaisanta Logan et Jamie se mit à rire.

De ce rire cristallin que Logan aimait tant.

Ils échangèrent un sourire par miroir interposé. L'atmosphère s'était détendue. Logan glissa son pouce sous l'encolure du peignoir et tira dessus pour mettre à nu l'épaule de Jamie, qui sentit un frisson parcourir sa peau.

– Ta peau… ta peau est superbe, laiteuse et douce, avec ces adorables taches de rousseur qui me rappellent que tu es bien un simple mortel.

Ses lèvres effleurèrent un instant l'épaule dénudée afin d'y déposer un baiser, et glissèrent lentement le long de son omoplate jusqu'à la base de sa nuque.

Logan dévoila l'autre épaule qu'il couvrit à son tour de caresses et de baisers. Le goût et la fraîcheur de sa peau lui donnaient envie de ne jamais s'en détacher.

Le peignoir glissa jusqu'à la taille de Jamie, et Logan examina le dos ainsi exposé. Les cicatrices étaient bien présentes mais, loin d'être atroces, elles étaient une preuve de force. Il sentit les épaules de Jamie se contracter et il baissa la tête pour déposer un baiser sur chacune des cicatrices, accompagnant chaque caresse d'un « magnifique », « parfait » ou « divin » jusqu'à ce que la tension s'évapore et que Jamie se laisse aller contre lui.

Logan laissa courir ses mains sur ce corps exposé, et ses paumes s'embrasèrent à la douceur du contact. Il repoussa le nœud de la ceinture et le peignoir glissa lentement entre leurs corps jusqu'à s'abîmer sur le sol, dévoilant Jamie en boxer noir moulant, et rougissant violemment.

Logan le dévisageait avec émerveillement.

– Comment peux-tu penser un seul instant que tu n'es pas beau ? Comment peut-on ne pas te trouver sexy et séduisant ? Regarde-toi. Jamie… tu es parfait. Ton corps n'a rien de celui d'une fille. Tu es mince et ta silhouette est fragile, c'est vrai, mais tu es élancé et solide et absolument magnifique. Je pourrais te regarder pendant des heures sans jamais me lasser.

Il fit pivoter Jamie face à lui et l'embrassa pour la première fois depuis le début de la conversation. La pièce était fraîche et Jamie commençait à avoir froid, ses lèvres se mirent à trembler, mais il embrassa Logan comme il ne l'avait encore jamais fait, avec l'avidité féroce de celui qui lutte pour changer.

Logan voyait en lui un être exceptionnel et précieux, et Jamie était prêt à tout donner pour accepter au plus profond de lui d'être ce que Logan percevait.

Jamie noua ses bras autour de son cou et pressa son corps contre le sien. Timide mais déterminé, il mit toute sa ferveur dans ce baiser et s'offrit tout entier à Logan.

Logan le serrait étroitement contre lui, et ses mains caressaient son corps. Quoi qu'en pense Jamie, Logan affirmait qu'il méritait tout cela, et le jeune homme décida de se laisser aller en toute confiance.

Les doigts de Logan descendirent le long de son dos et sur la courbe de ses fesses. Jamie se cambra à ce contact, acceptant ces mains révérencieuses. Elles le soulevèrent et le déposèrent sur le lit, le corps de Logan recouvrant le sien de sa chaleur tandis que sous ses caresses et ses baisers Jamie se sentait désiré et protégé pour la première fois depuis une éternité.

Jamie savait ce qu'il voulait. Il savait qu'il pouvait le demander et qu'il l'obtiendrait, non pas parce que Logan n'avait pas le choix, mais parce qu'il le désirait véritablement.

– Logan…

– Oui…

– Touche-moi… je t'en prie… reste là…

– Tu n'as pas à me supplier. Je te donnerai toujours ce que tu veux… tout ce que tu veux… il te suffit de demander, murmura Logan.

Il tira doucement sur le boxer de Jamie et referma ses doigts sur le sexe tendu et brûlant de son amant, comme jamais personne ne l'avait fait avant lui, et comme personne d'autre ne le ferait jamais après.

Logan dévorait Jamie du regard, déterminé à ne pas rater une seule seconde de sa jouissance sous ses mains.

Il le regarda réagir vivement à chacune de ses caresses, haletant et réceptif, inconscient de sa beauté, et cela le rendait fou. Le jeune homme se cambrait pour offrir à ses mains toute la surface de sa peau nue, les lèvres entrouvertes, essayant d'étouffer ses gémissements. Hors de question de le laisser faire. Logan voulait l'entendre, l'entendre s'abandonner sans plus de gêne ni de honte, criant son besoin. Et, seigneur ! Logan était prêt à lui donner tout ce qu'il désirait, et aurait pu mourir à cet instant même si c'était là le dernier spectacle qu'il devait contempler, son amant échevelé, les joues rougies, tremblant et frissonnant, l'implorant d'une voix rauque.

Logan le serra plus fort, accéléra la cadence de ses caresses, et soudain le corps de Jamie se raidit violemment. Rejetant la tête en arrière, le jeune homme jouit sur sa main et son torse en gémissant son nom.

Les yeux fermés, le souffle court, il laissa son corps se détendre peu à peu, se blottissant en toute confiance entre les bras de Logan.

Ce dernier l'attira contre lui et déposa un baiser sur son front humide, l'effleurant de caresses apaisantes, incapable de cesser de toucher ce corps nu enfin dévoilé.

Il attrapa des mouchoirs sur la table de nuit pour essuyer la peau de Jamie. Apaisé et docile, Jamie accueillit cette attention avec un soupir de contentement.

Ses grands yeux bleus fatigués trouvèrent les siens et un sourire endormi naquit sur son visage, avant qu'il ne se mette à rougir. Logan savait qu'il était encore trop tôt pour qu'il soit entièrement à l'aise après s'être laissé aller à tant de vulnérabilité, mais il voulait lui faire comprendre qu'il était en sécurité. Qu'il ne lui arriverait rien de mal entre ses bras. Il savait qu'il lui faudrait donner un peu de lui en échange de cette preuve de confiance que Jamie venait de lui offrir.

Jamais Logan n'aurait pensé le dire.

Mais c'était Jamie.

Jamie, détendu et un peu gêné, qui lui donnait envie de le dire.

– Je suis follement amoureux de toi, lui murmura-t-il à l'oreille.

Le jeune homme releva brusquement la tête, les yeux écarquillés.

– Ce… c'est vrai ? souffla-t-il avec le même étonnement que lorsque Logan l'appelait « mon beau ».

– Depuis le premier jour. Tu n'as pas à me répondre tant que tu n'es pas sûr de toi, mais je le sais depuis longtemps. Et je voulais que tu le saches, dit Logan avant de l'embrasser.

Jamie rompit leur étreinte pour le regarder dans les yeux.

– Je suis sûr… moi aussi… mais je n'aurais jamais pensé le dire à qui que ce soit un jour. Ne m'en veux pas. J'ai seulement besoin d'un peu de temps…

– Je comprends. Ne te force pas. Je voulais simplement que tu le saches, conclut-il en l'embrassant de nouveau.

Jamie bougea et sentit l'érection de Logan pressée contre sa jambe.

– Euh… tu veux que… que je…, balbutia-t-il timidement, et Logan se mit à rire.

– C'était entièrement pour toi. Tu auras l'occasion de me rendre la pareille plus tard, dit-il avec un clin d'œil et Jamie éclata de rire au creux de son cou.

Logan l'aimait ainsi : radieux et câlin.

– En revanche, je pense que tu devrais te tirer de ce lit pour aller chercher Damian. J'ai quelque chose de prévu pour nous trois.

– C'est vrai ? Quoi ?

– C'est une surprise.

– Quel genre de surprise ? insista Jamie, ravi.

– Le genre surprenant. File, s'esclaffa-t-il en le poussant hors du lit.

Trente minutes plus tard, Jamie revint accompagné de Damian, et tomba nez à nez sur un véritable décor de camping planté au beau milieu du salon, couvertures, bougies, et Chamallows à l'appui.

– Qu'est-ce qui se passe ? demanda Damian en sautant sur les coussins disposés par terre.

– C'est une réunion du fan-club de Jamie, expliqua Logan en leur tendant des canettes de soda et des sandwichs.

– Mais qu'est-ce que tu racontes ? interrogea Jamie en haussant un sourcil, ce qui eut pour seul effet de faire éclater Logan de rire.

– Damian et moi allons tour à tour t'expliquer en quoi tu es génial. T'es prêt, Damian ?

Le visage de Damian s'illumina d'un énorme sourire et il hocha la tête avec empressement.

– Je trouve que Jamie est génial parce qu'il me prépare toujours, TOUJOURS, un gâteau pour mon anniversaire... et qu'il est même pas que rond, il est en forme de Mickey ou de voiture, tout ce que je demande. Les autres grands frères, ils font pas ça, affirma-t-il avec tout son sérieux.

Les yeux de Jamie s'embuèrent en contemplant sa petite famille trouver à tour de rôle des arguments de plus en plus loufoques.

Il décida d'arrêter les frais lorsque Damian expliqua qu'il était génial parce qu'il savait plier les chaussettes en petites boules et que Logan enchaîna en louant le fait qu'il ne bavait pas dans son sommeil et que ses ronflements étaient suffisamment bas pour ne réveiller personne.

Rayon compliments, il était arrivé à saturation.

16

Sonnante et trébuchante

– Leo… toi et moi, on a une affaire importante à régler. Et ça urge, lança Jamie d'une voix chantante en faisant irruption dans le salon en ce dimanche matin.

Damian le dévisagea avec un froncement de sourcils depuis le refuge douillet de son gigantesque fauteuil.

– Mais on va *Chez Lilly* aujourd'hui, non ? s'enquit le garçon d'une petite voix inquiète.

Il adorait le *diner*, où tout le monde le traitait comme un roi.

– Bien sûr, mais pas avant l'heure du déjeuner. Et il fait beaucoup trop froid pour aller au parc, donc, avant, nous allons lancer… tu es prêt…, poursuivit Jamie avant de marquer une pause mélodramatique, amusé par les grands yeux brillants d'impatience qui lui faisaient face. LE GRAND MÉNAGE HEBDOMADAIRE DE LA MAISON MADDISON !

Damian le regarda comme s'il avait perdu la tête, puis s'affaissa dans sa robe de chambre d'un air boudeur.

– J'ai pas envie.

– Ce n'est pas exactement mon occupation préférée au monde, mais on n'a pas le choix. C'est la tradition. Allez, lève-toi et range tes jouets.

Damian poussa un profond soupir, s'extirpa de son fauteuil et entreprit de ramasser le large panel de jouets éparpillés entre le salon et la cuisine.

Jamie l'observait du coin de l'œil en souriant, occupé à plier les vêtements qui sortaient du sèche-linge. Il avait décidé de donner un petit coup de propre à leurs vêtements d'hiver avant que le froid mordant ne leur tombe dessus.

Usant de son esprit professionnel, il essaya de déterminer lesquels pourraient encore faire l'affaire pour Damian cette saison. Son frère avait beau être encore petit pour un enfant de cinq ans, il avait bien poussé en une année.

Le verdict tomba et Jamie lâcha un soupir : Damian allait avoir besoin d'une garde-robe flambant neuve dans les plus brefs délais.

Un tantinet désespéré, il ouvrit son ordinateur portable et son compte bancaire en ligne pour trouver un moyen de financer la dépense.

Il prit une feuille de papier et dressa la liste de tout ce dont Damian allait avoir besoin :

Manteau
Pulls
Bottes
Pantalons
Tee-shirts
Chaussettes
Sous-vêtements
Et tutti quanti

Il poussa un soupir de frustration et se frotta le visage d'un geste las. Bon sang ! il détestait vraiment avoir du mal à joindre les deux bouts pour Damian.

Il ouvrit les pages web de quelques sites de vêtements pour enfants, jeta un œil aux prix et s'aperçut que, s'il vidait entièrement son compte bancaire, il pourrait acheter tous les articles de sa liste.

Après un dernier coup d'œil agacé à ses savants calculs, il referma son ordinateur et appela Damian.

– Damian, tu veux bien venir une seconde ?

Le bruit d'une brassée de jouets lâchée sur le sol lui parvint depuis le salon et, un instant plus tard, Damian se pelotonnait sur ses genoux.

– Quoi ? demanda-t-il en jetant un regard intrigué aux feuilles de papier sur la table.

– Qu'est-ce que tu dirais de sauter le *diner* aujourd'hui et d'aller faire les magasins à la place ? demanda Jamie.

Il réprima un rire devant le regard furibond de son frère.

Le fait était que Jamie n'avait pas les moyens de leur payer un déjeuner au restaurant en plus des vêtements pour Damian.

– Oh ! mais pourquoi ? Je n'ai pas envie de faire les magasins. Je veux voir Lilly, et aussi Tyler peut-être, et on va jouer au flipper et tout ça... Beuh, pas les magasins ! conclut-il, et Jamie le fit pivoter sur ses genoux.

– Je sais que tu as envie d'aller au *diner*, mais je me rends compte que tes vêtements sont trop petits et qu'il commence à faire froid. Il te faut de nouveaux habits d'hiver et ça serait bien qu'on y aille aujourd'hui, d'accord ? expliqua Jamie de sa voix stricte.

Il voulait prodiguer à Damian l'éducation que ses parents lui avaient donnée : tout était ouvert à la négociation et l'opinion de chacun était prise en considération, mais au final, Jamie, en qualité d'adulte, prenait les décisions.

– Mais, Jamie..., couina Damian. On peut acheter des vêtements un autre jour.

– On ne peut pas y aller demain, parce que je dois travailler et que j'ai rendez-vous avec Luke et Tyler pour le déjeuner, que tu as école le lundi et qu'il te faut de quoi t'habiller pour y aller. À moins que tu préfères y aller tout nu. Moi, ça me va très bien aussi.

Damian ouvrit des yeux grands comme des soucoupes et secoua la tête avec véhémence.

– Non... on peut y aller, d'accord. Je peux avoir Michelangelo et Donatello aujourd'hui ? Tu m'as dit qu'on les achèterait la prochaine fois qu'on va au centre commercial.

Damian n'avait pas mis longtemps à retourner la situation à son avantage : il faisait la collection des figurines des Tortues Ninja et, s'il avait ses préférées, il lui en manquait encore.

La question désola Jamie, qui ne pouvait absolument pas se permettre d'acheter les deux jouets.

De toute façon, il n'avait sans doute même pas assez d'argent pour une seule figurine.

Il poussa un profond soupir, planta son regard dans celui de Damian et le serra contre lui.

– OK, Damian, écoute. Tu te souviens qu'on s'est dit que, parfois, il faudrait que tu te comportes en grand et que je te parle sérieusement ?

Il faisait allusion au tout début, lorsqu'ils essayaient de sortir la tête de l'eau, et que Jamie avait dû lui expliquer la situation.

Contre toute attente, Damian avait parfaitement réagi, faisant preuve d'énormément de compréhension et de compassion.

– Oui. Tu m'as dit qu'il fallait que je sois sage et que je t'écoute parce que tu allais m'expliquer des choses d'adultes.

– Exactement. Eh bien… il faut qu'on ait une autre conversation comme ça.

– Oh… d'accord, fit Damian en se redressant pour regarder son frère.

– Voilà : ce qu'on doit acheter aujourd'hui coûte beaucoup d'argent. Et il faut qu'on te prenne toute la liste, sinon tu vas avoir froid à l'école et tu risques de tomber malade, loupiot. Du coup, je ne sais pas du tout s'il restera assez d'argent pour acheter des jouets. Je ne peux pas te promettre de prendre les tortues aujourd'hui, expliqua Jamie d'une voix rassurante malgré son sérieux, le cœur serré en voyant la tristesse envahir le visage de son frère.

Les enfants ne devraient pas subir ce genre de discours. Ils ne devraient pas être accablés par les problèmes des adultes.

Mais Jamie savait que l'honnêteté restait le meilleur outil pour se sortir de ce genre de situations.

– Mais, et tes vêtements chauds à toi ? Il t'en faut sinon tu vas tomber malade, s'inquiéta Damian, et Jamie sentit une larme rouler sur sa joue qu'il essuya furtivement avant que son frère ne l'aperçoive.

– Il m'en reste suffisamment de l'an dernier, ne t'inquiète pas. Je ne tomberai pas malade. Et tu sais quoi… s'il nous reste de l'argent, on peut acheter une tortue aujourd'hui et puis une autre une prochaine fois. D'ac ?

Ils allaient s'en sortir. Ils étaient là l'un pour l'autre et allaient s'en sortir.

– Tu es le meilleur grand frère du monde, Raph. Mais on peut acheter les deux jouets un autre jour et plutôt partager une glace s'il reste de l'argent ? proposa Damian en enroulant ses bras autour du cou de Jamie.

– On aura toujours de l'argent pour une glace, Leo. J'adore ton idée, répondit Jamie en le serrant contre lui, sans prêter attention aux yeux clairs qui les regardaient intensément.

*

– Enfin pour finir, nous avons une nouvelle affaire plutôt sérieuse, et j'aimerais QUE MES FILS CESSENT DE SE COMPORTER COMME DES GOSSES PENDANT CINQ MINUTES ! aboya Samuel.

Cameron rangea aussitôt dans un classeur la feuille qu'il montrait à Logan. Ils étaient assis côte à côte et assistaient à une réunion assommante, qui plus est un samedi, alors qu'ils auraient dû profiter de leur week-end.

Au bout d'un moment, Cameron avait dessiné une licorne qui propulsait des arcs-en-ciel, des cupcakes et des flacons de lubrifiant sur Samuel, et les deux frères ricanaient depuis un bon quart d'heure.

D'accord, ils se comportaient comme des gamins de cinq ans.

En tout cas, Cameron avait les capacités artistiques dignes de cet âge-là.

– Désolé, papa…, répondirent-ils à l'unisson avant de ricaner de plus belle.

Samuel les foudroya du regard et se contenta de leur distribuer les dossiers concernant l'affaire en question.

Apparemment, une entreprise alimentaire locale était poursuivie en justice pour discrimination envers les femmes. L'affaire s'annonçait de grande ampleur puisqu'ils avaient réussi à contacter une dizaine d'employées qui s'étaient vu refuser une promotion au profit d'un homme moins qualifié pour le poste.

Logan hocha la tête, soudainement sérieux et dévoué.

Le dossier était parfait pour Cameron et lui, et ils allaient leur faire cracher un beau paquet en dommages et intérêts. Il voyait déjà la tête de toutes ces femmes lorsqu'ils leur annonceraient les montants en jeu et les postes auxquels elles pourraient de nouveau postuler, cette fois pour de bon.

Cette perspective le ragaillardit. Il avait hâte de se mettre à l'œuvre.

– … gan. Logan ? hurla son père tandis que Cameron lui administrait un coup de coude dans les côtes.

– Désolé. Quoi ?

– Donc, comme je l'expliquais, plusieurs de ces femmes sont venues s'installer dans l'Ohio pour avoir un meilleur emploi. Cameron s'occupera de la partie Ohio de l'affaire. La partie déplacement te reviendra, Logan, annonça-t-il.

Logan reconnut l'expression de son visage : ce petit air satisfait qu'il avait dès qu'il complotait un sale coup. Logan eut le sentiment désagréable que la décision de son père avait un rapport avec Jamie.

– Ça implique beaucoup de déplacements ?

Samuel savait que son fils était tombé amoureux du jeune homme, mais l'ampleur réelle de la relation lui échappait de toute évidence, car il n'y voyait là qu'une énième relation sans avenir de Logan. Il était à des années-lumière de la vérité.

– Dès mercredi, tu iras à San Francisco, où nous avons trois clientes potentielles. Tu y resteras au moins une semaine, peut-être plus. Nous verrons la suite après, déclara Samuel et Logan sentit son estomac se nouer.

Une semaine loin de Jamie et Damian, en soi, ce n'était pas la mer à boire. Mais la perspective des autres voyages qu'il aurait à effectuer pour cette affaire le rendait malade.

Il allait être constamment en déplacement, loin des réveils doux en compagnie de Jamie, loin des petits déjeuners animés par les bavardages excités de Damian, et il allait chaque soir se mettre au lit sans pouvoir embrasser Jamie, le serrer contre lui. Cette nouvelle routine durait depuis un bon mois, et il se refusait à la sacrifier.

– Quelqu'un d'autre peut s'en charger, non ? Je veux rester et travailler sur le dossier depuis ici, riposta Logan d'une voix aussi calme que possible.

– Tout un tas de gens pourraient s'en charger. Mais j'ai décidé que tu étais le meilleur choix, répliqua Samuel.

N'importe qui aurait pris cette réponse pour un compliment : le père a tellement foi en son fils qu'il n'envisage pas une seconde de charger quelqu'un d'autre d'une telle responsabilité.

Mais Logan savait bien qu'il n'avait aucune raison de ressentir de la fierté car il connaissait déjà la chute de l'histoire.

Et elle ne tarda pas à arriver :

– Cela ne te fera pas de mal de rester à l'écart de… de certains aspects de ta vie pendant quelque temps, Logan, poursuivit son père.

– Tu veux dire, de ma famille ? s'écria Logan, qui ne songea pas un instant qu'il trahissait ses sentiments envers Jamie et Damian.

– Non, Logan, je n'ai pas l'intention de t'empêcher de voir ta famille. Je veux te maintenir à l'écart de ton nouveau mignon, grogna Samuel, et Cameron se leva aussitôt pour faire tampon entre son père et son frère, sachant que la situation n'allait pas tarder à tourner au vinaigre.

– Il s'appelle Jamie et, si, il représente ma famille. Mis à part Cameron, personne portant le même patronyme que moi ne mérite mon attention. N'essaie même pas de t'arroger ce droit !

Il avait craché la dernière phrase comme une insulte, et Samuel serra rageusement les poings.

– Tu le connais depuis quelques jours à peine, Logan. Rien ne te dit que ce n'est pas une espèce de gigolo qui te supporte à seule fin d'assurer son avenir. Je parie qu'il a eu une existence sans histoire comme toi, Logan, qu'il n'a jamais manqué de rien, qu'on l'a gâté toute sa vie et que ses parents ont toujours cédé à ses caprices et que ça en a fait un homosexuel, exactement comme toi.

– Tu ne sais rien de lui, gronda Logan, et Cameron l'agrippa par le poignet pour l'empêcher de se jeter sur son père.

– J'en sais suffisamment pour reconnaître ce genre d'individu, lâcha Samuel, et Logan sentit quelque chose se briser en lui.

– Tu racontes n'importe quoi. Mais, puisque tu as commencé, permets-moi de te dire quelque chose à propos de Jamie. Toute sa vie, il s'est fait brutaliser pour ce qu'il était. Mais contrairement à toi, père, ses parents n'avaient pas d'argent pour l'envoyer dans une bonne école pour toute sa scolarité. Ils n'avaient pas les moyens d'empêcher que leur fils se fasse frapper, intimider, et stigmatiser. C'étaient des gens honnêtes, qui travaillaient dur… mais ça n'a pas suffi. Jamie a fait preuve de courage, il en est sorti vivant, mais pas amer. Et, quand ses parents sont morts, il s'est retrouvé tout seul à élever son petit frère. Il a refusé que le système le prenne en charge et le place dans une autre famille. Il a trouvé un travail et il a pris soin de son petit frère sans l'aide de personne. Ça te rappelle quelque chose, papa ? Tu ne trouves pas que ça ressemble étrangement à l'histoire héroïque de Samuel Danes qui éleva sa petite sœur tout seul et en fit une femme respectable et instruite ? Eh bien, tu ne devineras jamais ! Jamie fait la même chose. Mais, contrairement à toi, il ne dispose pas d'un fonds de dépôt pour protéger ses arrières, ni de tout un tas d'oncles ou de tantes pour faire du baby-sitting ou donner un coup de main quand ça se corse. Il est seul. Sauf que, maintenant, je suis là. À mes yeux, il vaut dix fois l'homme que tu es. C'est un héros, et tu n'es qu'un vieillard haineux rongé par l'égoïsme, vitupéra Logan avant de sortir en coup de vent, laissant son père abasourdi.

– Bravo, papa. Vraiment, tu as encore réussi à te surpasser, lâcha Cameron d'un ton sec.

Samuel s'assit en silence, les mains tremblantes et le cœur battant à tout rompre tandis que les mots de Logan résonnaient dans sa tête.

Était-ce vrai ?

Tout ce qu'avait subi Jamie était insupportable.

Tant de douleur, de peur, de larmes pour un seul enfant fragile.

– Je… Cameron, je n'ai pas réfléchi…, balbutia Samuel, mais son fils l'interrompit.

– Évidemment. Tu ne réfléchis jamais.

Il claqua la porte derrière lui.

Logan roulait en direction de chez Jamie, impatient de le serrer contre lui et de savourer sa douceur et sa sincérité.

Il avait besoin de cette présence pour chasser l'arrière-goût amer laissé par la discussion avec son père.

Une fois garé devant la maison, il se sentit déjà mieux. Savoir que Jamie se trouvait là, juste derrière cette porte, calmait ses mains tremblantes et chassait la rage et la tension au profit de l'apaisement.

Il prit la clé que Jamie lui avait confiée et se glissa à l'intérieur. Il retira ses chaussures et traversa le couloir en direction des voix des deux frères.

L'atmosphère semblait tendue, et la conversation n'avait pas l'air particulièrement agréable.

La voix de Jamie lui parvint :

– … je ne sais pas du tout s'il restera assez d'argent pour acheter des jouets. Je ne peux pas te promettre d'acheter les tortues aujourd'hui.

Logan sentit son cœur se serrer. Personne ne devrait avoir ce genre de discussion avec un petit garçon.

Mais, comme à son habitude, Damian réagit admirablement et Logan eut un petit rire lorsque ce dernier suggéra de remplacer les jouets par une glace.

Mais il n'avait que trop écouté aux portes et décida d'annoncer sa présence en entrant bruyamment dans le salon.

– Bonjour ! lança-t-il avec un sourire.

– Logan ! s'écria Damian en se précipitant vers lui.

Le jeune homme le souleva dans ses bras, déposa un baiser sur sa joue et le serra contre lui.

– Salut, bonhomme. Qu'est-ce que vous faites de beau ?

– Jamie dit qu'il faut m'acheter des vêtements neufs. Ceux que j'ai sont trop petits, expliqua Damian en faisant la moue, et Logan éclata de rire.

– C'est vrai qu'il commence à faire froid, et puis c'est marrant de faire les magasins.

– Non, c'est nul. Les habits, c'est pas drôle, répondit Damian, boudeur.

– Seulement si on ne sait pas comment s'y prendre ! Moi, je prends plein de vêtements en même temps, après je les essaie en faisant des défilés de fou et je peux t'assurer que je m'amuse beaucoup, expliqua Logan d'un ton sérieux, et Damian écarquilla les yeux.

– Tu veux pas venir avec nous ? On pourra défiler ensemble pour Jamie, supplia-t-il.

Logan chercha du regard l'approbation du grand frère, qui hocha la tête avec un sourire.

– Avec plaisir ! répondit Logan en reportant son attention sur l'enfant.

– Youpi ! Allez, on y va ! ordonna Damian en sautant des bras de Logan.

– Va mettre ton blouson et tes chaussures, p'tit monstre. On part dans dix minutes, cria Jamie alors que son frère disparaissait.

Logan sourit et traversa la pièce en deux grandes enjambées pour enfin l'embrasser tendrement.

– Enfin ! J'avais tellement hâte de te voir, murmura-t-il sur ses lèvres, et Jamie resserra l'étreinte de ses bras autour de son cou.

– On s'est vus ce matin, voyons ! répliqua Jamie, moqueur, mais son regard trahissait sa jubilation.

– Oui, eh bien… je ne me lasse pas de toi. Tu vas devoir te faire à mon côté pot de colle.

Logan fit la moue et Jamie eut un petit rire avant de se mordre la lèvre inférieure.

– Ça me va très bien, dit-il avec un clin d'œil avant que Damian ne revienne pour les mettre en route *manu militari*.

Ils grimpèrent en voiture et chantèrent à tue-tête pendant tout le trajet.

Ils riaient encore lorsqu'ils traversèrent le centre commercial, Damian et Logan choisissant les vêtements les plus hideux possibles pendant que Jamie, le sourire aux lèvres, s'occupait de sélectionner ceux dont son frère avait réellement besoin. Le défilé dans lequel se lancèrent Logan et Damian resterait sans doute dans les annales comme le plus atroce de toute l'histoire.

Au final, Jamie et Damian passèrent un moment agréable, et en regardant son frère et Logan se pavaner devant le miroir pour des photographes imaginaires, à signer des autographes imaginaires, Jamie eut un pincement au cœur. Tout ce dont il avait jamais rêvé était là, devant ses yeux !

Damian était en grande discussion avec une vieille dame qui promenait un petit chien lorsque Logan trouva Jamie en train de contempler un magnifique foulard émeraude.

– Ça t'irait merveilleusement bien, observa-t-il doucement en le prenant par la taille.

– Peut-être. Mais j'en ai un semblable à la maison, dit Jamie en laissant la soie lui glisser entre les doigts.

Il pivota sur ses talons et rappela Damian : l'heure du goûter avait sonné.

Chez le glacier, ils prirent place dans un petit box et Damian se précipita pour jouer avec d'autres enfants, tartinant sa chemise de glace au grand dam de Jamie.

Logan se racla la gorge pour attirer son attention.

– Je t'ai entendu discuter avec Damian, commença-t-il. Des questions d'argent. Jamie, pourquoi tu ne m'en as pas parlé ?

– Ce n'est pas à toi de les gérer, Logan. Je ne voulais pas t'accabler avec ça.

– Mais c'est mon problème aussi, Jamie, répondit-il en fronçant les sourcils. Je veux que ce le soit. Je ne veux pas que tu batailles tout seul et que tu te fasses du souci alors que je suis là pour toi et que je peux t'aider, poursuivit-il en lui effleurant la main.

– Je ne veux pas t'être redevable de quoi que ce soit. Et tu n'as pas à dépenser ton argent pour Damian ou pour moi. Nous ne sommes pas riches, mais nous nous en sortons. Tout va bien, répliqua-t-il avec un petit sourire que Logan décrypta sans mal.

– Jamie… là n'est pas la question… Je vous considère comme ma famille, Damian et toi. Je sais qu'il t'est difficile de lâcher du lest et de te reposer sur moi après avoir tout géré pendant si longtemps, mais je suis là, maintenant. Et je resterai tant que tu voudras de moi. Je n'irai nulle part. Je t'aime, je vous aime tous les deux. Et je veux être la personne vers qui tu te tournes en cas de coup dur. (Il contourna la table et s'assit à côté de Jamie pour l'envelopper dans ses bras.) Tu n'as plus à tout gérer tout seul.

Jamie le dévisageait d'un air abasourdi, comme s'il le voyait pour la toute première fois.

Cet homme généreux, intelligent, doux et sublime lui déclarait sa flamme et le considérait comme sa famille.

« Tu n'as plus à tout gérer tout seul. » Ces mots le frappèrent en plein cœur et, à cet instant précis, il sut sans l'ombre d'un doute que Logan était là pour de bon.

Il pouvait enfin partager ses inquiétudes et ses peurs, s'appuyer sur quelqu'un, compter sur lui et l'aimer. Il entoura le visage de Logan de ses mains et l'embrassa délicatement.

– Je t'aime, murmura-t-il timidement.

Il sentit le tressaillement de Logan sous ses doigts.

– Jamie…, balbutia-t-il mais ce dernier le coupa.

– C'est vrai… je t'aime. Et je veux que tu fasses partie de notre famille. Je veux te savoir là, m'appuyer sur toi, je ne veux plus continuer tout seul, Logan. Je ne veux pas… je ne crois pas que j'en sois capable, soupira-t-il en posant la tête contre l'épaule de Logan.

Là où il se sentait en sécurité.

– C'est fini, tu n'es plus obligé, maintenant. Bon sang! tu n'imagines même pas à quel point je t'aime, Jamie, dit-il en l'embrassant sur la tempe.

Il sentit le jeune homme sourire sur sa peau.

– Moi aussi, tu m'aimes? demanda une voix enjouée à l'autre bout de la table.

Ils levèrent les yeux et éclatèrent de rire en voyant Damian les contempler, son adorable petite bouille pleine d'espoir.

– Plus que les pancakes aux pépites de chocolat, répondit Logan, et Damian resta bouche bée devant le sérieux d'une telle déclaration.

Il franchit la distance qui les séparait, s'installa sur les genoux de Logan et s'accrocha à son cou.

– Moi, je t'aime plus que les Tortues Ninja.

Ce fut au tour de Jamie de rester sans voix, sachant qu'il n'y avait qu'une seule personne que son frère aimait plus que ses tortues: son frère. Désormais, il y avait aussi Logan. Jamie se rendit compte que partager l'attachement de son frère avec Logan lui convenait parfaitement.

– Allez, si on rentrait s'occuper du dîner? proposa Jamie en empoignant les sacs de course.

Ils se mirent en route, Damian bondissant joyeusement devant eux, tandis que Logan prenait la moitié des sacs des mains de Jamie pour pouvoir entrelacer leurs doigts.

– Plus de secret, d’accord ?
– D’accord. Tu es là, maintenant.
– Pour de bon.

17

Mode d'emploi

– Je…

– Qu'est-ce qu'il y a, mon cœur ?

Logan lâcha la poignée de sa valise et attrapa Jamie par la taille, l'attirant contre lui.

Depuis leur dernière discussion, Jamie était plus détendu en sa présence. Il avait fini par comprendre l'effet qu'il avait sur Logan et semblait tester son nouveau pouvoir d'attraction en roulant imperceptiblement des hanches lorsqu'il marchait devant lui, ou en lui apportant un déjeuner surprise au bureau, lequel, invariablement, finissait par refroidir pendant que Jamie, à califourchon sur Logan, l'embrassait jusqu'à leur en faire perdre le souffle et la raison.

Logan adorait ces moments, quand Jamie se laissait aller, et qu'il le découvrait téméraire et serein.

Et, malgré les murs que Jamie avait érigés pour se protéger, malgré toutes ses réserves et les moments où il se renfermait sur lui-même, il savait sans l'ombre d'un doute que Jamie était entièrement à lui.

Jamie lui en donnait la preuve irréfutable en l'invitant à passer la nuit avec lui, en se présentant nu et vulnérable, en laissant Logan le toucher et lui donner du plaisir tout en lui offrant la même jouissance en retour.

Logan s'émerveillait de ses caresses timides accompagnées de baisers doux, et anéantissait toute tentative de mésestime de la part de Jamie en lui assurant que tout ce qu'il faisait dans ces moments-là était à son image, parfait.

Logan vivait pratiquement chez Jamie, s'étant officiellement approprié le côté droit du lit, et une brosse à dents bleue avait rejoint la verte, suivie d'un after-shave qui n'appartenait de toute évidence pas à Jamie.

Logan consacrait quasiment tout son temps libre à l'homme qu'il aimait plus que tout, ce qui, à cet instant, rendait la séparation difficile, même s'il n'était question que de quelques jours.

– Jamie, qu'est-ce qui ne va pas ? demanda-t-il en lui inclinant la tête.

– Tout va bien... C'est juste... tu vas me manquer, et j'en fais tout un plat. Tu t'en vas quelques jours à peine et je réagis comme un enfant, soupira Jamie en resserrant son étreinte sur Logan.

– Ça n'a rien de stupide, mon cœur. Toi aussi, tu vas me manquer. Tout comme Damian. Mais tu l'as dit toi-même, c'est l'affaire de quelques jours. Tu ne remarqueras même pas mon absence, plaisanta-t-il avec un petit rire.

– Bien sûr que si.

– Hum ?

– Bien sûr que si, je vais m'en apercevoir. J'ai pris l'habitude de m'endormir à côté de toi, protesta-t-il en rougissant.

Logan ne comprenait pas comment Jamie pouvait encore être aussi timide après tout ce qu'ils avaient fait dans ce lit. Il eut un petit sourire coquin et le gratifia d'un clin d'œil.

– Ah tiens ? s'exclama-t-il, et Jamie rougit de plus belle.

– Arrête. Tu sais bien que je ne parlais pas de ça, protesta Jamie.

– Je sais mais... ça aussi, ça va me manquer, insista Logan en lui effleurant les lèvres, le faisant frissonner.

– C'est vrai ? s'enquit Jamie dans un souffle.

– Hmm. Tu n'imagines pas à quel point, murmura-t-il.

Mais Jamie savait à quel point Logan tenait à lui, et il savait bien qu'il n'était pas le seul à avoir du mal à articuler une pensée cohérente lorsqu'ils étaient l'un près de l'autre. Il prit son courage à deux mains, sourit à Logan et se pencha lentement vers lui jusqu'à ce que ses lèvres effleurent les siennes. Logan ferma les yeux, prêt à recevoir son baiser, lorsque Jamie inclina la tête, frôla sa joue du bout des lèvres et lui murmura à l'oreille :

– Dans ce cas, il faudra trouver un moyen de se retrouver à distance. Tu as mon numéro. Appelle quand tu veux.

Sa voix basse et rauque déclencha un fourmillement de désir en Logan, qui laissa échapper un gémissement lorsque Jamie s'arracha à leur étreinte.

– Attends… tu proposes sérieusement…, balbutia-t-il, mais Jamie s'éloignait déjà, avec un sourire aguicheur.

– Faites bon voyage, monsieur Danes, lança-t-il, clin d'œil à l'appui, avant de quitter l'aéroport.

Il était arrivé à hauteur de sa voiture lorsque la portée de ce qu'il venait de faire le frappa de plein fouet.

Il venait de suggérer une séance de sexe par téléphone à son amant expérimenté. Pas de problème. Comment diable allait-il s'en sortir ?

À bien y réfléchir, deux options se présentaient à lui. Il pouvait être honnête envers Logan lors de leur prochaine discussion, lui expliquer que son cerveau avait eu un raté et qu'il préférait oublier l'incident.

Connaissant Logan, ce dernier respecterait le souhait de Jamie.

Mais d'un autre côté… il avait envie de se lâcher un peu et d'offrir à Logan la preuve qu'il progressait sur le sujet, et qu'il était bientôt prêt à se donner complètement.

Jamie se voulait courageux, sexy et téméraire… au moins un peu.

Il était assis derrière le volant, pensif, lorsqu'une idée germa dans son esprit.

Il sortit son téléphone en essayant d'atténuer le tremblement de ses mains. Il composa le numéro en priant pour trouver une aide providentielle.

Le téléphone sonna plusieurs fois et Jamie s'attendait à faire chou blanc lorsqu'une voix enjouée lui répondit.

– Salut, Jamie !

– Salut, Luke. Je… je me demandais si je pouvais passer vous voir, Tyler et toi ? J'ai besoin d'un coup de main.

– Bien sûr. On garde Gabby aujourd'hui, tu n'as qu'à venir avec Damian pour le déjeuner. Ils pourront jouer ensemble pendant qu'on discutera.

– Parfait. Merci beaucoup, Luke.

– Tout va bien, Jamie ? Je dois m'inquiéter ?

– Non… non, pas du tout… c'est plutôt personnel et j'ai besoin d'un peu de temps pour le formuler, on s'en reparle plus tard, d'accord ?

– OK. À toute.

– À plus, Luke.

Il rangea son téléphone et se mit en route pour l'école, se demandant dans quelle galère il s'était encore fourré.

Trois jours plus tôt

– Écoute, Lo. Je sais que tu es en rogne contre papa, et c'est ton droit le plus inaliénable. Mais j'ai jeté un œil à certains dossiers, et le fait est que tu es le plus qualifié pour les déplacements, pondéra Cameron en se frottant le visage d'un air las.

Deux semaines s'étaient écoulées depuis que leur père avait merdé dans les grandes largeurs en insultant Jamie, et Logan avait décidé de travailler sur l'affaire sans bouger de Fairfield.

Ils avaient mandaté Andrew, un jeune avocat de bonne réputation, à San Francisco, pour y rencontrer les femmes concernées par le dossier, mais les données récoltées n'avaient réussi qu'à prouver qu'il leur fallait un intercesseur alliant beaucoup plus d'expérience, de compétences et de charisme pour gérer le reste des clientes.

Logan secoua la tête et poussa un soupir en feuilletant les dossiers en question. De toute évidence, son dépit boudeur n'aidait personne. Il allait devoir se rendre sur place, et le plus rapidement possible.

– Je vois ça, en effet. Merde… je déteste devoir me ranger à son avis, maugréa-t-il.

Cameron eut un petit rire.

– Tu lui as parlé ?

– À qui, à papa ? Non, et je n'ai aucune intention de le faire. Il est allé trop loin, cette fois-ci, Cam, assena Logan en refermant le dossier d'un coup sec.

– Je sais bien, mais…

– Mais quoi, Cameron ? Tu vas le défendre, maintenant ? répliqua sèchement Logan.

– Bien sûr que non, alors cesse de m'aboyer après ! Je voulais dire que, cette fois-ci, ce n'était pas exactement comme d'habitude. Après ta sortie en coup de vent… il avait l'air sincèrement désolé.

– C'est ça. Samuel Danes désolé de se comporter comme un abruti. C'est pas demain la veille.

– Je te fais simplement part de mes observations, Logan. Et, avant que tu me contredises, sache que tu as de la compagnie, conclut-il en riant.

Logan leva les yeux vers la porte de son bureau, et son visage s'illumina lorsqu'il aperçut Damian qui arrivait en courant et se jeta à son cou.

– Salut, bonhomme ! s'exclama-t-il avec un large sourire.

Cameron se sentit fondre. Damian vénérait Logan, et il voyait bien que son frère l'adorait tout autant.

Il était heureux de voir Logan entouré de sa petite famille.

– Bonjour, Logan ! s'écria Damian en grimpant sur ses genoux.

Il s'empara aussitôt de l'agrafeuse et décocha un regard impatient au jeune homme.

Un instant perplexe, celui-ci finit par se souvenir de sa mission.

– Ah oui ! j'ai besoin de ton aide sur un certain nombre de choses, commença-t-il d'une voix professionnelle en sortant une pile de dossiers en vrac d'un tiroir.

Depuis la toute première visite de Damian au bureau, Logan prenait l'enfant sur ses genoux, lui confiait l'agrafeuse et lui tendait des liasses de feuilles.

Et, chaque fois, Jamie réagissait de la même manière : il levait les yeux au ciel tout en se ravissant secrètement du spectacle qu'ils offraient tous les deux.

– Tu fais exprès de laisser tes dossiers en désordre en attendant que je te l'amène pour tout remettre en ordre ? demanda-t-il.

Il déposa les sachets contenant leur déjeuner sur le bureau et s'assit sur le rebord, face à Logan.

– Tout à fait. Damian est le meilleur agrafeur de tout Fairfield, Jamie, répondit Logan d'un air offusqué, tandis que Damian s'appliquait à agrafer sa cravate sur sa chemise.

– Non mais, vraiment... Allez, fin des bêtises. J'ai apporté le déjeuner. Cam, tu restes avec nous ?

– S'il y a assez pour tout le monde, volontiers, oui, dit celui-ci en s'asseyant sur l'élégant canapé.

Logan prit place à côté de son frère et attira Jamie contre lui pour l'embrasser.

Damian se plaqua la main sur le front et fonça s'asseoir sur les genoux de Cameron en fusillant du regard les deux amants.

– Dis-leur d'arrêter, Cam, couina-t-il d'une petite voix en enfouissant son visage dans le cou du jeune homme.

– Pourquoi donc, bonhomme ?

– Ils n'arrêtent pas de s'embrasser. Tout le temps. Beurk, dis-leur d'arrêter, insista Damian, et Cameron éclata de rire.

– Ils s'aiment, bonhomme. Les gens qui s'aiment s'embrassent, expliqua-t-il à voix basse pour ne pas déranger Jamie et Logan qui discutaient à voix basse, perdus dans leur bulle.

– D'accord. Ils ont le droit de s'embrasser, soupira Damian en sautant des genoux de Cameron pour attraper les sandwichs.

Et le déjeuner se déroula dans la bonne humeur générale qui accompagnait toujours leurs conversations.

À l'extérieur du bureau de Logan, Samuel s'était arrêté net, serrant la poignée entre ses doigts, et il regardait le spectacle de l'autre côté de la porte vitrée.

Son fils aîné portait un adorable bambin dans ses bras, qu'il aidait en riant à débarrasser la table, tandis que son fils cadet était assis sur le canapé à côté d'un jeune homme qui le regardait avec un tel mélange de confiance et de dévotion qu'il sentit sa gorge se nouer.

C'est alors qu'il se rendit compte qu'un parent ne pouvait rien désirer de plus au monde pour son enfant que d'être aimé aussi fort que ce jeune homme semblait aimer Logan.

D'un amour entier, absolu, fou.

C'est à cet instant que Samuel parvint à s'avouer qu'il s'était de toute évidence comporté comme un imbécile.

Jamie débarrassait les restes du déjeuner tout en discutant avec Damian, et Logan s'approcha discrètement de Cameron.

– Hé, Cam, tu pourrais sortir avec Damian quelques minutes, le temps que je parle des déplacements à Jamie ? On vous rejoint après.

Cameron acquiesça et escorta un Damian bondissant jusqu'au couloir, lui promettant une part de tarte au petit *diner* d'en face.

– Qu'est-ce qu'il y a ? demanda Jamie, les sourcils froncés.

Logan lui prit la main et le guida jusqu'au fauteuil de bureau avant de s'agenouiller devant lui.

– Tu te souviens qu'on a parlé du nouveau dossier et des déplacements que j'aurais peut-être à effectuer ?

– Tu vas devoir partir ?

– J'en ai bien l'impression. C'est trop de boulot pour une seule personne, et c'est moi qui ai le plus d'expérience en la matière. Je n'ai pas envie d'être loin de toi, mais je n'ai vraiment pas le choix, dit-il d'une voix triste.

– Logan… c'est l'affaire de quelques jours. Damian et moi serons là à ton retour. Il faut que tu ailles aider ces gens, et je suis vraiment fier de ce que tu fais, le rassura Jamie en lui prenant le visage entre les mains.

– Je t'aime, répondit Logan en souriant.

– Moi aussi, je t'aime, renchérit Jamie avant de l'embrasser délicatement.

En un éclair, Logan se retrouva à mordiller la lèvre inférieure de Jamie, qui gémit doucement en se rapprochant de lui.

– Tu sais... j'ai toujours fantasmé sur toi... dans ce fauteuil... légèrement moins vêtu, murmura Logan.

– Vraiment ? souffla Jamie, parcouru d'un frisson de désir.

Il se mordit la lèvre tandis que Logan parsemait son cou de baisers.

– Hum... mais mon imagination a tendance à oublier que mon bureau a des portes vitrées, soupira-t-il tandis que Jamie riait au creux de son épaule.

– Oui, c'est un peu gênant. Si on rejoignait plutôt Cam et Damian avant qu'ils ne se fassent mal ou ne blessent quelqu'un d'autre, suggéra Jamie en rajustant ses vêtements.

– Bonne idée. Quelle idée de les laisser ensemble, ces deux-là ! Ils vont lancer leur plan de domination du monde ! plaisanta Logan.

Ils sortirent du bureau main dans la main en riant, imaginant toutes sortes de scénarios catastrophe impliquant Cameron et Damian.

– Logan ?

La voix les coupa dans leur élan et ils se retournèrent pour se retrouver nez à nez avec Samuel, une expression indéchiffrable sur le visage.

Logan sentit Jamie se raidir, craignant une nouvelle insulte. Il serra ses doigts entre les siens pour le rassurer et planta son regard dans celui de Samuel.

– Oui ? riposta-t-il en constatant avec plaisir que la dureté de son ton avait fait reculer son père.

– Je voulais savoir quand tu serais de retour. Je voudrais te parler, annonça Samuel d'une voix étonnamment calme et hésitante.

Logan le regarda un instant, abasourdi, avant de secouer la tête. Son père était un être manipulateur et fourbe, et tout changement d'attitude chez lui était forcément dans son propre intérêt. Il n'allait pas se laisser rouler dans la farine comme quand il était plus jeune.

– Je reviendrai après le déjeuner. Je ferai un crochet par ton bureau, répondit-il abruptement d'un ton plat.

Son père pinça les lèvres et hocha rapidement la tête avant de tourner les talons, laissant Logan et Jamie dubitatifs.

Ce jour-là

Rougissant furieusement à ce souvenir, Jamie poursuivit la route qui menait jusqu'à chez Luke et Tyler, en faisant de son mieux pour prêter attention à Damian.

Songer à des histoires de sexe avec son amoureux, dans la voiture en compagnie de son petit frère, lui donnait l'impression d'être un pervers, mais il était incapable de contrôler le cours de ses pensées, dernièrement.

Arrivé à destination, il mena Damian jusqu'à la porte d'entrée, que l'enfant ouvrit pour entrer avec des airs de propriétaire.

– Damian, qu'est-ce qu'on a dit sur le fait de débarquer chez les gens comme si on était chez soi ? gronda Jamie, et Damian le gratifia d'un froncement de sourcils.

– Ty m'a dit que je peux venir quand je voulais, répondit-il tandis que Luke venait à leur rencontre.

– Je sais, mais il peut être occupé et tu pourrais très bien le déranger. Il faut d'abord frapper à la porte.

– D'accord. Je peux aller jouer avec Tyler, maintenant ?

Luke sourit et Jamie hocha la tête.

– Il est dans le salon avec Gabby, précisa Luke, et Damian s'éclipsa comme une fusée.

– TY ! hurla-t-il, faisant rire les deux hommes.

– Entre, Jamie, lança Luke en le conduisant à la cuisine. Tu veux un café ?

– Volontiers. Je n'ai pas eu le temps d'en boire aujourd'hui.

– Tu as déposé Lo à l'aéroport ? demanda Luke en s'activant avec la cafetière.

– Oui, son vol était à midi. Damian a fait une crise quand je lui ai demandé de rester chez Rebecca mais, s'il était venu avec nous, Logan n'aurait jamais réussi à mettre un pied dans l'avion, expliqua-t-il en levant les yeux au ciel, et Luke éclata de rire.

– Il en a pour combien de temps ?

– Une semaine, si tout se passe comme prévu, précisa Jamie en prenant la tasse que lui tendait Luke.

Il prit une première gorgée de café avec un soupir de gratitude.

– Bon… de quoi tu voulais parler ? commença Luke en s'asseyant en face de lui à la table de la cuisine.

– Oh… c'est assez embarrassant, en fait.

– Embarrassant ? J'adore tout ce qui est embarrassant ! Raconte ! s'exclama Tyler en entrant dans la pièce.

Il s'installa directement sur les genoux de Luke et sourit à Jamie.

– Je ne savais même pas que tu connaissais ce mot, Ty, lança Jamie et Luke éclata de rire.

– Il t'a bien épinglé, mon cœur, railla Luke, et Tyler lui tira la langue.

– Ha ha ! Vous êtes à mourir de rire, les gars. Et donc… qu'est-ce qui est embarrassant ?

Jamie se rendit compte que c'était bien lui qui avait sollicité leur aide et que le moment était venu d'aborder le vif du sujet.

– OK… mais promettez-moi de ne pas vous moquer.

Ils haussèrent un sourcil avant d'acquiescer de concert.

– Pourquoi voudrais-tu qu'on se moque ? demanda Luke et Tyler, pour une fois, resta silencieux.

– Parce que j'ai besoin de vos conseils pour… pour parler sexe au téléphone, lâcha-t-il d'une seule traite.

Il y eut un moment de silence, puis Tyler bondit des genoux de Luke en sautillant joyeusement dans tous les sens.

– Oh, tu t'adresses à un expert ! s'enthousiasma le jeune homme.

– Ah bon ?

Jamie rougit et Luke le gratifia d'un sourire entendu.

– Absolument. Ce n'est pas seulement l'amour qui a dissuadé Luke de trouver quelqu'un d'autre quand il était à l'université, si tu vois ce que je veux dire, expliqua Tyler, clin d'œil à l'appui.

– Oh… c'est bon à savoir… Je crois, répondit Jamie avec un petit rire nerveux.

Il se tordit les mains et Tyler lui sourit.

– J'adore parler sexe au téléphone, soupira-t-il en entourant Luke de ses bras.

– Vraiment ? s'enquit Jamie, et Tyler hocha vigoureusement la tête.

– Parfois, j'envoie Luke dans le salon pour qu'il m'appelle. C'est super excitant ! dit-il, et Jamie se mit à rire.

– Et donc, Jamie, en quoi peut-on t'aider ?

Luke sentait que le jeune homme avait grand besoin de parler.

– En fait, j'ai suggéré à Logan… qu'on pourrait le faire… pendant qu'il était en déplacement et, je ne sais pas…

– Tu ne sais pas trop comment t'y prendre ? termina Luke.

– Comment as-tu deviné ?

– Jamie… je te ressemblais beaucoup avant de rencontrer ce grand malade.

– Hé ! protesta Tyler en riant.

– Mais pourquoi ça t'inquiète tant ? poursuivit Luke.

– C'est que… Logan et moi, on n'est pas encore allés jusqu'au bout et… et je ne… je ne sais pas si je devrais en parler alors qu'on ne l'a jamais fait, ou si je devrais m'en tenir à ce que je sais et à ce qu'on a déjà fait, et j'ai pas envie de passer pour un imbécile ou de lui casser les pieds, et…

– Holà, Jamie, du calme ! D'abord… tu commences par parler de ce qui te passe par la tête à ce moment-là. D'après mon expérience, le mieux est de fermer les yeux, de te le représenter à côté de toi, et de parler de ce qui te vient à l'esprit. Et pour ce qui est de passer pour un imbécile ou de l'ennuyer… c'est impossible. Logan t'aime, et il te désire. Avec de tels sentiments, tout ce que dira l'autre fera effet. Si Luke m'appelait maintenant et me parlait de me tenir la main pendant des heures, je l'écouterais et je serais ravi. Ce sera pareil pour Logan. Tant que tu es à l'aise avec ce que tu dis, tout se passera bien, expliqua Tyler.

Jamie et Luke en restèrent bouche bée. Le jeune homme était plus connu pour ses sorties comiques que pour ses discours sérieux.

– Eh ben, mon cœur… tu es vraiment de bon conseil, s'extasia Luke.

– Ton manque de foi me consterne, minus, riposta Tyler, et Luke lui effleura les lèvres pour se faire pardonner avant de se tourner vers son ami.

– Jamie… pour ce qui est du sexe, il n'y a aucune honte à attendre. Tu as tout à fait le droit de vouloir être certain d'être prêt. Et je suis sûr que Logan partagerait cet avis, précisa Luke.

– Oui… mais je n'ai pas envie qu'il s'ennuie à m'attendre.

– Jamie ! s'exclama Tyler avec un petit rire. Ce type est tellement fou de toi qu'il serait capable d'attendre jusqu'à ce que son sexe se fane et tombe par terre !

Jamie fronça le nez et Tyler éclata de rire.

– Je l'aime tel qu'il est, merci bien, riposta Jamie du tac au tac avant de plaquer une main contre sa bouche.

– Oh oh ! Vous vous êtes déjà sauté dessus, petit coquin ! Allez, crache le morceau ! ordonna Tyler.

La conversation glissa doucement sur le terrain des taquineries et des confessions timides, et Jamie réussit à parler de sa vie sexuelle avec Logan sans aucune gêne.

Il était néanmoins soulagé de savoir Damian occupé à expliquer à Gabby comment les Tortues Ninja pouvaient sauver le monde et les chatons tout en faisant des concours du plus gros mangeur de pizza. Il aurait eu quelques explications épineuses à donner à son frère si ce dernier avait entendu un seul mot de leur conversation !

Lorsque Jamie se remit en route, il était déterminé à ne plus reculer et à être prêt pour cet appel.

Le sourire aux lèvres, il échafaudait le scénario idéal tout en soulevant Damian du siège auto pour le porter endormi à la maison, lorsqu'il s'arrêta net dans son élan.

Une voiture de luxe noire était garée devant chez eux et un homme attendait, adossé à la carrosserie, l'air déterminé.

Ses cheveux noirs gominés étaient impeccablement coiffés et la couleur de ses yeux semblait terriblement familière à Jamie.

L'homme prit une profonde inspiration et s'approcha de Jamie, qui eut aussitôt un mouvement de recul en serrant Damian contre lui.

L'homme leva les mains en signe d'apaisement.

– Je ne suis pas venu pour vous blesser ou pour chercher querelle, Jamie.

Jamie rassembla tout son courage et le transperça du regard.

– Alors pourquoi êtes-vous là, monsieur Danes ?

18

Mise au point

Jamie attendait la réponse, les yeux obstinément plantés dans ceux de l'homme, Damian serré contre lui.

Samuel observait le jeune homme avec curiosité, et finit par comprendre que sa posture n'était autre qu'un mécanisme de défense. Il cherchait avant tout à protéger l'enfant qui dormait paisiblement dans ses bras.

Il regarda le petit se pelotonner contre son frère et sourit en se remémorant Logan petit garçon. Logan, qui aimait son grand frère Cameron plus que tout au monde : il demandait à le suivre partout et il adorait s'installer sur ses genoux. De toute évidence, il s'était senti très tôt en sécurité auprès de lui, et le passage des années n'y avait rien changé.

Quand Logan avait des soucis, il cherchait le réconfort auprès de Cameron, tout comme quand il avait des cauchemars, ou si quelque chose le préoccupait. C'était à Cameron que Logan avait annoncé son homosexualité en premier, et Cameron avait été le premier à lui dire qu'il n'y avait aucun mal à aimer les garçons. Cameron avait toujours réussi à faire ce qu'étaient censés faire leurs parents, et ce que faisait Jamie : aimer Logan de manière inconditionnelle.

Samuel poussa un soupir en se rendant compte à quel point il avait échoué dans son rôle de père et avait fait souffrir son fils pendant toutes ces années. Il avait honte qu'il ait fallu que Logan en vienne presque aux mains avec lui pour s'apercevoir qu'il avait tort d'être dans le jugement et la haine.

Il était passé à côté de tant de choses dans la vie de Logan mais, que Dieu lui en soit témoin, il comptait remédier à la situation.

Il leva la tête et remarqua les mains légèrement tremblantes et le regard apeuré du jeune homme. Il eut soudain envie de s'extraire de son propre corps et de se mettre un bon coup de genou dans les couilles tant il s'était comporté comme un enfoiré envers lui.

– Je suis venu vous parler, dit-il d'une voix douce pour le rassurer.

– Écoutez, je ne sais pas à quoi vous jouez. Si vous voulez me parler, soit, mais pas chez moi. Je ne veux pas que Damian vous entende m'insulter, affirma Jamie en le contournant pour gagner l'entrée.

Le cœur de Samuel se serra. Jamie faisait preuve de courage, déterminé à protéger sa famille.

Certes, il ne comprenait pas Jamie et Logan, il ne comprenait pas pourquoi ils se préféraient l'un l'autre à une jolie fille. Mais cela ne signifiait pas pour autant que leurs sentiments n'étaient pas réels. Il s'en rendait compte à présent et prenait toute la mesure de sa grossière erreur.

– Je vous assure que je ne suis pas venu pour jouer les connards. Je sais très bien ce que j'ai fait par le passé… et j'en suis désolé. Jamie… je suis venu parce que je ne veux pas que ma stupidité me coûte mon fils.

Jamie le dévisagea d'un air abasourdi, clignant des yeux et retournant ces mots dans sa tête en tentant de déceler le piège qui le ferait regretter à jamais de laisser une chance à cet homme.

Mais le regard implorant de Samuel était empreint de sincérité. Et, malgré ses dehors cassants, Jamie avait bon cœur : il voulait croire en la capacité de l'humain à changer parfois pour le mieux.

– Oh… bien… j'imagine que vous pouvez entrer une minute… si vous voulez, proposa-t-il.

Il ouvrit la porte d'une main, soutenant Damian de l'autre, et avança d'un pas dans l'entrée avant de se tourner vers Samuel pour l'inviter à le suivre d'un hochement de la tête.

Samuel eut un demi-sourire, soucieux de ne pas effrayer Jamie. Il suffirait d'un mot de ce dernier à Logan pour que son fils ne lui adresse plus jamais la parole.

Il resta planté dans l'entrée jusqu'à ce que Jamie le convie d'une voix douce :

– La cuisine est par là. Je vais le mettre au lit.

Samuel entra dans la cuisine-salle à manger. La pièce chaleureuse était décorée avec goût, bien rangée et accueillante, et ponctuée çà et là d'une présence enfantine : des jouets jonchaient le sol, des traces de doigts chocolatés ornaient la partie inférieure des cloisons et des dessins s'affichaient fièrement sur le frigo.

Piqué de curiosité, Samuel s'en approcha et sourit en découvrant le dessin du haut : un grand bonhomme en bâtons tenait une grosse ligne horizontale surmontée d'un cercle à chacune de ses extrémités. Au sommet de la ligne, une autre silhouette en bâtons souriait jusqu'aux oreilles. Une belle écriture au bas de la feuille intitulait le tout : « Jamie apprend à Damian à faire du vélo. »

Samuel eut un petit rire en déchiffrant l'inscription : il n'aurait jamais deviné de quoi il s'agissait.

– De toute évidence, Damian n'a pas hérité de la fibre artistique.

Samuel sursauta lorsque la voix amusée lui parvint de la porte.

– Ça me rappelle Cameron. Il dessinait atrocement mal.

Jamie sourit et vint le rejoindre devant l'exposition de dessins.

Ils passèrent quelques instants à les contempler, jusqu'à ce que l'un d'eux attire l'attention de Samuel : un homme à la tignasse bouclée était assis sous une boîte, ou en tout cas un carré, et tenait quelque chose dans ses mains, tandis qu'un petit personnage en bâtons était allongé, deux petits traits figurant ses yeux.

Impossible de savoir de quoi il retournait, car cette fois le dessin ne comportait pas de légende, mais Samuel comprit aussitôt que Damian s'était dessiné en compagnie de Logan.

– Et celui-là, c'est quoi ? demanda-t-il tandis qu'un sourire s'épanouissait sur le visage de Jamie.

– C'est Logan et Damian dans leur fort en couvertures. Logan était censé lui lire une histoire pendant que je préparais le dîner, mais ils se sont endormis tous les deux avant que j'aie terminé. Et en plus, ils ont réussi à échapper à la vaisselle, dit-il en riant sous le regard fasciné de Samuel.

Pendant des années, il avait entretenu une vision totalement fausse de la vie de son fils, dont il pensait qu'elle faisait la honte de sa famille.

Mais ce qu'il découvrait, au travers de quelques gribouillages d'enfants mouchetés de nourriture, pour la première fois depuis le coming out de Logan treize ans plus tôt, lui fit prendre conscience qu'il était une personne comme une autre, qui aimait sa famille.

Son fils avait une famille.

Il les avait vus s'amuser ensemble au bureau, heureux de se retrouver et de partager un moment de détente à l'heure du déjeuner. La vérité venait de lui éclater au visage. Et il était en train de bêtement passer à côté.

– Ils ont l'air de bien s'entendre, dit-il, dans l'espoir de lancer la conversation.

– Oui. Logan est exceptionnel avec lui et Damian l'adore.

Samuel le dévisageait avec une expression indescriptible, et Jamie se mit à rougir.

– Quand je vous ai vus tous les quatre dans le bureau de Logan l'autre jour. C'est… c'est pour cela que je suis ici… je voulais…, balbutia-t-il, mais Jamie leva la main pour l'interrompre.

– Je pense que nous devrions nous asseoir autour d'un café. Qu'en pensez-vous ? proposa-t-il d'un ton poli qui cachait tant bien que mal son angoisse.

Dès l'instant où il avait aperçu le père de Logan devant chez lui, une main glacée s'était refermée sur ses entrailles.

Il attendait le coup de grâce, l'ultime insulte de Samuel sur leur relation, voire une proposition financière en l'échange de sa rupture avec Logan.

Mais Samuel avait l'air sincère, et le chagrin qui se lisait dans ses grands yeux bleu acier lui laissa furtivement entrevoir qu'il pouvait changer d'avis pour peut-être devenir enfin le père que Logan méritait.

Jamie prépara le café machinalement et profita de ces quelques minutes pour recouvrer son calme.

Il remplit deux tasses d'une main sûre et disposa le sucre, la crème et le lait sur le plateau.

Ils prirent place à la table de la cuisine et sirotèrent leur tasse dans un silence lourd.

– Désolé pour le désordre. Je n'attendais pas de visite, s'excusa Jamie.

– Ne vous inquiétez pas. J'ai connu bien pire quand Lo et Cam étaient enfants. Ils détruisaient tout sur leur passage, dit-il de cette voix douce qu'adoptaient les parents pour parler de leurs enfants.

– C'est pareil avec Damian. Il faut toujours qu'il touche à tout et ça finit systématiquement en morceaux. J'imagine que tous les enfants sont pareils, observa Jamie, et l'inconfort s'abattit de nouveau sur leurs corps tendus.

Samuel était en plein conflit avec lui-même. Jusqu'ici, il ne décelait aucune différence entre Jamie et n'importe quel autre adulte chargé d'élever un enfant. Sa maison était en bazar mais douillette et propre, les murs regorgeaient de photos et de dessins, et ses yeux débordaient de fierté lorsqu'il parlait de son petit frère.

La seule différence ? Il était amoureux d'un autre homme. Jamie était amoureux de son fils. Et Samuel ne trouvait plus rien à y redire.

– J'aime Logan et Cameron plus que je ne pourrais l'expliquer, commença-t-il de but en blanc, et Jamie comprit la raison de sa venue. Je me souviens de la première fois que j'ai vu chacun d'eux. Ma femme voulait une fille après Cameron. Elle avait toujours voulu un garçon et une fille. Même si je désirais la même chose, j'étais fou de joie d'avoir un deuxième fils. Cameron était un garçon typique : il aimait le sport, la bagarre, collectionner les insectes... Quand Logan est arrivé, je m'attendais à la même chose. Mais il préférait la musique, l'art, les princes de Disney à tout le reste. Je pensais qu'il changerait en grandissant, et il a effectivement changé, un peu. Il est sportif. C'est un très bon avocat, je ne le lui dis pas assez souvent.

– Je suis bien d'accord, coupa Jamie, qui connaissait la tristesse qui s'immisçait dans le regard de Logan quand il gagnait un procès sans que jamais son père ne le félicite.

Un instant, il crut que Samuel allait riposter, mais il se contenta de sourire d'un air triste.

– Cameron avait raison à votre sujet, dit-il avec un petit rire. Il dit que votre timidité s'envole dès que vous défendez une personne que vous aimez. (Jamie, rouge comme une pivoine, baissa les yeux.) Jamie... depuis que Logan m'a annoncé son homosexualité, je suis un père horrible. Je ne le comprends pas, vous non plus d'ailleurs...

– Il n'y a pas grand-chose à comprendre, monsieur Danes, l'interrompit Jamie, sur la défensive. Logan aime les hommes, c'est très simple.

– Pour vous, peut-être, ou pour ceux qui ont l'esprit ouvert. J'ai bien peur de ne pas en faire partie. J'ai été élevé avec pour principe qu'un homme était censé être avec une femme, et que tout le reste était mal. Quand Logan me l'a dit... j'ai eu l'impression d'une punition. Je me suis dit que j'avais échoué dans mon rôle de père, que j'aurais pu faire quelque chose pour éviter ça. J'ai mal réagi. Et, une fois qu'on est du mauvais côté de la barrière, c'est terriblement difficile de faire marche arrière. Je ne cessais pas de creuser l'écart entre Logan et moi et, avant que je m'en aperçoive, il était soudain tellement loin que je ne pouvais plus l'atteindre.

– Il veut un père, monsieur Danes, c'est tout. Il veut être traité comme Cameron. Tous les deux sont vos fils, tous les deux sont d'excellents avocats, tous les deux sont beaux, gentils, attentionnés, intelligents, brillants, drôles… La seule différence est que leurs partenaires n'ont pas la même chose entre les jambes.

– Vous avez du répondant, jeune homme, ça me plaît, répliqua Samuel en riant.

– Dans ce cas, je peux vous poser une question ?

– Bien sûr, allez-y.

– Je ne pense pas que l'éducation que vous avez reçue soit la seule raison pour laquelle vous n'acceptez pas les gays, déclara Jamie en plantant son regard dans celui de Samuel.

– Peut-être pas totalement… Mais elle a joué un grand rôle. On m'a expliqué que les homosexuels étaient déviants, qu'ils ne s'intéressaient qu'à enchaîner les partenaires et qu'ils ne pourraient jamais se marier ni avoir des enfants, parce qu'ils les élèveraient pour qu'ils deviennent comme eux. Et pour être honnête, le comportement de Logan ne faisait rien pour m'en dissuader. Je ne sais pas ce que vous connaissez de lui, mais j'avais du mal à l'imaginer avec une famille, en train de conduire ses enfants à l'entraînement de foot ou de sortir les poubelles avec eux.

Jamie comprenait son point de vue, même s'il ne partageait pas cet avis.

– Je vois. Mais vous saviez tout de même que certains hétérosexuels font exactement la même chose.

– Je n'ai jamais dit que ma pensée était logique, avoua Samuel avec un sourire triste.

– Mais… pourquoi maintenant ? Pourquoi venir ? Qu'est-ce qui a changé ?

– Logan… Logan est mon fils, Jamie, et je l'aime. Je n'ai jamais cessé de l'aimer. Ces derniers mois… avec vous… je ne l'ai jamais vu si heureux. Il puise de la force en vous. Vous… vous pansez chaque plaie que j'ouvre. Depuis que vous êtes entré dans sa vie, j'ai compris que les choses ne seraient plus comme avant.

Quand je vous ai vus tous les quatre au bureau, quand j'ai vu comment il se comportait avec vous et Damian… Mon fils a une famille… et j'ai réussi à le repousser tellement loin que je suis passé à côté de ça. Et je suis à deux doigts de le perdre à jamais. Je veux éviter ça, expliqua-t-il, les yeux embués tandis que le cœur de Jamie se serrait face à cet homme intolérant qui semblait se raviser.

– Vous êtes conscient qu'il faudra beaucoup de temps pour le retrouver ?

– Je sais. Et je ne pense même pas que je mérite d'être encore dans sa vie.

– Si… si votre démarche est sincère… si vous êtes sincèrement désolé, vous avez le droit à une nouvelle chance… Tout le monde a le droit à une nouvelle chance.

– Je ferai de mon mieux pour la mériter. Je ne peux pas appuyer sur un bouton et dire « ça y est, j'ai compris ». Je ne vais pas me balader avec un arc-en-ciel sur mon tee-shirt… (et Jamie murmura « Pitié, non ! ») Mais je suis prêt à changer et je vois à quel point je me suis trompé. Ne le prenez pas mal, mais ma venue ici a fini de me convaincre et m'a démontré que j'avais faux sur toute la ligne.

– Comment ça ?

– Votre maison : elle ressemble en tout point à la mienne lorsque Logan et Cameron étaient enfants. Je me rends compte à quel point mes préjugés sur les homosexuels sont faux. Voici une maison familiale. Ni plus, ni moins.

– C'est un bon début, observa Jamie, et Samuel sourit.

– Je vous dois des excuses, Jamie. Vous ne devriez pas me laisser m'en sortir à si bon compte après ce que je vous ai fait subir.

– Oh ! vous savez, j'ai l'air gentil et indulgent mais, n'ayez crainte, je trouverai un moyen de vous le faire payer, lança Jamie d'un ton moqueur, et Samuel sourit malgré sa gorge serrée.

– Vous êtes admirable. Je le vois maintenant. Je ne mérite pas tant de gentillesse de votre part, dit-il tristement.

– Je vais vous renvoyer l'ascenseur et être parfaitement honnête avec vous, d'accord ? (Samuel hocha la tête.) J'admire le fait que vous soyez prêt à changer et je veux vous aider. Mais je veux que vous sachiez que je ne le fais pas pour vous. Je le fais pour lui. Je déteste la manière dont vous avez traité Logan pendant toutes ces années. Il vous admirait, et vous lui avez tourné le dos parce que vous n'avez pas réussi à voir au-delà de ce que vous jugiez « normal ». Mais la famille est une drôle de chose : quel que soit son pouvoir de destruction, on l'aimera toujours. Logan vous en veut, je ne vais pas vous mentir. Mais je vois bien à quel point il est touché quand je parle de mon père.

– Il vous avait accepté ?

– Instantanément. Il m'a dit qu'il savait depuis mes trois ans. J'ai bien peur de ne pas faire dans la dentelle. (Samuel eut un petit rire.) Ce que j'essaie de vous dire… c'est que Logan veut l'amour de son père. Il veut savoir qu'il est aussi important à vos yeux que Cameron. Et le fait que vous veniez ici pour me présenter des excuses, admettre vos erreurs et décider de faire mieux est un bon début. Je pense qu'avec le temps vous pourrez arranger les choses et former de nouveau une famille unie.

Jamie posa délicatement sa main sur celle de Samuel, craignant un instant qu'il se dérobe. À sa grande surprise, celui-ci serra ses doigts entre les siens.

– Je veux que mon fils sache que je l'aime et que je suis fier de l'homme qu'il est devenu, affirma-t-il en laissant enfin couler ses larmes.

Jamie resta un instant immobile, abasourdi par la tournure des événements, tout en sachant en son for intérieur qu'ils venaient d'atteindre un point décisif.

Si Samuel était prêt à ravaler sa fierté et à travailler sur lui-même, Jamie était prêt à parier que Logan lui donnerait une seconde chance.

– Vous avez encore le temps de lui en donner la preuve, conclut Jamie.

Le silence qui les enveloppait n'était plus lourd et inconfortable, mais apaisé et porteur de belles promesses.

Il fut interrompu par des petits pieds en chaussettes qui se glissèrent d'un pas endormi dans la pièce et s'approchèrent directement de Jamie pour grimper sur ses genoux.

– Salut, marmotte. La sieste était bonne ? (Damien posa la tête contre son torse et s'assoupit de nouveau.) Il aime bien terminer sa sieste dans les bras de quelqu'un. Il le fait chaque fois, expliqua Jamie en l'installant plus confortablement.

– Je ne sais pas si Logan vous l'a dit, mais j'ai élevé ma sœur tout seul après le décès de nos parents. Je sais ce que vous traversez, et je tiens à vous dire que vous êtes extrêmement courageux, murmura Samuel pour ne pas réveiller Damian

– Logan ne m'a rien dit, non. Et je ne pense pas être courageux. C'est mon frère. Pour rien au monde je ne voudrais qu'on soit séparés. Si difficile que cela puisse être.

Damian remua et se réveilla en bâillant. Ouvrant les yeux, il remarqua l'inconnu dans la pièce.

– Bonjour, dit-il d'une voix pâteuse.

Son visage rougi de sommeil et ses cheveux en bataille firent sourire Samuel. Il ressemblait à un mélange entre Jamie et Logan, et son cœur fondit en songeant que cet enfant allait grandir au côté de son fils, et qu'il l'accueillerait comme un petit-fils si Logan acceptait qu'il reprenne sa place dans sa vie.

– Bonjour, se lança-t-il, incertain. Comment t'appelles-tu ?

– Damian. Et toi ?

– Samuel Danes, répondit-il, et Damian écarquilla les yeux.

– Logan aussi s'appelle Danes. Tu le connais ?

– Je suis son père, expliqua Samuel en souriant.

– C'est vrai ? s'exclama Damian en ouvrant de grands yeux avant de sauter des genoux de Jamie.

Il revint un instant plus tard avec son album de coloriages et des crayons.

– Tu peux dessiner une voiture de course à colorier, comme Logan ? demanda-t-il en s'asseyant à côté de Samuel.

Samuel leva les yeux vers Jamie pour obtenir son approbation. Ce dernier lui sourit et hocha doucement la tête.

– Je ne te promets rien, mais je veux bien essayer, proposa-t-il.

Damian poussa l'album dans sa direction et applaudit joyeusement.

– Youpi ! On peut colorier jusqu'au dîner. Jamie va préparer des burritos. Moi, j'adore les burritos. Toi aussi ? Sinon, on peut faire autre chose. Logan trouve que c'est salissant alors on en mange quand il n'est pas là. C'est notre secret. Faut pas lui dire, babilla Damian.

Gêné, Samuel s'aperçut qu'il abusait probablement de l'hospitalité de Jamie. Il lui jeta un regard désolé, qui lui sourit.

– Apparemment, vous restez dîner, annonça-t-il d'une voix chaleureuse.

Une fois encore, Samuel eut envie de se gifler d'avoir mis aussi longtemps à voir toutes les qualités de ce jeune homme extraordinaire.

– Jamie ! l'interpella-t-il avant qu'il ne s'affaire dans la cuisine.

– Oui ?

– Merci.

Jamie hocha la tête et se tourna vers la cuisine tandis que Samuel se laissait happer dans le monde coloré de Damian Maddison.

19

Murmures

– Et tu l'as invité à dîner après tout ce qu'il t'a balancé? s'indigna Rebecca en rangeant les tasses dans le lave-vaisselle.

Aussitôt Samuel Danes parti, Jamie l'avait appelée pour le débriefing.

Il avait eu envie d'appeler Logan, mais Samuel l'avait supplié de lui laisser le temps de faire amende honorable en personne envers son fils.

Il avait demandé à Jamie de garder le secret en attendant le retour de Logan afin de pouvoir lui parler en tête à tête et lui présenter ses excuses sans que Jamie ne tienne lieu de médiateur.

Même s'il comprenait cette requête, Jamie était pris dans un tourbillon d'émotions contraires.

D'un côté, il n'aimait pas l'idée de cacher quoi que ce soit à Logan, sachant que leur relation devenait sérieuse et qu'il voulait être honnête et ouvert en tous points de vue.

De l'autre, au fond de lui, il comprenait Samuel et, bien que cette réaction l'ait surpris, il voulait lui donner la possibilité d'assumer la responsabilité de ses actes et d'arranger les choses.

Samuel avait fait le premier pas en venant vers lui pour lui présenter ses excuses et sa motivation sincère de changer.

Jamie se sentait obligé de lui laisser la possibilité de faire de même avec Logan.

Ainsi décida-t-il de ne rien dire à son amant.

Mais il fallait qu'il en parle à quelqu'un !

Il mourait d'envie d'arrêter de parfaits inconnus dans la rue pour leur expliquer qu'on pouvait changer, que tout n'était pas perdu et qu'il y avait encore une lueur d'espoir en ce bas monde – envie qu'il réprima, évidemment, tant elle manquait d'élégance.

Mais elle restait entière, et il décida de tout raconter à sa meilleure amie.

Lorsqu'il l'appela, elle sortait d'un dîner avec un ami. Jamie nota mentalement de penser à la cuisiner au sujet de ce mystérieux jeune homme.

Elle déboula chez lui un quart d'heure plus tard et ne se montra pas particulièrement impressionnée par le soudain revirement de Samuel, c'était le moins qu'on puisse dire.

Jamie comprenait bien son point de vue, mais il avait besoin de son soutien pour faire le tri dans ses émotions.

– Oui, je l'ai invité à rester. Il faisait vraiment des efforts, Becca.

Jamie l'avait rejoint dans la cuisine et s'adossa au plan de travail tandis qu'elle remplissait le lave-vaisselle.

– Je ne dis pas le contraire, Boo... mais j'ai du mal à croire qu'il se catapulte père de l'année après toutes les merdes qu'il vous a faites, à Logan et à toi, lâcha-t-elle en s'essuyant les mains sur un torchon.

– Je pense qu'il mérite une nouvelle chance. Comme tout le monde, répliqua Jamie sur la défensive.

– Et je suis d'accord avec toi. Mais je ne veux pas que tu souffres, c'est tout, dit-elle en lui prenant les mains.

– Pourquoi veux-tu que je souffre ?

– Parce que tu n'es pas sûr qu'il t'ait dit la vérité, Jamie. Je sais que tu fais ça pour Logan. Je sais à quel point il serait heureux que son père l'accepte, ainsi que votre relation. Je te demande simplement de rester prudent.

– Je suis prudent. Et je comprends tes réserves. Mais s'il y a la moindre chance pour que son père l'accepte, et si je peux l'aider à passer le pas… alors je le ferai. Il le mérite, insista-t-il avec ferveur.

– OK, Boo. Je te fais confiance pour prendre les meilleures décisions pour vous deux.

– Merci, Becca, répondit Jamie avec un large sourire. Ton soutien vaut tout l'or du monde.

Il la serra furtivement dans ses bras et ils rejoignirent Damian devant la télévision. Roulé en boule sur le canapé, il était absorbé par un film d'arts martiaux.

– Damian, si on regardait autre chose ? proposa Jamie tandis que le ninja à l'écran mettait une énième raclée à un type sans se faire la moindre égratignure.

– J'ai pas envie, répliqua Damian sans même les gratifier d'un regard.

– On pourrait regarder un film en entier depuis le début, comme ça tante Becca et moi on pourrait comprendre ce qui se passe, tenta de nouveau Jamie.

– Qu'est-ce que tu ne comprends pas dans ce film ? demanda Damian d'un air perplexe.

– Eh bien, j'ai raté le début, donc ce n'est pas facile de savoir qui est qui et qui fait quoi, dit Jamie avec diplomatie, tandis que Damian fronçait les sourcils.

L'enfant poussa un soupir. Les adultes étaient tellement nuls, parfois.

– Lui, là, c'est le gentil. Et les autres, c'est les méchants. Le gentil doit attraper les méchants pour les empêcher de faire du mal, expliqua Damian d'une voix monocorde comme s'il s'agissait de la chose la plus évidente au monde.

Jamie jeta un coup d'œil à Rebecca et ils éclatèrent de rire. Comme plus rien ne leur échappait de la complexité de l'intrigue, ils décidèrent de continuer à regarder le navet en question.

Damian se pelotonna entre eux, bien content qu'ils aient réussi à prendre le train en marche.

Les adultes n'étaient peut-être pas aussi bêtes que ça, finalement.

La nuit commençait à tomber lorsque Jamie raccompagna Rebecca à la porte avant de border Damian dans son lit et de lui chanter une berceuse.

La journée avait été émotionnellement épuisante et Jamie aurait pu dormir une semaine non-stop.

Il se traîna jusqu'à sa chambre pour rassembler ce dont il avait besoin pour prendre un bon bain chaud avant d'aller dormir. Il parsema la salle de bains de bougies parfumées, tamisa la lumière et ajouta quelques gouttes de son huile de lavande préférée dans l'eau pour l'aider à se détendre après cette journée.

Il jeta un dernier coup d'œil à Damian, referma la porte de sa chambre et posa son téléphone sur la tablette derrière la baignoire avant de se glisser dans l'eau brûlante.

Il laissa la chaleur caresser sa peau et s'appliqua à libérer les tensions de son corps.

S'appuyant sur la technique de relaxation qu'il avait étudiée en ligne, il ferma les yeux pour se concentrer sur la surface lisse de la baignoire et tous ses points de contact avec son corps.

Il laissa son esprit passer d'un point à un autre en visualisant la relation de son corps avec l'émail, chaque point se connectant à un autre dans une sensation apaisante.

Il se représenta un petit point bleu d'énergie relaxante au bout de ses orteils, il le fit remonter le long de ses mollets et s'enrouler derrière ses genoux en un léger chatouillis.

Dans le sillage du point, ses muscles se détendaient et relâchaient la posture crispée qu'ils avaient adoptée toute la journée.

De l'arrière des genoux, il ramena le point sur le devant de ses cuisses, puis autour de ses hanches en imaginant qu'il soufflait un flux tendu d'énergie sous sa peau humide.

Les tensions s'évanouirent et ses ligaments s'assouplirent tandis que le point bleu remontait en zigzag le long de son torse pâle, soudain réchauffé et revigoré, avant de plonger de nouveau sous sa peau, où l'action combinée de l'eau brûlante et de son imagination lui apportait une profonde sensation de tranquillité.

Sa nuque s'ouvrit au flux de chaleur énergisante et Jamie concentra son attention sur les nœuds à la base de son cou.

Son esprit propulsait des vagues de chaleur sur sa peau rafraîchie et il s'appliqua à réguler sa respiration pour ralentir la cadence de son cœur, jusqu'à ce que son battement ne soit plus qu'une rumeur sourde.

Il plongea les mains dans l'eau et les posa sur son ventre. Il dirigea le point à l'extrémité de ses doigts, dont l'énergie se diffusa dans toute sa paume avant d'être projetée vers le bas de son ventre. Il frémit de plaisir lorsque son dernier muscle se relâcha sous la supervision apaisante de son imagination.

Il se délecta à moduler l'intensité de l'énergie qui submergeait son corps en lui donnant une lueur rougeoyante qu'il déploya sur la surface de sa peau telle une couverture.

Les faisceaux d'énergie caressèrent son cou, ses épaules, son torse, son ventre, ses hanches, ses cuisses et ses jambes en épousant la forme de son corps comme une couche de miel.

Il rejeta la tête en arrière tandis que la sensation de chaleur cédait le pas à la caresse imaginaire d'une main dont le bout des doigts effleurait ses jambes et remontait le long de son corps en un contact presque imperceptible.

Un frisson parcourut son échine et propulsa son flux sanguin dans son sexe qui se durcit aussitôt. Jamie se cambra, le dos plaqué contre la surface froide de la baignoire.

Ses sensations se décuplèrent.

Les doigts lascifs survolèrent ses hanches, caressant le pli de sa cuisse, et Jamie poussa un gémissement, suivant de sa propre main la voie ouverte quelques instants plus tôt par son imagination.

Il n'avait pas besoin de penser au propriétaire de ces doigts imaginaires. Son esprit regorgeait d'une mine de détails appartenant à une seule personne : le seul homme à avoir vu Jamie se mettre à nu, le seul à savoir protéger sa vulnérabilité et attiser son désir, l'homme dont les mains lui procuraient tant de plaisir, dont les caresses si douces, les bras si forts et les doigts durcis par des cordes de guitare caressaient la surface de sa peau pâle en laissant des traînées rougies derrière eux.

Jamie continua de caresser son corps avec sensualité sans laisser l'occasion à son manque d'assurance de se manifester.

Il remonta le long de son ventre et posa le pouce sur son téton, comme le faisait Logan lorsqu'ils étaient ensemble.

Il ferma les yeux, se représenta une caresse plus rugueuse que la sienne et chuchota le prénom de Logan dans l'air épais qui embuait le miroir, son souffle dessinant un nuage opaque.

Ses cheveux collaient à sa peau sous l'effet de l'humidité, et il sentit ses poumons s'ouvrir tandis que l'air ambiant se condensait.

Un court instant, Jamie sortit de sa torpeur, mais il était bien trop déterminé et excité pour s'arrêter en si bon chemin.

Derrière lui, la sonnerie de son téléphone retentit. Il sursauta légèrement et le chercha à tâtons, tandis que l'eau du bain s'écrasait en petites vaguelettes contre son torse.

Veillant à ne pas laisser l'appareil glisser dans l'eau, il accepta la communication.

De l'autre main, il continuait à caresser son téton, la plongeant de temps à autre dans l'eau pour décrire des cercles autour de son nombril ou effleurer son sexe durci.

Il aurait aimé que Logan soit avec lui, et il sourit langoureusement avant de chuchoter en réponse à son amant.

– Bonsoir, mon cœur. Je te réveille ?

– Non… je ne dors pas, murmura-t-il.

– Pourquoi tu chuchotes ? Tout va bien ? Il est arrivé quelque chose ? s'inquiéta-t-il, et Jamie eut un petit rire.

– Tout va bien. Je suis au chaud, à l'aise, et détendu, dit-il en étirant la jambe droite pour caresser la chaleur de sa peau.

Le mouvement fit clapoter l'eau et Logan étouffa un hoquet de surprise.

– Jamie ? murmura-t-il, le souffle court.

– Oui ?

– Pourquoi j'entends de l'eau ?

– Je suis dans un bain.

L'excitation de Logan à l'autre bout du fil était palpable, et Jamie sourit.

– Un bain chaud ?

La voix gémissante de Logan lui monta à la tête. Il ne ressentait pas une once de gêne. Au contraire, il se sentait désirable et désiré.

À cet instant, la perspective de satisfaire Logan le gonfla de force et de fierté. Il possédait tout ce dont pouvait rêver Logan.

– Brûlant, souffla-t-il.

– Avec de la mousse ?

– Il y en avait. Mais..., fit-il, joueur.

– Mais...

– Mais elle est presque entièrement partie. On voit à travers l'eau, on voit tout.

Il entendit le son d'une fermeture Éclair et un froissement de vêtements puis le silence s'installa de nouveau, bientôt entrecoupé par les doux gémissements de Logan.

– Logan...

– Oui ?

– Je ne m'étais jamais rendu compte à quel point la baignoire est grande. Beaucoup trop pour une seule personne.

– Hum... ça devrait pouvoir s'arranger.

– Comment ?

– Eh bien... la prochaine fois, je pourrai me glisser derrière toi et te prendre dans mes bras.

– C'est une idée.

– Ça te plairait ?

– Beaucoup.

– Qu'est-ce qui te plairait d'autre ?

– J'aimerais que tu m'embrasses dans la nuque comme tu le fais quand on est ensemble.

– Hmm, je me doutais bien que tu aimais ça. Tu fais toujours des bruits délicieux quand mes lèvres caressent ton cou.

– Tu... tu aimes mes réactions ?

– Elles me rendent fou, mon cœur. Je voudrais te faire gémir comme ça tout le temps.

– Tu pourrais toucher mes tétons avec ton pouce. Ça aussi, ça me plaît... J'ai essayé, mais c'est moins bien.

– Pourquoi ?

– Tes doigts sont plus rugueux, ils griffent presque, j'adore cette sensation. J'adore les traces que tu laisses sur ma peau avec tes doigts. J'ai l'impression de t'appartenir. J'aime ça, j'ai envie d'être à toi.

Jamie se découvrait des trésors de témérité, et chaque mot était parfaitement sincère.

– Bon sang ! Jamie, tu vas me tuer. Tu es à moi, oui. Qu'est-ce que je peux faire d'autre pour que tu gémisses encore ?

– Je... j'aime quand tu plonges ta langue dans mon nombril, ça me fait des frissons partout et j'ai l'impression de perdre tout contrôle. J'adore tirer sur tes cheveux pendant que tu m'embrasses tout le corps.

– J'adore quand tu te cambres sous mes doigts, répondit Logan, la manière dont ton corps s'enflamme contre moi. J'adore la sensation de tes mains dans mes cheveux, comme si tu me guidais... comme si tu me montrais comment te satisfaire comme tu le mérites. Jamie... est-ce que... tu te caresses ? parvint-il à articuler tandis qu'il refermait sa main sur son sexe.

Il avait du mal à croire que son amant, si pur et innocent jusqu'à ce qu'il le rencontre, soit en train de lui susurrer des mots qui brouillaient son esprit et le laissaient tremblant de désir.

– Oui..., souffla Jamie sans l'ombre d'un malaise.

Il n'y avait plus de place pour la gêne. Le plaisir le dévorait avec une telle ardeur qu'il ne pouvait penser à autre chose.

Il effleura du bout des doigts toute la longueur de son érection avant de l'empoigner fermement et de se caresser en cadence avec le souvenir des mains de Logan sur son sexe.

– J'aimerais…, balbutia-t-il, mais son propre gémissement l'interrompit.

– Quoi, mon cœur ?

– J'aimerais que ce soit ta main… tes lèvres… j'aimerais que ce soit toi…, lâcha Jamie tandis que son ventre se contractait et qu'il prenait une profonde inspiration pour repousser l'échéance.

Il en voulait plus, et il était trop tôt pour mettre un terme à la sensation entêtante et aux soupirs qui résonnaient dans la petite pièce embuée. Il voulait encore entendre la voix de Logan qui accompagnait le mouvement de sa main vers l'extase.

– Moi aussi, j'aimerais être là… j'aimerais te regarder… Tu es si beau… quand ta peau devient toute rouge, que tu te mords les lèvres et que je sais que c'est moi qui te mets dans cet état… Jamie, dis-moi… dis-moi dans quel état je te mets, murmura Logan tandis que sa main accélérait la cadence et que son esprit s'emplissait de visions de Jamie, brûlant de désir, qui s'offrait à lui.

– Tu me fais perdre la raison, Logan. J'adore sentir tes mains sur moi. J'adore le regard que tu poses sur moi quand tu me caresses. Je… oh ! mon Dieu…

– Continue…

– Presque… j'aimerais que… ah… tu me guides comme tu sais le faire…

– Oh ! Jamie… je donnerais n'importe quoi pour te voir jouir…

– Logan ! Je vais… s'il te plaît, dis-moi…

– Quoi donc ? souffla Logan.

Il continuait à se caresser au rythme des halètements de Jamie, ses yeux roulant dans leurs orbites tandis qu'il se cambrait comme si tout son corps se tendait pour trouver la peau diaphane de son amant.

– Je veux… je veux savoir… l'effet que j'ai sur toi… s'il te plaît !

Ses gémissements devenaient incontrôlables. Il tourna la tête sur le côté pour se mordre la peau du bras.

– Tu n'as pas idée, mon cœur. Tes gémissements me rendent fou… J'aimerais sentir ta peau contre la mienne… J'aimerais te serrer contre moi et te caresser… embrasser chaque millimètre de ta peau, lécher chaque courbe de ton corps pendant que tu te tords de désir sous moi. Tes jambes, mon amour… je les veux autour de ma taille pendant que je m'allonge sur toi et que je me frotte contre ton sexe tendu jusqu'à en prendre la tête. Je veux que tu oublies tout le reste, Jamie… je veux que tu ne penses à rien d'autre qu'à moi tandis que je te caresse jusqu'à ce que tu me supplies de te faire jouir…

– Je t'en prie, Logan… je ne peux plus…, s'étrangla Jamie.

La voix de son amant se mêlait à son souffle saccadé et au frottement doux qu'il prodiguait à sa peau.

Il savait que Logan était dans le même état que lui. Il voulait être celui qui le ferait jouir avec une telle force qu'il ne désirerait jamais plus personne d'autre.

Il ralentit ses mouvements pour se concentrer sur l'homme qu'il aimait et murmura juste assez fort pour que Logan l'entende par-dessus ses gémissements de désir.

– Logan… j'ai envie de te sentir sur moi… Je veux que tu poses tes mains sur moi, pour qu'on se sente au plus près l'un de l'autre. J'adore cette sensation… Tu me serres contre toi, tu me fais trembler de désir et tu me laisses toujours jouir en premier. Mais là, j'ai envie que tu jouisses maintenant… J'ai envie de savoir que je te donne du plaisir… que tu jouis grâce à moi… Je veux tout avec toi…

– Jamie… je…

– Logan…

Il agrippa le téléphone : l'écho de l'orgasme de Logan le submergea avec une telle force que son sexe eut un dernier sursaut avant de déverser sa semence brûlante sur son ventre sans qu'il ait à le toucher.

Le cri de Logan avait eu raison de sa résistance et il se délecta un instant du bonheur de lui avoir donné autant de plaisir qu'il en recevait habituellement.

Il poussa un ultime grognement puis plongea la main dans l'eau pour nettoyer les dernières traces de son plaisir. Il resta immobile dans l'eau quasiment froide et écouta en silence les râles de Logan qui lui revenait lentement.

– Jamie ?

– Hmm ? fit-il paresseusement en essayant de contenir le large sourire qui s'étirait sur son visage.

– Tu es parfait.

– Toi aussi, dit-il, heureux de ne pas ressentir le besoin de solliciter des mots rassurants.

Il savait que, si ses paroles suffisaient à faire perdre tout contrôle à Logan, son corps pouvait faire plus encore qu'il n'osait l'imaginer.

– J'ai tellement hâte de rentrer. Je vais reprendre une par une toutes ces caresses que tu aimes. Je vais te couvrir de baisers jusqu'à ce qu'on en perde le souffle. Je t'aime tellement, murmura Logan.

– Moi aussi, je t'aime, et j'ai hâte que tu sois là.

– Au fait, je t'appelais pour te dire quelque chose.

– Oh ! tu ne m'appelais pas pour une séance de sexe par téléphone ? plaisanta Jamie.

– Non, ça, c'était en bonus, Noël et mon anniversaire en un.

– Oh… à ce point.

– Si tu savais…, répondit-il, et Jamie sourit de plus belle.

– Bien, tu appelais pour quoi ?

– Pour te demander de venir me chercher à l'aéroport.

– Je croyais qu'on s'était déjà mis d'accord, dit Jamie en fronçant les sourcils.

– Oui, mais j'ai besoin qu'on vienne me chercher à l'aéroport dans deux jours, lâcha-t-il en attendant sa réaction.

– DEUX JOURS ? Merde, Damian dort. Deux jours ? Mais je croyais que tu ne rentrais pas avant la semaine prochaine, s'exclama Jamie.

Mais c'était trop tard. Des bruits de pas légers traversèrent le couloir et se glissèrent dans la chambre de Jamie.

– Raph ? appela une petite voix endormie.

Jamie sourit et lui répondit qu'il arrivait.

– Lo, Damian s'est réveillé. Il faut que j'aille le remettre au lit.

– Je peux rester en ligne jusqu'à ce que tu te glisses sous la couette ? J'ai envie de te souhaiter bonne nuit.

– Avec plaisir, répondit Jamie avant de sortir du bain, de se sécher et d'enfiler un pyjama.

Il sortit de la salle de bains et trouva dans son lit un Damian roulé en boule, qui lui sourit d'un air assoupi.

– C'est Logan au téléphone ? demanda-t-il.

Jamie se glissa sous la couette à côté de lui et appuya sur le haut-parleur.

– Oui, c'est lui. Tu veux lui parler ?

Il prit son frère dans ses bras et enfouit son nez dans le parfum de ses cheveux bouclés.

– Coucou, Logan, Jamie me laisse dormir dans son lit, dit Damian.

– C'est génial, loupiot. Tu as drôlement de la chance, répondit le jeune homme d'un ton taquin qui fit rougir Jamie.

– Tu nous racontes une histoire ?

Logan acquiesça avec un petit rire et se lança dans le récit épique du célèbre ninja qui sauvait son grand frère d'un méchant avec son sabre et son incroyable talent de karatéka.

Lorsqu'il arriva au moment où il fallait sauver Jamie, Damian dormait à poings fermés et un fin sourire planait sur son visage.

– Il dort, confirma Jamie, et Logan se tut un instant.

– Tu veux connaître la fin de l'histoire ?

Jamie acquiesça d'un murmure épuisé.

– Le grand frère rentra à la maison, et rencontra un musicien super sexy qui tomba follement amoureux de lui, et ils vécurent heureux et eurent beaucoup d'enfants, termina Logan crânement.

– Hmm... pas mal du tout, marmonna Jamie.

– Fais de beaux rêves, mon cœur. Je t'aime. Je vous aime tous les deux.

– Moi aussi, Lo, souffla Jamie avant de lâcher son téléphone, qui glissa sous l'oreiller.

20

Cadeaux

Seul dans sa chambre d'hôtel, Logan attendait l'heure de se rendre à l'aéroport. L'attente la plus interminable de toute l'histoire.

Sa valise était bouclée et sa carte d'embarquement bien à l'abri dans la poche intérieure de son blazer bleu marine fait sur mesure, par les bons soins de Jamie.

Il lissa les revers de la veste du plat de la main. Il aurait aimé que son amant s'en charge, comme il le faisait chaque matin quand il jugeait que Logan n'était pas apte à affronter le monde.

Il vérifia les boutons et effleura la poche de devant, palpant le petit renflement dans le tissu. Ses doigts tremblants sortirent un objet carré en velours et le déposèrent aux creux de son autre main.

Il observa un instant le cube bleu foncé et, dans le même élan de témérité qu'il avait ressenti lorsqu'il l'avait acheté, il souleva le couvercle et plissa les yeux lorsque l'éclat du bijou caressa son visage.

Il regardait fixement l'anneau d'or blanc d'un air émerveillé, comme s'il avait atterri dans la poche de sa veste sans qu'il le sache.

Mais il savait.

Il avait bien réfléchi.

Il était sûr de lui.

Il voulait que Jamie soit dans sa vie.

Il voulait que Damian le réveille le samedi à 7 heures pour qu'il lui prépare des pancakes.

Il voulait emménager dans cette petite maison aux murs couleur pêche et se réveiller chaque matin auprès de l'homme qu'il aimait.

Ces quelques jours qu'il avait passés loin de lui avaient été comme une révélation. Le rire de Jamie lui avait manqué, tout comme ses mimiques et ses petits grognements au réveil, et la chaleur de sa peau nue contre la sienne en pleine nuit.

Logan n'aurait jamais pensé vivre ça. Il n'aurait jamais pensé rencontrer quelqu'un qui lui fasse ressentir tant de choses : un mélange d'instinct protecteur, de jalousie, d'étourdissement, de possessivité et de certitude totale. Il voulait Jamie pour toujours.

En rentrant à l'hôtel un soir, il s'était arrêté devant une petite bijouterie qui ne payait pas de mine. Son estomac s'était noué tandis qu'un bourdonnement résonnait dans sa tête : une bague de fiançailles tressée en or blanc et incrustée d'un saphir, de la couleur des yeux de Jamie, lui faisait signe en vitrine.

Il se représenta le bijou sur la main délicate de Jamie et ressentit une bouffée de fierté à l'idée que le jeune homme puisse porter cette promesse de toute une vie avec lui. À cet instant, il avait su que la bague ferait le trajet retour avec lui.

Des mois allaient peut-être s'écouler avant qu'il ait le courage de mettre un genou à terre pour lui demander sa main. Mais il avait déjà l'anneau. Il ne lui restait plus qu'à trouver le moment idéal.

Il referma le couvercle et rangea la boîte dans sa poche en fredonnant « *I think I wanna marry you* ». Il fit rouler sa valise vers la porte de la chambre. Le moment était venu de rejoindre sa famille.

*

– Logan rentre à la maison, Logan rentre à la maison, LOGAN RENTRE À LA MAAAAAIIIIIISON, chantonnait Damian à tue-tête tandis que Jamie grimaçait de douleur.

Comment ce gamin pouvait-il à ce point être dépourvu du moindre talent artistique alors qu'il venait d'une famille d'artistes ?

Sa grand-mère avait été chanteuse d'opéra, sa mère peintre, et son frère excellait en chant et en dessin. Et Damian, rien, *nada*. Il dessinait comme s'il était saoul et il chantait comme s'il s'était coincé les doigts dans une prise. Ce qui ne l'empêchait nullement d'exprimer sa joie avec son tube du jour : « Logan rentre à la maison ». Il ne finirait pas disque d'or mais Jamie adorait les paroles.

Logan rentrait à la maison.

Son cœur se serra car, en faisant tourner cette phrase dans sa tête, il ne pensait pas uniquement au fait que Logan rentrait à Fairfield.

Il songeait que Logan rentrait à la maison, chez lui, dans sa maison, dans sa chambre, dans ses bras. Et puis merde à la fin, Jamie en avait assez d'avoir peur. Il en avait assez de laisser Logan faire systématiquement le premier pas et qu'il doive le pousser pour franchir chaque nouvelle étape.

Grâce à Logan, Jamie était plus fort et plus courageux, et il ne voulait pas perdre le sentiment de sécurité et d'amour qu'il ressentait en sa présence. Il voulait que Logan se réveille à son côté chaque matin, il voulait dormir dans ses bras, lui faire l'amour sous les draps soyeux qu'ils avaient achetés ensemble, rire des petits bruits qu'il faisait au réveil, et l'aimer.

Jamie ne désirait rien moins que ça et il était à deux doigts d'y parvenir. Seule une petite question se dressait entre son rêve et lui. Ainsi était-il décidé à la poser le soir même.

Serrant le double des clés de la maison dans sa poche, il appela Damian, qui se précipita dans l'escalier, impatient de voir et l'avion et Logan. Il bavarda pendant tout le trajet de tout ce qu'il fallait absolument que Logan sache sur la semaine d'école qui venait de s'écouler – car tous que les enfants de maternelle ont une existence trépidante que les avocats brillants rêvent de connaître (ou pas).

À dix minutes de l'atterrissage, Damian faisait des bonds partout et Jamie dut le retenir contre lui pour éviter qu'il ne passe le contrôle de sécurité pour retrouver Logan à la passerelle de l'avion.

Le vol fut enfin annoncé et, quinze minutes plus tard, la tête bouclée du jeune avocat surgit à la porte.

– LOGAAAAAAAAN ! s'époumona Damian.

Il bondit des bras de Jamie dès qu'il l'aperçut. Il slaloma entre les valises à roulettes et les embrassades des voyageurs.

Il poussa un cri joyeux et se jeta dans les bras du jeune homme. Il referma ses petits bras autour de son cou et entreprit de lui raconter tout ce qui s'était passé en son absence.

Logan le serra fort contre lui, embrassa ses joues rebondies, s'émerveillant du bonheur de le compter dans sa vie.

– Salut, bonhomme. Tu m'as l'air d'avoir passé une super semaine ! Moi qui croyais que j'allais te manquer, fit-il avec une fausse moue boudeuse, et Damian eut les larmes aux yeux.

– Mais si tu m'as manqué, beaucoup ! Lucas ne sait pas construire des forts avec des couvertures comme toi, et il perd tout le temps aux jeux vidéo et il est pas drôle et c'est plus mon ami, déblatéra Damian tandis que Logan riait en caressant ses boucles dorées.

– Je plaisantais, Damian. Bien sûr que si, Lucas est toujours ton ami. Ça ne nous empêchera pas de jouer ensemble, toi et moi, d'accord ?

Damian, soulagé par le compromis, hocha joyeusement la tête et passa sans transition à un sujet beaucoup plus important que l'éventualité de perdre l'amitié de Logan.

– Tu m'as rapporté quoi ?

– Damian, le réprimanda Jamie avec un petit rire en coin.

Logan le gratifia d'un clin d'œil. Il mourait d'envie de le serrer contre lui pour l'embrasser, mais Damian s'était accroché à lui comme une pieuvre et refusait de le lâcher.

– Je te le dirai si tu me laisses dire bonjour à Jamie, proposa Logan.

– Tu peux dire bonjour, ça ne me gêne pas, répliqua Damian avec un haussement d'épaules.

Il restait immobile dans les bras de Logan, et le regardait d'un air impatient. Comprenant que Damian n'était disposé ni à bouger ni à le laisser accueillir son amant, Logan lança un sourire entendu à Jamie, qui hocha la tête en retour, et se pencha vers lui pour l'embrasser.

Horrifié, Damian se tortilla en suppliant de redescendre. Logan s'écarta de Jamie et se tourna vers l'enfant en riant.

– Désolé, bonhomme, Jamie aussi m'a manqué.

Ils quittèrent l'aéroport pour rejoindre la voiture de Jamie dans le parking.

– Logan ? reprit Damian tandis que ce dernier l'attachait sur son siège auto.

– Hmm ?

Logan leva les yeux vers Damian qui jouait avec le pin's en forme d'aile d'avion que lui avait donné Logan.

– Qu'est-ce que tu m'as rapporté ?

Logan éclata de rire et Jamie intervint une fois encore.

– Damian, arrête ça. Je t'ai déjà dit que les gens n'étaient pas obligés de t'acheter quoi que ce soit, et qu'il n'était pas poli de poser la question.

– Pardon, balbutia Damian, dont le menton tremblait déjà.

– C'est pas grave. En plus, c'est vrai que je t'ai rapporté quelque chose, glissa Logan.

Le visage de Damian s'illumina et Jamie se renfrogna.

– Super. Et ma leçon part en fumée.

– Oh ! cesse de bouder. Je t'ai rapporté quelque chose à toi aussi, répondit Logan, et Jamie sourit largement.

– C'est vrai ? Qu'est-ce que tu m'as rapporté ? s'enquit-il d'une voix qui ressemblait terriblement à celle de Damian.

– Ce n'est pas poli de demander, Jamie.

– Gna gna gna ! riposta le jeune homme en lui tirant la langue.

Son sourire doux réchauffa le cœur de Logan. Il prit la main de Jamie et posa leurs doigts entremêlés sur le levier de vitesse.

– Tu m'as tellement manqué, murmura-t-il.

Il sentit la main de Jamie trembler dans la sienne.

– Toi aussi, tu m'as manqué.

Ils firent la route main dans la main, mêlant leurs voix aux mélodies légères de la radio jusqu'à l'allée qui menait à la maison de Jamie.

Jamie n'avait pas envisagé un seul instant que Logan puisse avoir envie de rentrer chez lui après un long voyage. Il voulait le garder près de lui, et il les avait conduits à la maison sans même poser la question, comme si Logan habitait là, comme Jamie espérait que ce serait bientôt le cas.

Il coupa le moteur et contourna la voiture pour sortir la valise du coffre lorsque Logan lui sourit d'un air amusé.

– Tu ne m'as même pas demandé si je voulais aller chez toi. Tu m'as conduit ici d'autorité.

Jamie blêmit et se tourna vers Logan d'un air coupable.

Avait-il fait un faux pas ? Logan ne voulait-il pas venir chez lui ? Était-il allé trop loin en partant du principe qu'ils commençaient à former une famille ?

Il se mit à bafouiller et, pour la première fois depuis longtemps, il ressentit le besoin de détourner le regard de Logan pour maîtriser son balbutiement.

– Je… je suis… dé-désolé. Je ne pensais pas… j'ai pensé… je p-peux te ramener chez toi.

Il remit la valise dans le coffre en ravalant les larmes de honte qui lui montaient aux yeux, et Logan sentit son cœur se briser en entendant de nouveau ce bégaiement qui avait fini par disparaître à son contact. Et voilà qu'il l'avait fait revenir avec ses conneries. Il se maudit d'avoir été aussi stupide et d'avoir détruit la confiance de Jamie.

– Mon cœur… Jamie, je plaisantais, dit-il précipitamment en l'entourant de ses bras. Je plaisantais. Pour rien au monde je ne voudrais être ailleurs qu'ici, avec toi et Damian. C'est ici chez moi, mon amour. Je suis heureux que tu penses la même chose et que tu m'aies conduit ici sans l'ombre d'une hésitation. Je t'en suis reconnaissant. Jamie… je t'aime.

– Et… tu veux rester ici ?

– Je veux rester avec toi, tout le temps. Ne remets jamais ça en question, d'accord ?

– M-mais tu as dit…

– Je plaisantais. Ça m'a fait plaisir que tu m'amènes ici spontanément, comme si c'était chez moi, et j'ai voulu faire une blague. Je suis désolé si tu as cru que je n'avais pas envie d'être ici, près de toi.

– Je t'aime, murmura Jamie, et Logan resserra son étreinte pour réconforter le jeune homme.

– LOGAN ! Je veux voir ce que tu m'as rapporté ! s'époumona Damian.

Il avait subtilisé les clés de la maison à Jamie et avait réussi à ouvrir la porte. Logan et Jamie le rejoignirent à l'intérieur en riant de son impatience.

– Tu n'as qu'à défaire ta valise et prendre une douche pendant que je termine de préparer le dîner, proposa Jamie.

– Tu n'es pas obligé de faire ça. On peut se faire livrer, proposa-t-il, mais Jamie secoua la tête.

– Je crois que ton corps a eu sa dose de nourriture à emporter ces derniers jours. Tu vas manger un bon dîner équilibré, un point c'est tout. Allez, file, ordonna-t-il avant de rire au salut militaire de Logan qui grimpa les marches, suivi par Damian.

– OK, monsieur Damian Maddison, êtes-vous prêt à recevoir votre cadeau ? lança Logan d'un air mélodramatique.

Damian, les yeux écarquillés, se mit à sauter sur le lit en tendant avidement les mains vers Logan.

– Oui ! Prêt ! hurla-t-il comme si ses sauts de cabri n'étaient pas parfaitement explicites.

Logan plongea dans sa valise et en extirpa un coffret recouvert d'étranges symboles.

– Attention, Damian, ce que je m'apprête à te donner est de la plus haute importance. Voici une sélection d'armes ninja auxquelles seuls les meilleurs ninjas du monde peuvent prétendre, donc il faut me promettre que tu en prendras soin et que tu en feras un bon usage. Ça marche ? demanda-t-il avec sérieux.

– Ça marche, répéta Damian en agrippant le coffret.

Son contenu le laissa bouche bée : des nunchakus, des étoiles de jet, des pointes, des sabres et une tenue complète de ninja en taille enfant.

Damian poussa un cri de joie et se jeta dans les bras de Logan avant de se ruer dans sa chambre pour se changer et trucider quelque animal en peluche à l'air louche.

Jamie secoua la tête d'un air attendri et continua à préparer le dîner, réconforté à l'idée de savoir Logan et Damian ensemble : ils étaient parmi les personnes les plus importantes de sa vie. Ses deux hommes.

Il les invita à descendre pour le dîner, qui se déroula dans un mélange enjoué de plans d'attaque ninja et de discussions survoltées sur l'entraînement au jeté d'étoiles, maniements de sabre et autres prouesses.

En un éclair, le dîner fut englouti et Jamie sentit monter la nervosité à l'approche de l'instant fatidique.

Il voulut mettre Damian au lit, mais ce dernier insista pour que Logan le borde et lui raconte une autre histoire de ninja. Jamie céda et se prépara de son côté, les laissant à leurs loufoqueries.

Son amour pour eux avait quand même des limites.

Il prit une douche et sacrifia au rituel du soir. De retour dans la chambre, il exhiba une clé flambant neuve.

Il regarda autour de lui, et ses yeux tombèrent sur l'oreiller de Logan.

Il déposa la clé sur la surface moelleuse avant de se glisser hâtivement sous la couette en attendant Logan.

Il lui avait terriblement manqué dans ce lit si grand et froid en son absence.

Quelques minutes plus tard, Logan entra dans la chambre et referma la porte délicatement pour ne pas réveiller Damian.

Il se glissa dans la salle de bains pour se brosser les dents et, de retour dans la chambre, rapprocha son oreiller de Jamie comme il le faisait toujours.

Il saisit la taie d'oreiller et la froideur de l'objet métallique le surprit. Il porta l'objet à ses yeux dans la semi-pénombre. La clé luisait dans l'obscurité et il se tourna vers Jamie, qui le regardait timidement.

– Jamie…, murmura Logan.

Ce dernier sursauta avant de bredouiller d'une traite :

– Tuveuxvivreavecnous ?

– Quoi ?

Logan étouffa un hoquet de surprise, persuadé que son imagination lui jouait des tours.

– J'avais préparé tout un discours. M-mais avec le stress, j'ai tout oublié… C'est juste… J'ai tout le temps envie que tu sois ici et, chaque fois que tu retournes dans ton appartement, ça me rend triste car tu me manques, et ce n'est vraiment pas grave si tu ne ressens pas la même chose ou si tu ne veux pas emménager ici, mais je voulais juste te dire que… groumppfff !

Logan lui avait attrapé le menton et l'avait attiré dans un baiser marqué de son immense sourire.

– Bien sûr que je ressens la même chose ! Évidemment que j'ai envie de rester avec toi. Je rêve de rentrer ici auprès de toi et Damian après le travail, et de me réveiller à côté de toi et de ta drôle de routine matinale. J'ai envie de vivre avec toi, Jamie, sincèrement.

Les lèvres tremblantes de Jamie s'étirèrent à leur tour en un grand sourire. Ce sourire qui lui faisait tourner la tête.

– Alors, c'est oui ? demanda Jamie, le souffle court.

– Oui, murmura Logan avant de l'embrasser et de le pousser doucement en arrière pour le recouvrir de son corps.

Ils restèrent un instant enlacés à s'embrasser ardemment et à ôter les vêtements qui empêchaient leurs peaux brûlantes de se réunir. Des jours entiers de séparation rendaient leurs retrouvailles plus intenses, leur parfum plus entêtant et leur désir plus puissant que jamais.

– Tu m'as tellement manqué... Chaque nuit, à l'hôtel, je rêvais de t'embrasser, de te toucher et de t'entendre gémir pour moi. Les appels et les SMS ne faisaient qu'attiser mon désir. Tu es tellement beau, souffla Logan sur la peau de Jamie, laissant des traces rougies sur son torse, son ventre, ses hanches et ses cuisses, où il avait mordillé sa peau diaphane.

Jamie se cambra, sentant son corps s'embraser et la flamme du désir se propager sur sa peau sous les assauts de Logan. Celui-ci fit remonter ses lèvres le long du corps parfait de son amant avant de s'emparer des siennes, étouffant chacun de ses soupirs. Jamie s'arracha au baiser pour reprendre son souffle tandis que Logan amorçait un mouvement de hanches, générant un frottement à la fois électrisant et insuffisant.

Tremblant, Jamie enfouit ses mains dans les cheveux de Logan, dévorant sa bouche et poussant son corps à la rencontre du sien, mais il en voulait plus.

Il en voulait plus, il ne voulait plus reculer.

– Lo...

Une nouvelle poussée de Logan le fit violemment frissonner et il rejeta la tête en arrière, les yeux roulant dans leurs orbites.

– Qu'est-ce qu'il y a, mon amour ? demanda Logan dans un souffle en tentant de refréner ses mouvements pour le laisser parler.

– Je te veux... maintenant.

– Je suis là. Je suis à toi et je n'irai nulle part, murmura Logan en mordillant tendrement la peau de son cou.

Jamie poussa un gémissement et inclina la tête pour lui faciliter l'accès.

– Non... j'ai envie... est-ce que... j'ai envie que tu me fasses l'amour.

Logan s'immobilisa aussitôt, l'esprit assailli d'images voluptueuses de son amant se donnant à lui tout entier. Son silence dura un long moment et Jamie, mal à l'aise, se tortilla maladroitement sous lui.

– Tu sais… c'est pas grave si tu n'as pas envie… Je sais que je manque d'expérience, et peut-être que je ne saurai pas quoi faire, alors ce n'est pas grave si tu ne veux pas…

– Jamie, mon cœur…

Logan l'embrassa avant de se laisser retomber sur le côté, séparant leurs hanches pour retrouver un peu de lucidité, mais le gardant étroitement serré dans ses bras.

– Hmm ?

– Tais-toi.

– OK.

– Je n'ai jamais autant désiré quelqu'un. Pour moi aussi, ce sera une première fois. Tu es le seul que j'aie jamais aimé. L'idée que je puisse ne pas vouloir de toi parce que tu te trouves nul est absolument fausse, dit-il d'un ton ferme.

– Oh…

– Tu me rends fou chaque fois que tu me touches, que tu m'embrasses, tes réactions me rendent dingue. Et je sais que tu ne l'as jamais fait mais, crois-moi, je n'ai jamais eu autant de plaisir qu'avec toi. Parce que je n'avais encore jamais couché avec quelqu'un que j'aime. Tout est parfait parce que c'est toi. Le niveau d'expérience n'a aucune importance.

– Je veux que ce soit bien pour toi, parce que je sais qu'avec toi ma première fois sera parfaite, confessa Jamie.

Logan déposa un baiser sur le bout de son nez.

– Et ce sera parfait pour moi aussi. Mais… Jamie… tu es sûr ? Tu sais que j'attendrai aussi longtemps qu'il le faudra.

– Je suis sûr… Je suis prêt depuis un moment, mais je ne savais pas comment te le dire, expliqua-t-il et Logan poussa un grondement profond avant de l'embrasser.

– D'accord, mon cœur… comment veux-tu…, commença-t-il mais Jamie avait deviné la question.

– Je te veux… en moi… la première fois. Je veux m'offrir entièrement à toi.

Sur ces paroles, il leva la tête pour happer ses lèvres, et les mains rugueuses de Logan effleurèrent son corps avant de s'arrêter sur sa taille.

Logan tentait désespérément de ne pas perdre tout contrôle à la perspective d'être enveloppé par la chair brûlante de Jamie, enfoui au plus profond de son corps. Il voulait prendre le temps d'explorer, d'embrasser…

– Est-ce que… tu as ce qu'il faut ? murmura-t-il, le souffle court.

Jamie l'embrassa sur le menton et montra la table de nuit. Logan tendit le bras, luttant pour ne pas perdre sa concentration alors que les lèvres sensuelles de Jamie effleuraient son cou. Lorsque Jamie commença à le mordiller, il dut momentanément fermer les yeux.

– Jamie…

Son soupir fut accueilli par un rire étouffé. Logan ouvrit les yeux : une lueur d'espièglerie brillait dans ceux de Jamie. Il l'embrassa sur le bout du nez et ouvrit le tiroir dont il sortit un préservatif et du lubrifiant. Son amant avait fait des emplettes…

– Je vois que tu as tout prévu, dit-il en souriant.

Jamie rougit et cacha son visage contre son épaule. Logan disposa les deux articles sur le lit pour plus tard. Il glissa les doigts dans les cheveux de Jamie et l'attira vers lui pour un baiser passionné. Il caressa ses épaules et son torse puis fit rouler entre ses doigts ses tétons durcis, arrachant à Jamie un gémissement rauque que Logan couvrit de ses lèvres avant de descendre le long de son corps.

La bouche de Logan se referma sur lui, et Jamie rejeta la tête en arrière, tandis que la chaleur humide, la langue lascive qui léchait son sexe et les mains puissantes qui agrippaient ses fesses pour rapprocher ses hanches menaçaient de lui faire perdre la raison… Logan le lapait en gémissant, électrisant Jamie qui se cambra malgré lui. Il ne voulait pas lâcher prise… mais les lèvres de Logan… Jamie sentit qu'il perdait le contrôle de son corps.

Logan s'écarta après un dernier baiser sur son membre brûlant et Jamie ne put s'empêcher de pousser un gémissement brisé.

– Logan… s'il te plaît…

Logan mordillait sa hanche, une main posée sur sa cuisse.

– Je suis désolé, mon cœur, ça risque d'être un peu froid…, chuchota Logan avant de le reprendre entièrement en bouche.

Froid ? Mais de quoi parlait-il ? Sa bouche était une véritable fournaise qui alimentait le feu qui grondait sous sa peau et… une douleur sourde lui rappela qu'il se donnait à Logan pour la toute première fois.

Un doigt large l'avait pénétré et Jamie sentit son corps se contracter pour se dérober à la douleur.

– Chuuut, mon cœur, détends-toi… je ne te ferai pas de mal, c'est promis. Je t'aime… tellement.

Logan se concentra sur le sexe de Jamie, qu'il fit gonfler d'un nouveau désir pour détourner son attention de cette nouvelle sensation. Jamie inspirait profondément, faisant de son mieux pour se détendre et s'accoutumer à cette invasion. Le va-et-vient de ce doigt à l'intérieur de son corps, d'abord douloureux, était à présent seulement… étrange. Logan entreprit de donner des petits coups de langue au creux de son sexe et Jamie se cambra instantanément, se mordant violemment la lèvre pour ne pas hurler de plaisir.

Encouragé par sa réaction, Logan introduisit un deuxième doigt avec lenteur pour ouvrir Jamie délicatement. Le jeune homme grimaça pendant les premières poussées, puis Logan replia ses doigts à l'intérieur pour effleurer un point qui le fit décoller avec un grognement rauque. Ses jambes s'écartèrent, le laissant à nu, vulnérable… mais sans aucune peur.

À travers son regard voilé de désir, il aperçut Logan qui le contemplait comme s'il était son bien le plus précieux au monde.

Haletant après un nouveau soubresaut de plaisir, il agrippa les mèches humides de Logan pour le ramener vers lui tandis que ses doigts continuaient à entrer et sortir de son corps, jusqu'à le rendre ivre de désir.

– Logan… je t'en prie… je… je suis prêt…, s'écria Jamie, et Logan hocha la tête.

Il se détacha du corps tremblant de Jamie, le temps de s'emparer du préservatif et du lubrifiant.

Il dirigea son sexe protégé vers Jamie et se positionna délicatement. Il prit ses joues enflammées entre ses mains et effleura les lèvres de Jamie des siennes.

– Ouvre les yeux, mon amour, je veux te voir, implora-t-il.

Jamie s'exécuta lentement, le bleu éthéré de ses yeux approfondi par le désir.

– Je t'aime, souffla Logan, et Jamie lui murmura sa réponse avant de s'arc-bouter pour accueillir la poussée délicate de Logan.

Il lutta contre l'envie de bouger et resta un instant immobile, laissant à Jamie le temps de se faire à cette nouvelle sensation, ses doigts étroitement entrelacés à ceux de son amant.

Leurs regards se rencontrèrent et Logan plongea les yeux dans ceux de Jamie tandis qu'il entamait un lent mouvement, imprimant la cadence tout en se délectant des gémissements qui sortaient des lèvres de Jamie.

Leurs peaux se couvrirent de sueur et Jamie s'agrippa aux boucles de Logan tandis que ce dernier s'enfonçait en lui sans relâche, déclenchant vague après vague de plaisir.

Logan voulait l'entendre hurler, l'implorer de lui faire l'amour plus fort, tout en sachant que la présence de Damian à l'autre bout du couloir les en empêchait. Il choisit à la place de murmurer des mots doux à l'oreille de Jamie, qui s'accrochait à lui, fou de désir.

Il n'y eut pas de mouvement brusque, pas de coup de boutoir violent ni de claquement de peau contre peau, seulement des murmures d'adoration, de doux gémissements de plaisir, des chuchotements d'encouragement et des promesses d'amour éternel.

Lorsqu'il sentit des tremblements violents s'emparer du corps de Jamie, Logan le serra contre lui. Le jeune homme souffla le prénom de son amant avant de jouir, son corps se refermant sur Logan, lui faisant perdre le contrôle à son tour. Logan le contempla avec émerveillement, comme chaque fois. Cette vision de son amant, à nu, si bouleversant, qui se donnait à lui en toute confiance, le faisait frissonner.

Logan l'embrassa sans relâche tandis que leurs corps ondulaient l'un contre l'autre pour s'arracher leurs dernières bribes de plaisir, puis ils se laissèrent retomber sur le lit, rassasiés, épuisés, et éperdument amoureux.

Logan garda Jamie tout contre lui, caressant son front trempé tandis qu'il reprenait ses esprits, effleurant ses joues, ses lèvres, lui arrachant un petit rire.

– Merci, murmura Jamie.

– Pour quoi ? s'enquit Logan avec surprise, un léger sourire aux lèvres.

– Pour cette première fois aussi parfaite, pour ta patience, pour m'avoir laissé arriver jusqu'ici à mon rythme et avec mes conditions. Merci de m'aimer. Merci…

– Tu mérites tout ça, le coupa Logan, resserrant son étreinte. Merci à toi de me donner ta confiance, de me permettre de t'aimer. Tu es parfait.

Jamie se pelotonna contre lui, retrouvant sa place au creux de son cou. Logan lui caressa le dos jusqu'à ce que la chaleur déserte sa peau.

Il se sentait plus heureux que jamais avec cet homme merveilleux lové dans ses bras, dont la pâleur contrastait avec sa peau sombre. Jamie déposa dans son cou un baiser aérien qui le fit frissonner.

Puis il se tortilla légèrement et remonta son visage pivoine à la hauteur de celui de Logan, qu'il regarda timidement.

– Logan ?

– Hmm ?

– Ça te gêne si…

Sa phrase resta en suspens, comme s'il avait honte de sa requête.

– Si quoi, mon cœur ?

– Si… si j'ai encore envie de toi ?

Logan tourna la tête et lui saisit le menton du bout des doigts.

– Ça ne me gênera jamais que tu aies envie de moi, mon amour. Parce que je te veux constamment, affirma-t-il en basculant le corps de Jamie par-dessus le sien.

Il sentit son érection contre sa cuisse et comprit, ravi, qu'ils étaient partis pour une nuit d'amour et de luxure.

21

Explorations

Il était magnifique dans son sommeil.

Jamie le contempla pendant près d'une heure et chaque ombre, froncement de sourcils ou demi-sourire qui transparaissait sur son visage lui semblaient plus exquis que jamais.

Appuyé sur le torse de Logan, il pouvait voir et ressentir ses rêves, parfois excitants (et son cœur battait à tout rompre), ou sereins (et les battements ralentissaient). Jamie était abasourdi.

Comment cet homme pouvait-il être son amant ?

Comment Jamie Maddison pouvait-il prétendre à quelqu'un comme Logan Danes ?

Ses boucles superbes s'emmêlaient sur son visage, rajeunissant ses traits, le rendant encore plus séduisant.

Incapable de résister plus longtemps, Jamie leva la main et passa délicatement ses doigts dans les cheveux bruns, en prenant garde à ne pas réveiller Logan et perdre l'occasion de le contempler.

Il survola son visage le plus près possible sans pour autant toucher sa peau mate. Il sentit la chaleur qui émanait de son corps et jubila à l'idée de s'envelopper chaque nuit dans sa douceur protectrice.

Ses doigts effleurèrent les cils immenses qui avaient fasciné Jamie dès leur première rencontre, et le chatouillement le fit sourire, car il savait ce que recélaient ces longs éventails : l'or du soleil, la douceur du miel, les teintes de l'automne, une âme.

Les yeux de Logan avaient un pouvoir indescriptible.

Chaque fois que son regard d'ambre croisait le sien, Jamie avait l'impression d'être à l'abri chez lui, car il savait que Logan serait désormais son chez-lui.

Il se rapprocha imperceptiblement et posa délicatement ses doigts sur la courbe de ses lèvres, saisi par un frisson à l'idée de ce qu'elles pouvaient lui faire.

L'embrasser comme s'il risquait de se briser, l'embrasser comme si sa peau était en dentelle, fragile, l'embrasser comme si toutes les émotions se précipitaient dans ce contact, l'embrasser comme s'il était la perfection même. Et puis, embraser sa peau et la marquer d'empreintes et de marques possessives qui lui donnaient la sensation d'être l'homme le plus désirable au monde, comme un trophée, une récompense.

Incapable de résister plus longtemps, il déposa un fin baiser sur ces lèvres qu'il aimait tant et chancela en les sentant réagir à son contact.

Il brisa l'étreinte, confus d'avoir été pris sur le fait.

– L-Logan… tu es réveillé ?

Logan esquissa un sourire tendre et ouvrit les yeux pour le regarder avec cette intensité qui le faisait chavirer.

– Oui. Tu m'expliques pourquoi tu m'observais ? demanda-t-il d'un ton espiègle.

– Je… je me suis réveillé tôt et je n'arrivais plus à dormir, et… tu es magnifique quand tu dors, tu sais ? bafouilla-t-il.

Logan prit la joue de Jamie dans le creux de sa main et tourna son visage face à lui.

– Et donc tu admirais le spectacle, dit-il avec un clin d'œil.

Jamie hocha la tête en se mordillant la lèvre inférieure. Il eut un petit rire en découvrant l'expression ravie sur le visage de Logan.

Il décida d'effacer cette autosatisfaction d'un baiser dévorant qui arracha un gémissement à Logan. Ce dernier enroula ses bras autour de Jamie pour l'attirer contre lui. Les draps glissèrent de leurs corps nus, exposant la peau de Logan au regard et au toucher de Jamie.

Médusé par la vision de son torse bruni parsemé de toison sombre et de muscles, il sentit toute pensée cohérente et espoir de contrôle le déserter.

– Pourquoi es-tu entré dans ma vie ? murmura-t-il.

– Parce que tu es spécial et unique, et que tu mérites tout ce que tu désires, affirma Logan en prenant son visage entre ses mains. Et grâce à un pouvoir supérieur… j'ai la chance que tu aies envie de moi. Alors me voilà.

Peu importe s'il avait du mal à comprendre. Peu importe que Logan puisse trouver bien mieux que lui. Seul comptait le fait que Logan était là, avec lui, tout contre lui après une nuit d'amour torride qui les avait laissés hors d'haleine, perdus dans leur étreinte, rêvant un même rêve d'amour infini.

Comme si Jamie prenait enfin pleinement conscience que Logan était là…

Cette prise de conscience lui donna le vertige et il sentit une vague de désir le submerger… le désir d'aimer Logan de la même manière, de le serrer contre lui, de le protéger et de le posséder à son tour.

Débarrassé de ses derniers lambeaux d'incertitude, il allongea son corps sur celui de Logan.

Il frotta le bout de son nez contre le sien, s'extasiant de la réaction qu'il faisait naître chez son amant, souffle court et pupilles dilatées, avant de l'embrasser et de faire rouler ses hanches contre les siennes pour lui signifier que la nuit ne l'avait pas rassasié.

Logan l'embrassa avidement en le serrant contre lui, ses mains posées sur ses omoplates glissant le long de son dos, reposant un instant dans le creux de sa taille avant d'atteindre ses fesses et de les saisir fermement pour réduire l'écart entre leurs bassins.

– Logan…, murmura Jamie en déposant des baisers sur sa joue, son cou, n'hésitant plus à mordre, sucer et lécher sa peau pour lui donner du plaisir.

Il fit naître une marque rouge sur sa clavicule, admirant son œuvre en souriant avant de descendre sur son torse et d'embrasser un téton.

Freiné par son inexpérience et son sentiment d'insuffisance, Jamie n'avait jamais osé explorer le corps de Logan jusqu'alors.

Mais à présent... Il avait le temps, une idée de ce qui plairait à Logan, et le courage de se lancer.

Il s'immobilisa pour relever les yeux sur lui. La tête rejetée en arrière, les yeux fermés, les cheveux en bataille, Logan avait le souffle court, traversé par un flot dc sensations. Jamie adorait être à l'origine de cet état.

– Logan... ? souffla-t-il, et le jeune homme ouvrit les yeux.

– Oui, mon cœur ?

Il avait répondu dans un murmure tremblant, et Jamie sourit.

– Je veux te donner du plaisir, dit-il, sans trop savoir comment formuler sa requête.

– Tu m'en donnes, mon cœur, tout le temps, répondit Logan d'un ton rassurant, craignant un retour des peurs de Jamie.

Mais celui-ci ne se laissa pas déborder. Il se mordit la lèvre inférieure et prit une profonde inspiration.

– La nuit dernière... quand... quand tu m'as fait l'amour... je ne m'étais jamais senti aussi chéri et protégé. Et je sais que tu es sûr de toi, et fort, et tu n'aimes peut-être pas, mais... même si ça ne doit être qu'une seule fois... j'aimerais faire la même chose pour toi..., expliqua-t-il, et les yeux de Logan s'agrandirent lorsqu'il comprit où voulait en venir son amant.

– Mon cœur... serais-tu en train de dire, à ta manière douce et poétique qui me donne l'impression de manquer totalement de cohérence, que tu veux prendre le dessus ? demanda-t-il sans ménagement, et Jamie étouffa un hoquet.

– Oui, murmura-t-il et le visage de Logan s'illumina.

– Bon sang, Jamie ! Je te désire... tellement... et pas juste maintenant, pas pour une seule fois. Je suis à toi. Fais de moi ce qu'il te plaît, affirma-t-il avec un sourire effronté.

Sur ce, il se laissa retomber sur le dos, bras et jambes écartés, en offrande à Jamie.

– Tu me diras si ce que je fais ne te plaît pas, s'inquiéta Jamie.

Logan lui lança un de ses sourires chaleureux qui faisait fondre ses angoisses comme neige au soleil.

– Ce sera parfait. Je t'aime. J'aime tes baisers, tes caresses, le rassura Logan.

Il lui prit le visage entre les mains et Jamie se blottit un instant dans sa paume avant de déposer un baiser sur son poignet.

Jamie entremêla ses doigts à ceux de Logan et plongea une dernière fois son regard dans le sien avant de l'embrasser passionnément, désespérément, intensément, avec un abandon total.

Ils approfondirent leur baiser dans une exploration avide et Logan, sachant ce qui l'attendait, ressentit le supplice du désir, impatient de sentir Jamie en lui.

Lorsque les lèvres de Jamie s'envolèrent, il voulut protester, mais se ravisa en sentant leur fraîcheur sur son cou et le lobe de son oreille, et il se laissa aller aux bons soins de son amant.

Absorbé dans ses pensées, il revint soudainement à la réalité lorsqu'une décharge de plaisir le traversa. Il baissa les yeux et découvrit Jamie en train de mordiller un téton tout en malaxant l'autre entre ses doigts.

Jamie leva la tête, affichant un sourire langoureux, et s'assit à califourchon sur Logan tout en pinçant ses tétons durcis.

– C'est sensible ? demanda-t-il en accentuant la pression.

La tête de Logan roula sur l'oreiller et il répondit dans un grognement.

– Oui… oh… Jamie…

Empli de fierté, Jamie continua ses caresses avec plus d'assurance. Il s'en sortait bien. Il donnait du plaisir à Logan.

Rassuré, il descendit le long du corps de son amant en embrassant son torse et son ventre, caressant son nombril du bout de la langue, s'émerveillant de ses grognements sensuels, contemplant l'ondulation de ses muscles sous les assauts du désir.

En embrassant le doux pli de son aine, il sentit un frisson le parcourir tandis qu'il le mordillait une dernière fois avant de poser ses lèvres sur son sexe.

Instinctivement, les doigts de Logan s'enfoncèrent dans ses cheveux et Jamie sentit son sexe se tendre du désir de ne faire qu'un avec lui.

Il entama un mouvement de va-et-vient. Les gémissements de Logan s'intensifièrent, mais il se souvint qu'ils n'étaient pas seuls et il mordit son oreiller pour s'empêcher de crier.

Le tissu assourdissait sa voix, mais Jamie la percevait encore, suffisamment pour le galvaniser.

– Oh ! bordel… c'est tellement bon… tes lèvres…

Jamie accéléra la cadence et glissa une main entre les cuisses de Logan pour l'effleurer d'un doigt recouvert de lubrifiant. Il commençait à l'insérer lorsqu'une nouvelle vague de peur le saisit. Il s'immobilisa une seconde et releva la tête.

– Je ne veux pas te faire mal, chuchota-t-il.

Logan, transi de désir, lui répondit d'une voix tremblante, les mains serrées sur les draps.

– Tu ne me feras pas mal, mon cœur… je te promets, ne t'inquiète pas… Je t'en prie, Jamie… je n'en peux plus.

– D'accord… mais… Arrête-moi si c'est douloureux, dit Jamie avant de baisser les yeux et de pousser son doigt plus loin.

Logan se cambra et fit rouler ses hanches, incitant Jamie à bouger, à le pénétrer, à faire quelque chose, n'importe quoi, pour étancher son désir brûlant.

– Bordel, Logan… tu es tellement sexy …

Jamie le regarda se tortiller et gémir tandis qu'il enfonçait son doigt plus profondément, plus vite, avant d'en ajouter un deuxième, puis encore un autre, tout en s'assurant que Logan y trouvait son plaisir. Et à en juger ses gémissements continus, c'était le cas.

Logan perdait complètement la tête. Les doigts de Jamie en lui, son odeur qui l'enveloppait, ses lèvres qui caressaient l'intérieur de ses cuisses et glissaient timidement vers son périnée pour effleurer son orifice. Logan se consumait de désir et le besoin d'un contact plus intime encore se faisait impérieux.

– Jamie, mon cœur, s'il te plaît... je t'en prie...

– Quoi ? Qu'est-ce que tu veux ? murmura Jamie avec inquiétude.

Logan ferma les yeux et resserra ses fesses autour des doigts de son amant.

– En moi... s'il te plaît, j'ai besoin de te sentir en moi...

Le ton languissant de Logan le fit frissonner de fierté.

Les mains tremblantes, il attrapa aussitôt un préservatif et le lubrifiant, bouleversé à l'idée qu'il allait pénétrer Logan, être lié à lui de la manière la plus intime qui soit, que son amant lui offre ce droit et sa confiance. Il s'immobilisa brièvement pour profiter de l'instant... Puis une nouvelle vague de désir brûlant le traversa et, quelques secondes plus tard, ses lèvres effleuraient celles de Logan tandis qu'il se glissait lentement en lui et que Logan agrippait ses fesses pour le happer plus profondément.

– Oui... oh oui... tu es tellement..., l'encourageait Logan, qui sentait son amant sur lui, en lui, partout.

Jamie le pénétra entièrement, le souffle court, et leva les yeux vers Logan.

– Je t'aime... mon Dieu... tellement, s'étrangla-t-il tandis que les vestiges de sa maîtrise lui échappaient.

Logan l'embrassa et poussa ses hanches vers son sexe. Jamie oublia tout ce qui l'entourait tandis qu'il s'enfonçait en lui dans un rythme puissant et saccadé, de plus en plus vite, dans une déferlante de plaisir.

Logan lui entoura la taille de ses jambes, le cou de ses bras, et enfouit son visage au creux de l'épaule de Jamie, murmurant tout contre sa peau tandis qu'il se sentait précipité vers son orgasme.

– Jamie... Jamie, touche-moi... presque..., souffla-t-il en se cambrant de nouveau.

Jamie glissa une main entre leurs deux corps et saisit son sexe, lui imposant le même rythme que celui de ses coups de reins.

Logan ne mit pas longtemps à exploser, mordant l'épaule de Jamie pour étouffer ses cris alors que sa semence brûlante se répandait entre eux.

Le corps tremblant de son amant, ses doigts humides contre son ventre, son nom qui sortait de ses lèvres rougies... Jamie se perdit dans son propre plaisir et, un court instant, il oublia que c'était sa première fois, il oublia sa crainte de blesser Logan. Les mains de son amant lui agrippaient les fesses pour l'inciter à le pénétrer plus encore, et il perdit toute maîtrise de lui-même, et s'enfonçant dans le corps ouvert de son amant jusqu'à ce que l'obscurité éclate devant ses yeux et qu'il jouisse en criant le nom de Logan avant de s'effondrer dans ses bras.

Logan lui caressa le dos et embrassa son front humide. Son cœur battait à tout rompre et ses poumons luttant pour reprendre de l'air.

Il sentait le souffle de Jamie sur sa peau et ses yeux se voilèrent tant il aimait lui appartenir, tant il aimait le voir ainsi. À nu, libre, sans peur.

Pour la toute première fois depuis leur rencontre, Logan sentit que Jamie s'était véritablement donné à lui, et cela le remplissait de joie. Son cœur reprit son rythme normal et leurs peaux refroidirent, jusqu'à ce que les conséquences de leurs ébats deviennent inconfortables. Et à en juger le petit nez froncé de Jamie, son amant partageait le même avis.

– Nettoyage et puis câlin ? proposa Logan en faisant mine de se lever, mais Jamie marmonna et le serra contre lui.

– Pas tout de suite. Garde-moi encore un instant, supplia-t-il en se lovant contre lui avec un soupir ravi.

Logan sourit et lui caressa le dos en l'écoutant ronronner de plaisir.

Ils se séparèrent le temps de tout nettoyer et de se mettre en pyjama avant de se glisser sous les draps. Il était encore beaucoup trop tôt pour quitter le lit.

– Logan ? lança Jamie après un long moment.

– Hmmm ? marmonna-t-il, le visage enfoui dans les cheveux de Jamie.

– Emménage aujourd'hui.

– Pourquoi tant de hâte, mon amour ? interrogea Logan avec un petit rire.

– Je ne veux pas passer d'autre nuit sans que tu sois ici chez toi. On pourrait juste apporter tes vêtements pour donner l'impression que tu vis ici. Comme si c'était définitif. Et puis, comme ça, tu serais installé à temps pour Noël, murmura-t-il timidement, et Logan l'embrassa.

– Tu sais, j'ai l'impression d'habiter ici depuis longtemps. Depuis la première nuit où tu m'as demandé de rester, j'ai eu l'impression que mon appartement n'était plus vraiment chez moi, parce que tu n'y étais pas. Et Damian non plus. C'était devenu froid et anonyme. Ici, cette maison, toi et Damian… c'est ici que je veux être… c'est ici, chez moi.

– Alors c'est oui ?

– Oui, j'emménagerai aujourd'hui.

– Parfait !

Jamie éclata de rire et Logan l'embrassa sur le bout du nez.

– Comment tu passes de dieu du sexe à chaton mignon sans transition ? demanda-t-il avec tendresse, et Jamie rougit.

– Chuis pas un dieu du sexe, marmonna-t-il, mais Logan ne voulut rien entendre.

– Eh bien, tu m'as rendu complètement fou…, affirma-t-il avec un clin d'œil et Jamie enfouit son visage contre son épaule.

– C'est vrai ? murmura-t-il, et Logan lui saisit le menton pour le faire sortir de sa cachette.

– Comme jamais avant, répondit-il avec un clin d'œil, et Jamie lui tira la langue.

– Menteur ! s'écria-t-il, mais cette fois sans une once d'incertitude.

Cette pensée réconforta Logan. Il l'embrassa de nouveau. Jamie fit mine de protester mais finit par céder. C'est alors que l'agaçante sonnerie du téléphone de Logan retentit.

Il tendit la main vers la table de nuit pour s'en emparer, entraînant Jamie avec lui, tandis que ce dernier s'arrimait à sa taille en criant un « nooooon » grognon à l'idée que Logan l'abandonne.

Logan eut un petit rire et jeta un œil à son portable. Son corps se tendit aussitôt de colère tandis qu'il se remémorait le jour où son père l'avait convoqué dans son bureau.

*

– Tu voulais me voir ? demanda sèchement Logan en entrant dans le bureau à grandes enjambées.

Il prit place face à son père et croisa les bras avec un regard noir.

Son père, habituellement sûr de son fait, avait l'air moins imposant, et le voir affaibli agaçait Logan. Il devenait plus difficile de le haïr quand il avait l'air à une estocade près de s'effondrer.

– Oui, j'ai besoin de te parler, répondit Samuel.

Son sang-froid habituel était bien présent, mais la moindre nuance d'impolitesse ou de condescendance avait totalement disparu.

Cependant, Logan le connaissait trop bien. Il savait de quoi il était capable. Hors de question qu'il se laisse berner par son attitude.

– À quel sujet ? riposta-t-il, glacial, le regard fier.

Comme s'il le provoquait en duel, à l'insulte, à son penchant naturel.

– Jamie, fit simplement Samuel et Logan se raidit.

– Quoi, Jamie ?

– Il ne ressemble pas aux hommes que tu choisis habituellement, constata Samuel du ton le plus neutre possible.

Il voulait enterrer la hache de guerre. Il était loin d'être à l'aise avec la situation et la vie sexuelle de son fils, à des années-lumière de ce qu'il avait toujours désiré pour lui… mais il était prêt à essayer.

À en juger par la réaction de Logan, les doigts serrés sur les accoudoirs, une veine palpitant à son cou, il devait mal s'y prendre.

– Et ça veut dire quoi, bordel ? fulmina Logan tandis que son père levait les deux mains.

– Rien de mal. J'essayais juste de dire qu'il n'est pas comme les autres, tu sais… costaud, riche, plus âgé que toi, et il a la responsabilité de Damian, et je me disais…, balbutia Samuel en essayant de trouver ses mots.

Les mots pour dire qu'il remarquait que Logan avait changé, qu'il avait changé en mieux, que ce changement lui plaisait et qu'avec le temps, il pourrait s'y habituer. Qu'il se rendait enfin compte que Jamie comptait pour lui et qu'il avait eu tort de lui dire toutes ces choses par le passé.

Mais ses mots sonnaient de travers et Logan bondit de sa chaise pour se pencher par-dessus la table, lui crachant au visage dans une rage silencieuse.

– Tu as raison. Jamie n'a rien à voir avec les hommes que ton fils dépravé choisissait avant. Parce qu'il est mieux qu'eux, mieux que moi, de loin, et c'est un miracle qu'il veuille de moi, mais c'est le cas et nous sommes heureux. Quoi que tu dises, tu ne nous sépareras pas. Je l'aime, j'aime Damian, et je vais rester avec eux. Quoi que tu fasses.

Il tourna les talons et gagna la porte à grandes enjambées. Samuel se rendit compte qu'il avait raté cette occasion, que chacun de ses mots avait été déformé alors qu'il voulait simplement arranger la situation.

Mais Logan avait déjà claqué la porte, dont le verre s'ébranla et menaça de voler en éclats tandis qu'il s'éloignait.

*

Jamie sentait sous ses mains la tension du corps de Logan. Celui-ci fixait un regard où se mêlaient la rage et la douleur sur l'écran de l'appareil.

– Lo… tout va bien ? murmura Jamie lorsque la sonnerie cessa.
Logan laissa tomber l'appareil et souffla avec colère :
– C'était mon père.

22

Amende honorable

– Entre !

La voix lui était parvenue, chevrotante et hésitante, et Logan referma nerveusement la main sur la poignée de la porte.

Cet appel l'avait laissé perplexe et il avait fallu que Jamie le supplie pour qu'il accepte de consacrer cinq minutes à son père.

Ses mains tremblaient et il sentait la fine pellicule de sueur tapie sous ses boucles emmêlées, qu'il portait en bataille depuis des années pour contrarier son père.

Pourtant, en se passant une main dans les cheveux, il sentit que le changement était en marche.

Il ne savait pas pourquoi, il ne pouvait pas expliquer précisément sa présence ici, prêt à laisser à son père l'occasion de lui parler, mais il avait le sentiment que le bleu magique des yeux de Jamie y était pour beaucoup.

Et comme il ne pouvait rien leur refuser, à ces yeux-là…

*

– Lo… tout va bien ? demanda Jamie d'une voix peu assurée lorsque Logan raccrocha et revint se glisser sous les draps, les yeux plissés et les mains légèrement tremblantes.

– Il veut me voir dans son bureau aujourd'hui. Il veut me parler, répondit-il dans un murmure en se pelotonnant contre le corps de Jamie, grisé par le parfum de sa peau.

– Tu vas y aller ?

Logan eut un frisson désagréable. Il n'en avait aucune envie. Il n'avait rien à dire à son père et il avait cessé d'espérer depuis fort longtemps que son paternel puisse un jour lui adresser des paroles agréables.

Il ne voyait pas l'intérêt de gâcher la journée prévue avec Jamie et Damian pour aller écouter ses insultes, et ressortir déçu et déprimé de l'entrevue.

– Je ne pense pas. Je lui ai dit que j'irais le voir si j'avais le temps, mais comme on déménage mes affaires aujourd'hui et que j'ai promis à Damian qu'on jouerait avec son kit de ninja, je n'aurai pas le temps. En plus… je le déteste et je ne veux pas y aller.

Il prit un air renfrogné digne d'un enfant devant une assiette de soupe et Jamie eut un petit rire.

– Mais non, tu ne le détestes pas, mon amour, dit-il en lui caressant doucement le dos.

– Si, je le déteste, insista Logan d'un ton boudeur qui fit rire Jamie de plus belle.

– Non, ce n'est pas vrai. Écoute, Lo… je sais que tu voudrais le détester, et que tu n'as pas envie de penser à lui mais, au final, c'est ton père, et je sais que ça changerait tout pour toi si la situation s'arrangeait entre vous.

Jamie, qui continuait à lui effleurer le dos, ressentit le moment exact où Logan se raidit, mal à l'aise.

– OK… peut-être que tu as raison. J'ai envie de retrouver un père. Mais, Jamie, je le connais, et la conversation ne portera pas sur ça. À tous les coups, il a trouvé une connerie que j'ai faite sur le dossier et il veut m'humilier devant tout le monde, gronda-t-il.

Jamie voyait bien que Logan prenait sur lui pour donner le change.

– On ne sait jamais. Il ne t'avait encore jamais appelé pour te voir. Ce sera peut-être différent cette fois-ci, suggéra Jamie prudemment, sachant que Samuel voulait présenter ses excuses à Logan en face.

– Pff, il ne changera jamais. Ce sera toujours un vieux con bigot qui n'acceptera jamais son fils et le fait qu'on soit ensemble.

Logan se releva et se mit à faire les cent pas dans la pièce.

– Les gens changent, Logan. Ça prend du temps, mais ils changent, affirma Jamie avec douceur.

– C'est faux, riposta Logan d'une voix un peu plus forte que nécessaire.

– Moi, j'ai changé.

– Mon amour…

Logan revint vers Jamie mais ce dernier secoua la tête et se leva à son tour.

– J'ai changé, Logan. J'étais tétanisé, timide et renfermé, et sincèrement convaincu d'être sans valeur jusqu'à ce que tu arrives. Maintenant… je suis heureux, je me sens en sécurité, je prends des risques. Et je commence à croire en la bonté humaine. Je suis convaincu que les gens peuvent s'améliorer, parce que je l'ai fait. Et je veux que tu retrouves cette partie de ta vie et de ta famille. Je veux que tu sois heureux.

Logan le serra dans ses bras.

– Jamie… si ça peut te faire plaisir, j'irai lui parler. Mais…

– Il n'est pas question de moi, mais de toi. Et je pense que tu te sentiras mieux une fois que tu l'auras vu.

Jamie avait assené la dernière phrase avec conviction, ce qui étonna Logan.

– Jamie… est-ce que tu me caches quelque chose ?

Jamie se raidit dans ses bras.

– Oui… mais… je te jure que tu comprendras pourquoi. Et j'espère sincèrement que tu ne me détesteras pas.

– Tu ne me diras pas de quoi il s'agit ?

– J'aimerais bien. Mais ce n'est pas à moi de le faire, répondit Jamie en secouant la tête.

– Donc… il faut que je parle à mon père, murmura Logan, et Jamie leva ses grands yeux bleus inquiets sur lui.

– Tu ne le regretteras pas, je te le promets.

– Et tu sais quoi ? répondit Logan en souriant. Quoi qu'il se passe aujourd'hui, je ne te détesterai jamais. Impossible, affirma-t-il, et Jamie haussa les épaules en baissant la tête.

– Tu n'en sais rien. Attends d'être revenu avant de décréter ça, murmura Jamie, et Logan resserra son étreinte.

– Jamie, regarde-moi, ordonna-t-il en lui soulevant le menton. Quoi qu'il dise aujourd'hui, et quoi que tu me caches, si tu penses que c'est pour une bonne raison, je te fais confiance. Et rien ne me fera jamais te détester. Même si je suis en colère contre toi et qu'on se dispute, et ça arrivera, parce que ça arrive à tout le monde, je ne pourrai jamais te détester. D'accord ?

– Ça me semble logique.

– Évidemment. Je suis génial.

– OK, on ne va pas se disputer tout de suite, le taquina Jamie, et Logan rit de bon cœur.

– Sale petit insolent, siffla Logan, et Jamie lui administra une claque sur le torse.

– Va t'habiller, crétin.

Subjugué par son rire et ses yeux magiques, Logan s'exécuta, ignorant l'angoisse qui lui nouait l'estomac, et se rendit au bureau.

*

En entendant l'invitation, Logan serra la poignée et ouvrit la porte.

Le bureau noir et métallique était aussi froid que lors de sa dernière visite. Il était parfaitement anonyme, dénué de la moindre touche personnelle de chaleur. Les lignes dures, les couleurs ternes, les étagères dépouillées ne cédaient aucune information sur l'homme qui travaillait entre ces quatre murs.

Son bureau comportait un cadre photo.

Les visages souriants d'une famille qui n'existait plus.

Logan scruta la photo et secoua la tête, le cœur serré face à l'image de cette vie qu'il avait perdue.

Il reporta son attention sur son père et ce qu'il vit le fit reculer d'un pas, les sourcils froncés.

L'homme qui lui faisait face n'était plus que l'ombre de lui-même. Comment une seule semaine pouvait-elle avoir un tel effet sur quelqu'un ?

Des cernes noirs encerclaient les yeux de Samuel et ses cheveux étaient hirsutes, s'apparentant plus à la coupe désordonnée de Logan qu'à son habituelle coiffure gominée.

Il prit la parole, l'air tourmenté et épuisé.

– Merci d'être venu, Logan, commença-t-il avec raideur en lui faisant signe de s'asseoir.

– J'ai apporté les dossiers de mon déplacement si c'est ce que..., répondit Logan, mais son père le coupa d'une main levée.

– Cela ne concerne pas l'affaire. Pas du tout.

– D'accord... alors c'est à quel sujet ? interrogea Logan en se tordant les mains.

Samuel prit une profonde inspiration pour mettre de l'ordre dans ses idées.

– J'ai plusieurs choses à te dire mais, tout d'abord, j'ai une faveur à te demander.

– Laquelle ? demanda Logan d'une voix égale.

– Laisse-moi te dire tout ce que j'ai à te dire sans m'interrompre. S'il te plaît, demanda Samuel, et Logan tressaillit en entendant les accents sincères dans la voix de son père.

– OK... je devrais y arriver.

Samuel se leva, contourna son bureau et s'assit à côté de Logan.

– Fils... on dit qu'il n'y a rien de plus difficile que d'admettre ses erreurs et de présenter ses excuses. Je partage cet avis. Me retrouver assis en face de toi est la démarche la plus dure que j'aie jamais entreprise et j'ai peur qu'il soit trop tard, ou que je sois trop loin pour que tu me tendes la main, mais je me dois d'essayer, énonça Samuel d'un trait et Logan retint sa respiration.

– Papa...

– Logan, je suis désolé. Je suis profondément désolé pour tout ce que je t'ai fait, pour la manière dont je me suis comporté et pour tout ce que je t'ai dit depuis ton coming out. J'étais un bigot stupide et j'ai échoué en tant que père. Je t'ai tourné le dos lorsque tu avais besoin de moi, et sache que je comprendrai si tu passes cette porte pour ne plus jamais te retourner. Mais un jeune homme admirable m'a dit qu'il n'était jamais trop tard pour présenter ses excuses et tenter d'arranger les choses. Alors je suis son conseil et je me lance, sincèrement, conclut Samuel.

Logan était bloqué sur la partie de la tirade qui venait expliciter le drôle de comportement de Jamie. « Un jeune homme admirable m'a dit »...

– Jamie, murmura Logan et Samuel hocha la tête.

– Je suis allé lui parler. Je voulais m'excuser et lui demander conseil pour m'y prendre correctement avec toi.

Logan se leva et entreprit de faire les cent pas dans la pièce. Il était furieux et pourtant c'était tout ce qu'il avait toujours espéré. Mais il était en rogne, triste, perdu, soulagé et tant d'autres choses en même temps qu'il ne tenait plus en place.

Il était déchiré entre le désir de pardonner et la soif de vengeance en refusant à son père le pardon qu'il implorait.

Trop de temps s'était écoulé depuis que son père l'avait rabaissé pour la toute première fois. Trop de douleur et trop de déceptions qui l'avaient usé et l'empêchaient de donner sa confiance.

Son père n'avait pas bougé de sa chaise, et l'observait. Logan enrageait en silence. Il avait envie de casser quelque chose et de le faire souffrir comme il avait souffert pendant des années à cause de lui.

– Logan...

– Non ! Tu n'as pas le droit de changer d'avis et d'aller prendre Jamie en embuscade quand j'ai le dos tourné. Tu n'as pas le droit de retourner ta veste et de me demander d'oublier toutes ces années pendant lesquelles j'ai essayé d'avoir un père alors que tu me repoussais, que tu m'insultais, et que je me sentais plus bas que terre. J'avais l'impression d'être un étranger indésirable dans ma propre maison. Tu m'as fait renoncer à mes rêves en m'obligeant à devenir comme toi et, quand je t'écoutais, tu trouvais toujours une bonne raison pour me tourner en ridicule. Comment as-tu pu faire ça ? Comment un père peut-il faire ça à son fils ? Pourquoi m'as-tu autant haï ?

Ses derniers mots eurent raison de lui et il fondit en larmes, secoué de sanglots de rage et de soulagement.

Samuel se leva et se précipita vers son fils, qu'il empoigna par les épaules pour le retourner face à lui.

– Bon sang, Logan ! je ne t'ai jamais haï de toute ma vie. Je me suis comporté comme un connard. J'ai tout fait de travers, mais pas une seule fois je n'ai cessé de t'aimer. Un parent ne cesse jamais d'aimer son enfant. Je n'ai jamais cessé de t'aimer et je ne cesserai jamais. J'étais désorienté et j'ai réagi de manière impulsive, convaincu de mon bon droit. Je suis désolé, Chat. Si tu savais à quel point je suis désolé.

Logan s'effondra en entendant le surnom de son enfance. Samuel sentit ses propres larmes inonder ses joues. Il attira Logan contre lui et le laissa pleurer sur tout ce qu'il ravalait depuis des années. Ses épaules étaient secouées de soubresauts et Samuel le serra plus fort encore en murmurant « Je suis désolé, je suis désolé » dans ses cheveux bouclés.

– Tu ne me feras pas changer, papa, souffla Logan.

– Ce n'est pas ce que je te demande. J'ai compris. Je ne suis pas encore à l'aise, pour être parfaitement honnête, mais j'ai compris qu'il ne s'agissait pas de moi, mais de toi, de l'adulte que tu es devenu, de ta vie, de ton bonheur.

– J'aime Jamie et je ne le quitterai pas.

Logan était pris du besoin terrible de narguer son père, de le pousser dans ses retranchements familiers pour l'entendre ricaner à l'évocation de son couple.

– C'est un homme remarquable. Je vous souhaite beaucoup de bonheur ensemble, répondit Samuel, et Logan serra les dents, de plus en plus démuni face à l'attitude de son père.

– Je vais emménager avec lui, lança-t-il, et Samuel hocha la tête.

– Tu me diras si tu as besoin d'un coup de main.

Logan abattit sa dernière carte :

– Je vais l'épouser.

– Je sais. Et j'espère que, d'ici là, tu m'auras suffisamment pardonné pour accepter ma présence à la cérémonie, murmura Samuel, et Logan releva la tête.

– Tu ne mens pas, tu es réellement désolé, souffla-t-il.

– Je suis tout ce qu'il y a de plus sérieux. Je veux reprendre mon rôle de père. Je ferai tout ce qu'il faut pour ça, déclara Samuel, laissant son fils abasourdi.

– J'aimerais beaucoup. Mais je ne sais pas si je peux te pardonner, dit Logan avec sincérité avant de regagner la porte.

– Prends ton temps. Je te promets d'attendre le temps qu'il faudra. Et si tu décides de ne jamais me pardonner, je comprendrai. Et, dans ce cas, je veux que tu saches que je t'aime. Et, même si je n'ai pas réussi à te le prouver au fil des années, je suis profondément fier de l'homme que tu es devenu.

Sa voix se brisa. Logan cligna des yeux et se retourna. Son père pleurait. Baissant définitivement les armes, il se précipita à travers la pièce et se jeta dans ses bras.

– Tu m'as tellement manqué, dit-il.

– Toi aussi. Mais, cette fois, je n'irai nulle part. Je te promets de rester aussi longtemps que tu le voudras.

Logan hocha la tête et sourit à son père à travers ses larmes.

– Je déménage ce week-end. On pourrait peut-être déjeuner tous ensemble ? proposa Logan d'une voix hésitante.

– Ce serait avec grand plaisir, fiston.

– Alors, je… je t'appelle, conclut Logan en s'éloignant.

– Logan…

– Oui ?

– Remercie Jamie de ma part. C'est un homme remarquable qui partage ta vie.

Logan eut un large sourire.
– C'est promis. On se voit bientôt.
– À plus, Chat.
– Salut, papa.

23

Cartons

– Un peu plus à gauche, s'il vous plaît, guida Logan tandis que les deux déménageurs installaient son canapé à la place du vieux sofa de Jamie.

Il contempla ses meubles à côté de ceux de Jamie et sourit à l'idée que cette adorable petite maison devenait leur foyer.

Après leur conversation, il avait apporté ses vêtements l'après-midi même, riant de l'excitation de Jamie qui lui faisait de la place dans son placard, puis l'embrassant tendrement pour transformer son air boudeur en sourire radieux. Rien au monde n'était plus éclatant que ce sourire.

Ils vivaient ensemble et formaient une famille, pour toujours.

Logan attendit que Jamie cesse de le fusiller du regard parce qu'il pliait ses pantalons au lieu de les pendre et le regarda s'en aller d'un air scandalisé avant de sortir la petite boîte en velours cachée dans son tiroir à chaussettes. Il ne pourrait plus attendre très longtemps.

Chaque sourire de Jamie lui donnait envie de poser la question, chaque baiser l'incitait à sacrifier romantisme et timing pour l'épouser sans plus tarder.

Les premiers jours sous le même toit, Logan bondissait d'angoisse chaque fois que Jamie s'approchait des tiroirs, à tel point qu'il finit par emporter la boîte partout avec lui, passant le reste de son temps à sursauter de peur lorsqu'il avait l'impression de ne plus la sentir dans sa poche.

Il ne cessait pas de penser à ce bijou sur l'annulaire de Jamie, songeant que c'était peut-être le signe qu'il ne devait pas tarder.

Il glissa une main dans sa poche et effleura le couvercle de la boîte, un fin sourire aux lèvres.

– C'est officiel, tu es complètement fou, décréta Luke en entrant avec un carton plein de CD.

Son ami souriait comme un bienheureux alors qu'il était seul dans la pièce.

– Quoi ?

Logan fit un bond de surprise et serra la boîte contre lui.

– Tu souris tout seul comme un débile alors qu'il n'y a strictement rien dans cette pièce et ça, mon pote, est le symptôme infaillible d'une maladie mentale, répliqua Luke en riant. Oh, mon chou ! remballe le regard qui tue. Jamie le réussit beaucoup mieux que toi. Tu ressembles à un chiot énervé.

– Ha ha ! Très drôle, Luke. Tu devrais faire comique, riposta Logan, pince-sans-rire, son éternel sourire aux lèvres.

Il était heureux, zut !

– Bon… et qu'est-ce qui te met à ce point en joie ?

Luke le gratifia d'un clin d'œil et Logan poussa un soupir en regardant tout autour de lui : les pièces du puzzle de sa vie avec Jamie se mettaient enfin en place.

Son amant déplaçait les bibelots de la bibliothèque pour accueillir les photos encadrées apportées par Logan, Tyler l'aidait à ranger tous ses livres de droit sur les étagères qui séparaient le salon de la cuisine, Cameron et Lyanna suivaient les instructions de Jamie pour ranger les affaires de Logan dans les bons placards de la cuisine, et Rebecca aidait Max à réorganiser l'ancienne chambre à coucher de Jamie en bureau-salle de couture pour qu'ils puissent tous les deux travailler à la maison.

Les personnes les plus importantes de sa vie étaient rassemblées sous le même toit, mais ce qui le rendait heureux plus que tout était la vue de Damian, affublé du déguisement de ninja que Logan lui avait offert, en train de courir dans le jardin pour débusquer Samuel, caché derrière un buisson.

Sa vie, qui n'avait été qu'une énorme pagaille jusqu'à l'arrivée de Jamie, était en train de reprendre forme.

Ses amis aimaient Jamie, son frère en était fan, même son père avait fini par accepter leur couple, bien que Logan attribue ce changement de cap à Damian, et au fait que Samuel ne se lassait pas de cette adorable boule d'énergie.

Il était aux anges.

– Je suis heureux, Luke, dit-il simplement.

Son ami perdit son petit air taquin et lui posa la main sur l'épaule.

– C'est une bonne raison pour sourire, observa-t-il, et Logan hocha la tête, regardant Jamie qui dirigeait son petit monde.

– J'ai tout ce que j'ai toujours voulu. Jamie est parfait. Il est doux, gentil, adorable et magnifique, et je suis tellement fou de lui que j'en ai le souffle coupé. Et Damian... oh ! il est tout ça ! Je n'aurais jamais pensé autant aimer un enfant, mais il me facilite vraiment la tâche. J'ai un frère génial et une future belle-sœur sensationnelle, j'ai les meilleurs amis du monde et j'ai retrouvé mon père. C'est presque trop beau pour être vrai.

Il poussa un soupir et leva les yeux vers Luke, qui l'observait d'un air entendu.

– Je vois parfaitement ce que tu veux dire. Quand Tyler a accepté de m'épouser, j'avais constamment l'impression que j'allais me réveiller et qu'il se serait envolé parce que c'était trop beau pour être vrai. Mais c'est bien réel. Et Jamie est ici, et il t'aime. Les regards qu'il te lance quand tu ne le vois pas en disent long. Tu as la même expression. Vous êtes faits l'un pour l'autre.

– Tu peux garder un secret ?

– Bien sûr. Sauf si tu as tué quelqu'un, auquel cas je préfère ne pas savoir, précisa Luke, moqueur, et Logan l'entraîna à l'écart.

– Si je dois tuer quelqu'un, tu seras mon premier choix, décréta ce dernier en levant les yeux au ciel et Luke battit des paupières, une main sur le cœur.

– Oh, chéri, que j'aime tes mots doux ! dit-il d'une voix doucereuse et Logan lui administra une claque sur la tête.

– Essaie d'être sérieux deux minutes. Il faut vraiment que j'en parle à quelqu'un, implora-t-il, et Luke se rendit compte qu'il ne plaisantait plus.

– Désolé. Je suis tout ouïe.

Logan prit une profonde inspiration et extirpa la boîte de sa poche.

– Je l'ai trouvée quand j'étais en déplacement. Je l'ai vue dans une boutique et je ne cessais pas de l'imaginer à la main de Jamie, alors j'ai fini par l'acheter, expliqua-t-il en posant la boîte dans la main de Luke.

Soulevant le couvercle, Luke put admirer la fine bague de fiançailles en or blanc, qui irait parfaitement à Jamie.

– Mon Dieu, Lo, c'est magnifique ! s'écria-t-il en bondissant pour le serrer dans ses bras.

– Chut, Luke, il va t'entendre ! siffla Logan.

– Oh… c'est vrai… pardon… mais c'est génial, non ? Pourquoi tu n'as pas l'air emballé ? interrogea Luke en rendant la boîte à Logan.

– Mais si, c'est génial. C'est juste…, bafouilla Logan en se passant une main sur le visage.

– Quoi ? Tu as des doutes ?

– Non ! protesta Logan en secouant la tête. Absolument pas, je n'ai jamais été aussi sûr de ma vie. C'est lui.

– Alors c'est quoi ? Tu n'as pas l'air ravi, insista Luke avec une moue inquiète.

– Tu vas me prendre pour un imbécile, soupira Logan, et Luke haussa un sourcil.

– Ça fait dix ans que je sais que tu es un imbécile, rectifia-t-il d'un air taquin.

– Ah ! ça m'enlève un poids, rétorqua Logan, et Luke éclata de rire.

– Maintenant que c'est dit, quoi d'autre ?

– J'ai la trouille, avoua Logan à voix basse.

Luke reprit aussitôt un air sérieux : il n'avait jamais vu Logan dans un tel état.

– Pourquoi ?

– Et s'il n'était pas prêt ? Je sais que je suis prêt, et que je veux l'épouser, mais si lui n'en était pas là ? Et s'il disait non ? Oh bon sang ! il va me quitter et je… AÏE ! MAIS ÇA VA PAS LA TÊTE ?

Logan fusilla Luke du regard tout en se frottant la joue.

– Tu allais nous faire une crise de panique. Il fallait bien que j'intervienne, expliqua Luke avec un petit sourire.

– Et donc tu m'as collé une baffe ?

– C'est tout ce qui m'est venu sur le moment. Je ne réagis pas très bien à la pression.

Luke haussa les épaules et Logan se laissa tomber sur la chaise la plus proche.

– Je te déteste, lâcha-t-il d'un air boudeur.

– Même pas vrai, répondit Luke en s'asseyant à côté de lui. Tu m'aimes. Et tu n'as aucune raison de t'inquiéter, affirma-t-il en posant les coudes sur les genoux pour planter son regard dans celui de son ami.

– Comment peux-tu être sûr ?

– Eh bien, tu passes ton temps à me prendre dans tes bras, tu m'appelles ton meilleur ami, tu m'achètes des cadeaux d'anniversaire…, commença Luke.

– Luke, s'il te plaît…

– D'accord, pardon…

– Merde, tu deviens de plus en plus comme Tyler, constata Logan, et le visage de Luke s'illumina.

– Hé, il est canon, je ne me plains pas. Mais trêve de plaisanterie. Lo… Jamie est jeune, mais il t'aime, et il te considère comme sa famille. Il t'a demandé d'emménager avec lui. Il te fait confiance et il compte sur toi. Vous êtes déjà mariés ! Ça officialisera la situation, c'est tout, dit-il, clin d'œil à l'appui et Logan sourit.

– Je devrais lui demander ?

– Absolument.

– Et il ne dira pas non ?

– J'en doute fortement. Mais s'il dit non… on enverra Tyler pour le gérer. Quoi qu'il arrive, tu vas lui passer cette bague au doigt, à ce petit maigrichon !

– Il n'est pas maigrichon ! Il est délicat, fragile et parfait.

– Oh, sérieux ! tu es complètement foutu.

– Tu peux parler, monsieur Son-sourire-me-met-des-étoiles-dans-les-yeux, riposta Logan, et Luke haussa les épaules.

– Ben quoi, c'est vrai.

Il sourit et un silence heureux les enveloppa un court instant.

Logan se redressa d'un bond et regarda Luke avec un immense sourire.

– Ce soir, j'aurai un fiancé.

– Je suis heureux pour toi, Lo. Sincèrement.

Luke le gratifia d'une tape sur l'épaule tandis qu'il sautait comme un diable sorti de sa boîte.

– Merci, Luke. Un fiancé…

Il poussa un gros soupir et sortit de la pièce en arborant un sourire ébahi.

– Oh, Jamie, tu n'as aucune idée de la galère dans laquelle tu te mets ! ricana Luke en sortant pour retrouver son mari.

Cette discussion sentimentale lui avait donné l'envie dévorante d'embrasser ce sourire lumineux.

– Les gars, le dîner est prêt ! s'écria Jamie à la fenêtre à l'attention de Damian et Samuel, qui continuaient à se courir après dans le jardin.

Il sursauta soudain en sentant des bras lui entourer la taille.

– Coucou, murmura-t-il doucement en tournant la tête pour embrasser Logan.

– Salut, toi. Tu m'as manqué, aujourd'hui.

Logan frotta son nez contre son cou et le sentit frissonner. Jamie eut un petit rire et se retourna pour enrouler ses bras autour du cou de Logan.

– J'étais là tout le temps, voyons.

– Je sais, mais je ne t'ai pas embrassé… ni pris dans mes bras… ni fait de câlin. C'était long, tout une journée sans toi, lâcha-t-il d'un ton boudeur.

Jamie jeta un œil rapide autour d'eux avant d'approcher ses lèvres de l'oreille de Logan.

– Disons que… hum… je pourrais me rattraper ce soir… dans notre chambre… dans notre lit… si tu veux, souffla-t-il, et Logan sentit ses jambes se dérober sous lui.

– Ça me plairait vraiment, vraiment, vraiment beaucoup, dit-il d'une voix rauque saturée de désir.

– Oh ! trois « vraiment ». L'idée a l'air de te plaire, le taquina Jamie.

– Oui, mais tu sais ce qui me plaît le plus ? renchérit Logan en déposant un baiser dans son cou.

– Quoi ? fit Jamie en inclinant la tête pour lui laisser le champ libre.

– Ta manière de dire « notre chambre »… et « notre lit ». C'est ce qui me rend heureux.

Logan poussa un soupir et serra Jamie contre lui, s'enivrant de son odeur et de son corps contre le sien.

– Moi aussi, ça me plaît. J'adore l'idée que nous partageons un foyer.

Le cœur de Logan bondit de joie. C'était le signe qu'il lui fallait pour rassembler le courage nécessaire et solliciter la réponse qui lui manquait pour que son bonheur soit complet.

– Jamie…

– Hum ?

– Je voulais te demander quelque chose, commença-t-il en se frottant la nuque.

– Bien sûr, qu'y a-t-il ? répondit Jamie avec un grand sourire qui lui fit tourner la tête.

– Je…

– LOGAN !

Damian se précipita sur eux et attrapa les jambes de Logan en bondissant sur place pour être soulevé.

– Salut, ninja.

Logan lança à Jamie un sourire désolé et le jeune homme articula un « plus tard ! » silencieux avant d'accompagner Samuel dans le salon et d'installer tout le monde à table pour le dîner.

La tablée conversa à bâtons rompus, chaque minute passée conférant à l'assemblée réunie de plus en plus l'allure d'un repas de famille.

Damian divertissait tout le monde en racontant comment il avait attrapé Samuel à plusieurs reprises, ce dernier objectait que l'enfant trichait en faisant usage de ses superpouvoirs à l'encontre d'un simple humain, ce qui ne manqua pas de réjouir Damian, juché sur les genoux de Logan.

Luke et Tyler bavardaient avec Rebecca et Lyanna de l'éventualité d'un déjeuner la semaine suivante, tandis que Jamie et Cameron partaient dans un fou rire. Logan soupçonnait fortement qu'il était question de lui enfant, ce type d'anecdotes étant devenu le nouveau sujet favori de Jamie.

Logan tourna la tête lorsque Damian se tortilla pour passer de ses genoux à ceux de Samuel, qui lui sourit avant de détacher un morceau de pepperoni de la pizza pour le déposer dans son assiette.

Jamie sourit à Samuel, qui hocha la tête et articula un humble « merci ». Logan se rendit compte qu'il ne pouvait pas rester silencieux une minute de plus.

Rassemblant son courage, il se racla la gorge et tous les visages se tournèrent sur lui d'un air perplexe. Tous sauf Luke, qui lui sourit et l'encouragea, un pouce levé.

– Comme nous sommes tous rassemblés, je voudrais en profiter pour dire quelques mots. Tout d'abord, merci à tous de m'avoir aidé à emménager dans ma nouvelle maison auprès des deux personnes qui comptent pour moi plus que je ne l'aurais jamais pensé. Quand j'ai rencontré Jamie, j'étais dans un sale état. Bien sûr, j'avais un bon boulot, des amis géniaux et je m'amusais bien, mais les différentes sphères de ma vie ne collaient pas ensemble. Comme si j'étais quelqu'un de différent selon le décor. Et puis Jamie est arrivé.

Logan se tourna vers le jeune homme qui le contemplait, abasourdi.

– Logan…, s'étrangla-t-il, et Logan contourna la table pour se rapprocher de lui.

– Tu m'as sauvé. Tu rassembles toutes les pièces du puzzle. Tu me donnes un sens et un objectif. Tu m'apportes amour et sécurité. Tu me rends ma famille et je t'en serai éternellement reconnaissant. Jamie… je ne pourrais pas vivre sans toi.

Il sortit la boîte de sa poche et s'agenouilla devant lui. Jamie ouvrit les yeux encore plus grands.

– Oh ! mon Dieu…, murmura-t-il, et Logan déglutit bruyamment avant de lever les yeux vers lui.

– Jamie… je t'aime. Et rien ne me rendrait plus heureux que tu acceptes cette bague et que tu m'épouses.

Il ouvrit la boîte et Jamie étouffa un hoquet de surprise. Il n'en croyait pas ses yeux. Logan, son amant, agenouillé devant lui, le contemplait tel un trophée, comme s'il méritait admiration et adoration, alors que c'était exactement l'inverse.

Jamie le regardait fixement, subjugué. Son esprit hurlait « oui oui oui », mais il était incapable d'ouvrir la bouche.

Il dévisagea Logan, à genoux, les yeux brillants d'espoir, et fit la première chose qui lui vint à l'esprit : il se jeta dans ses bras pour l'embrasser, manquant de les renverser tous les deux par terre. Logan le serra contre lui en souriant. Sa réaction était plutôt encourageante !

– C'est un oui, mon amour ? demanda-t-il lorsque Jamie posa son front contre le sien.

– Oui… bien sûr c'est un oui ! Je t'aime. Je t'aime tellement, murmura Jamie d'une voix tremblante.

Logan souleva sa main gauche, sortit le bijou de son écrin et la glissa au doigt de Jamie avant de l'embrasser.

Jamie posa une main sur la joue de Logan et l'embrassa une nouvelle fois avant de se retourner vers leurs amis qui criaient, applaudissaient et les félicitaient à tue-tête.

Jamie accepta leurs étreintes et leurs poignées de main, ainsi qu'une requête surexcitée de Damian qui voulait essayer la bague « pour quand son amoureuse lui en offrirait une, un jour ».

Le chahut se prolongea pendant de longues minutes : les félicitations, toasts et plaisanteries fusaient dans un flot de vœux de bonheur puis, l'heure tournant, tout le monde rentra chez soi, laissant le jeune couple sous son toit.

Jamie et Logan remirent un peu d'ordre dans la maison avant de mener Damian au lit.

– OK, loupiot. Tu dois être bien fatigué. Il est l'heure de dormir, déclara Jamie.

Ils entrèrent dans la chambre main dans la main et prirent place de chaque côté du lit de Damian.

– Vous allez avoir un mariage comme Tyler et Luke ? s'enquit-il, les yeux déjà mi-clos.

– Oui. Ça te plairait ? répondit Jamie.

– C'était chouette. Je pourrai porter les alliances ? Parce que j'ai bien réussi la dernière fois.

– Qui pourrait s'en charger, à part toi ? Tu es clairement le meilleur.

Logan sourit et Damian se redressa fièrement avant de s'enfoncer dans son lit.

– On peut faire ça demain ?

– Non, loupiot, il faut du temps pour tout préparer, mais… dès que possible ? suggéra Jamie en jetant un regard timide vers Logan, qui lui sourit.

– Dès que possible, confirma le jeune homme dans un murmure.

Quelques instants plus tard, ils étaient pelotonnés dans leur lit.

– Je n'arrive pas à croire qu'on est fiancés.

Jamie eut un petit rire et se tourna vers Logan, dont les yeux brillaient dans la pénombre.

– Je n'ai jamais été aussi heureux. Et tout ça grâce à toi, déclara Logan en embrassant l'anneau. Tu as lu la gravure ?

– Je ne l'avais pas remarquée. Qu'est-ce qu'elle dit ?

Logan fit pivoter la lampe de chevet.

– Regarde.

Jamie retira la bague et déchiffra les mots gravés à l'intérieur : *« ...and miles to go before we sleep... »*

– Tu t'en es souvenu ? murmura Jamie.

– Je me souviens de tout ce qui te concerne, mon amour, toujours.

Jamie se jeta à son cou et se blottit contre lui.

– Je voudrais faire encore une chose demain matin, annonça Logan après un silence.

– Quoi ?

– Je voudrais aller sur la tombe de tes parents et leur parler de nous.

Jamie acquiesça avec un sourire, les larmes aux yeux.

– Je t'aime, murmura-t-il contre sa peau.

– Moi aussi, je t'aime, répondit Logan, avant de céder à la fatigue de la journée et de sombrer dans le sommeil.

Le lendemain matin les trouva main dans la main devant une pierre tombale discrète, dont Jamie effleura les noms gravés dans le marbre du bout des doigts.

– Bonjour, monsieur et madame Maddison, dit Logan, et Jamie sourit contre lui.

– Bonjour, papa, bonjour, maman. Vous me manquez énormément, chaque jour. Mais... mais dernièrement, je pense que je me suis autorisé à être de nouveau heureux, et je pensais que vous aussi, ça vous rendrait heureux. Vous voyez... je suis amoureux. Et lui aussi m'aime.

– J'aime votre fils. Vos deux fils, d'ailleurs. Et aujourd'hui nous sommes venus vous dire que j'ai demandé à Jamie de m'épouser, qu'il a dit oui, et que je suis comblé. Et... je lui ai demandé de venir ici pour vous faire une promesse. Je vous promets de le protéger, de l'aimer et de le rendre heureux. Je prendrai soin de Damian, et je ferai tout mon possible pour qu'ils ne souffrent plus jamais. Je voulais que vous sachiez qu'ils étaient en sécurité avec moi. Je sais que je ne suis pas parfait, mais... je les aime, conclut Logan.

Jamie se tourna vers lui, le regard embrumé, et prit son visage entre ses mains.

– Tu es parfait. Et ils t'aimeraient aussi fort que moi je t'aime.

– Tu crois ?

– J'en suis certain.

Six mois plus tard

– Oh... Logan... oui, gémit Jamie tandis que chaque coup de reins de son amant lui procurait un plaisir indicible.

L'eau tombait en cascade sur eux, la buée enrobait leurs corps nus tandis que Logan le maintenait contre le mur de la douche, Jamie enfouissant ses cris de plaisirs dans le creux de son cou, ses longues jambes enroulées autour de sa taille.

– Je veux t'entendre crier, mon amour. Oh, Jamie... j'y suis presque, grogna Logan en mordillant le cou du jeune homme, déclenchant de nouveaux frissons.

– Moi aussi... Logan...

Logan donna un ultime coup de reins. Jamie se cambra et renversa la tête en arrière, et jouit dans un long tremblement, la puissance de son orgasme précipitant Logan dans l'extase.

À bout de souffle, Logan se retira doucement et déplia les jambes de Jamie pour les poser sur le sol. Il le garda serré contre lui et inclina la tête pour l'embrasser à pleine bouche. Soudain, un tambourinement les fit sursauter.

– Logan… Jamie ? Vous prenez un bain moussant ? Je peux venir ? J'ai apporté mes jouets, lança Damian, et les deux amants se figèrent d'horreur.

– Tu as fermé la porte ? interrogea Jamie, les yeux écarquillés, et Logan éclata de rire.

– Tu sais quoi… je ne suis pas sûr.

– Logan, c'est pas drôle ! siffla Jamie en s'extirpant de son étreinte pour enrouler une serviette de bain autour de sa taille.

– Jamie ! s'époumona Damian à l'extérieur.

Logan rit de plus belle.

– C'est un peu drôle, quand même.

– Mais non ! S'il entre dans la salle de bains, c'est toi qui lui expliques ce qu'on fabrique tout nus !

– Pourquoi moi ? protesta Logan.

– Parce que c'est toi qui as eu la brillante idée d'emmener Damian pour notre lune de miel, riposta Jamie en agitant un index accusateur.

– Oui, parce qu'on est à Paris, que c'est son anniversaire demain et qu'il y a un Disneyland ici ! répondit Logan, et Jamie se radoucit.

– OK, très bien. Je me chargerai de la conversation sur le sexe. Dans environ dix ans. Va t'habiller. On n'a pas que ça à faire.

– Vos désirs sont des ordres, très cher époux, dit-il crânement, et Jamie s'adoucit.

– J'adore quand tu m'appelles comme ça, soupira-t-il.

– Ça tombe bien, nous avons la vie devant nous pour que je t'appelle comme ça, souligna Logan avec un clin d'œil.

Jamie s'approcha de lui pour l'embrasser tendrement.

– JAAAAAAAAAAAAAMIE ! hurla Damian, et le jeune homme leva les yeux au ciel.

– J'ARRIVE ! Tu as cinq minutes. Sinon, on part sans toi.

Jamie lui souffla un baiser et s'éclipsa de la salle de bains.

Logan sourit dans le miroir et mit de l'ordre dans ses cheveux emmêlés avant de rejoindre sa famille.

24

Épilogue

Quelque part dans la ville de Fairfield, dans l'Ohio, il y a une maison. Une maison comme une autre, petite sans être exiguë, ne datant pas d'hier mais avec une façade toute propre. Elle n'est pas particulièrement jolie, pourtant elle se démarque des autres demeures de cette rue étroite.

Quelque part dans la ville de Fairfield, dans l'Ohio, il y a une maison avec trois chambres. La plus grande, spacieuse et rangée avec minutie, a des murs jaune pâle et de jolis tapis gris. Derrière la tête de lit, des photographies montrent un enfant à la tête bouclée se muer en adolescent à la tête bouclée avec toujours le même sourire contagieux, deux hommes qui se tiennent par la main tandis que l'écume de l'océan vient caresser leurs pieds, leur éclat de rire pris à la volée, leurs mains entrelacées le jour où ils se sont dit « oui », et un petit ballot enveloppé dans une couverture couleur lavande qu'ils serrent dans leurs bras. Il y a une penderie remplie de vêtements sur mesure de toutes les couleurs imaginables et un râtelier entier dédié aux accessoires. Il y a un bureau jonché de dessins et de dossiers et un immense lit en bois foncé, recouvert de draps jaune et gris tout froissés, jetés en boule à côté du matelas.

La chambre appartient à Jamie Maddison, un magnifique tailleur à l'esprit mordant et à l'humour féroce, sans aucune indulgence envers l'ignorance et la haine, et avec un énorme faible pour son adorable époux aux cheveux bouclés tout chiffonné de sommeil, Logan Danes, qui gémit doucement en se laissant entraîner dans le couloir.

La chambre du milieu, que dessert l'étroit couloir, n'est ni grande ni petite. Des stars du base-ball et du rock sourient depuis les posters accrochés aux quatre murs bleu foncé, et semblent approuver le système audio sophistiqué et l'écran plat du téléviseur relié à une console de jeux. Il y a une vieille guitare recouverte d'autocollants sur un support flambant neuf et une penderie renfermant des vêtements soigneusement pliés. Il y a un bureau avec des devoirs de maths à moitié finis et un permis de conduire décroché de fraîche date. Mais, surtout, il y a un beau jeune homme de seize ans qui ronfle doucement sous les draps gris de son lit une place. Il s'appelle Damian. Il est narquois, intelligent et un tantinet hyperactif, mais bourré de gentillesse et de talent. Il dépasse presque tout le monde sur les pistes d'athlétisme et il est le fier titulaire d'une ceinture marron de karaté. Il continue à manger trop de cookies, sauf qu'il parvient désormais à les attraper tout seul. Il aime faire la grasse matinée, s'entraîner avec ses amis, et passer du temps avec sa petite amie. Mais, ce qu'il aime par-dessus, c'est jouer avec la personne qui dort de l'autre côté du couloir.

La plus petite pièce de la maison. Les murs sont peints en vert clair avec une frise fleurie et le plafond est bleu ciel avec une douce myriade de nuages duveteux et de rayons de soleil. Au mur, il y a des photos encadrées d'oursons et de princesses Disney, et une étagère blanc argenté débordant de livres de contes de fées. Il y a une petite penderie avec des vêtements stylés et un mobile Disney qui se balance au-dessus du berceau. Mais, surtout, il y a une petite fille potelée qui hurle à tue-tête, le visage baigné de larmes, et qui agite rageusement ses poings en s'insurgeant de ce que ses serviteurs l'ignorent. Elle s'appelle Daria Elizabeth Danes-Maddison, elle a huit mois, et elle règne sur son petit monde depuis que son arrivée a apporté la touche finale à la maisonnée.

Quelque part dans la ville de Fairfield, dans l'Ohio, il y a une maison.

Une maison avec une balançoire accrochée à un arbre du jardin, qui verra grandir Daria, un jardin empli de fleurs colorées et une balle de base-ball au milieu d'un massif de roses.

Une maison qui appartient de nouveau à une famille. Une famille adorable. Il y a un avocat sérieux qui ne tient pas en place, son mari tailleur, parfois un peu snob, mais surtout timide, un ado lunatique et charmant, et une toute petite fille qui refuse de cesser de pleurer.

Il y a Logan, Jamie, Damian et Daria.

– OK, les gars, donnez-la moi, c'est ridicule, ordonna Damian en pénétrant dans la petite chambre, les cheveux en pagaille et le regard furibond vissé sur son grand frère et son mari.

Jamie et Logan, assis dans une immense chaise à bascule avec Daria, se balançaient doucement en lui chantant une berceuse, leur intonation de plus en plus désespérée au fur et à mesure que l'heure tournait et qu'ils ne parvenaient pas à la calmer.

Damian tendit les bras et Logan, sourcil arqué, y déposa le bébé, trop épuisé pour protester.

L'adolescent la berça tendrement dans ses bras et s'assit dans la chaise après en avoir expulsé son frère. Deux mouvements de balancier plus tard, les hurlements de la petite fille se transformèrent en reniflements discrets avant de disparaître totalement.

– Mais comment... ? commença Jamie, bouche bée.

– Quoi... ? renchérit Logan.

– Sérieusement, les gars, vous êtes pathétiques. Que des hommes aussi incompétents que vous aient réussi à élever un adolescent aussi formidable que moi me dépasse. C'est pas vrai, ma belle ? Mais oui, c'est vrai... mais oui ! continua-t-il en babillant, et Daria lui lança un sourire édenté en bavant légèrement sur son pyjama.

– Notre propre fille nous déteste, murmura Jamie d'un ton mélodramatique, et Logan se mit à rire.

– Nan ! c'est juste qu'elle adore son oncle, rectifia Logan en le prenant dans ses bras pour contempler Damian et Daria dans le rocking-chair.

– OK, D. junior. Une histoire et au lit ! Il était une fois, dans un pays lointain, un bébé ninja super fort…, commença Damian, mais un hurlement outragé le coupa dans son élan.

– Mais, Damian, c'est pas vrai ?! Tu lui racontes ce genre d'histoires ? s'étrangla Jamie en lançant un regard noir à Logan qui riait.

– Ben oui… il faut bien perpétuer la tradition familiale. Surtout qu'on a enfin la quatrième Tortue Ninja pour Halloween.

Damian eut un petit sourire en coin et Jamie, bouche bée, le fusilla du regard, les poings serrés, avant de faire volte-face et de sortir en coup de vent, grommelant « je vais le tuer », poursuivi par des rires en cascade.

Et si d'aventure une nouvelle photo venait rejoindre le mur de la chambre, montrant Damian déguisé en Leonardo, Jamie en Raphael, Logan magnifique en Michelangelo et Daria dans la version miniature de Donatello, eh bien… Jamie s'en moquait éperdument.

D'ailleurs, il ne voyait pas du tout de quoi il était question.

Il n'avait jamais donné son feu vert.

On lui avait forcé la main.

De toute façon, ça n'était même pas lui sur la photo, c'était son clone.

Voilà.

Aubin
IMPRIMEUR

Achevé d'imprimer en janvier 2015
N° d'impression 1411.0197
Dépôt légal, janvier 2015
Imprimé en France
37072020-1